股票作手回憶錄

REMINISCENCES OF A STOCK OPERATOR

超越時代的投資傳奇
無可取代的作手操盤聖經

EDWIN LEFÈVRE
埃德溫・勒菲弗——著 李奧森——譯

目次

推薦序

交易者的心性修練

何為經典？

第一次讀《股票作手回憶錄》時的感受是：雖然書上說的是二十世紀初，算起來已是百年前的故事，但感覺卻像是昨天才剛發生。除了用詞有些特異之外，書中的情節與市場正在進行的情況沒有差別。

這個穿越時空的閱讀經驗，讓我有種撈到寶的興奮感，直覺本書是一部經典作品。根據辭典，「經典」有幾組意思：指具有典範性、權威性的；經過歷史選擇出來的「最有價值的作品」；最能表現本行業精髓的；最具代表性的。對於投機者而言，《股票作手回憶錄》都符合這些標準，是經典之作無誤。

我是誰？李佛摩自認是散戶

《股票作手回憶錄》採用第一人稱，是一本經過美化，採小說形式的傳記。書中談論的股價波動是真實的，李佛摩的操作記錄還有他的檢討，應該也是真實的。但中間一定省略很多「細節」，特別是一九〇七年後，當李佛摩財富累積超過百萬美元之後的操作。部位那麼大，光是下單，就不是一個人一支電話可以搞定的。但是李佛摩從來不談團隊組成或組織分工，它所呈現出來的形象，就是開拓時代馳騁在大西部的單槍俠。估計李佛摩內心就是那樣覺得，或許有很多人在身旁任他指揮，但其內心還是感到孤獨，無所依靠。從此處就可以理解整本書的觀點，不管是十五美元還是幾千萬美元的進出，李佛摩都把自己定位成價格的接受者。

這個市場定位，跟絕大多數讀者的真實處境相同。我在讀這本書的時候，總拿自己的操作與本書描寫的情境對比，在某個價格走勢或是市場氛圍中，我會想什麼？李佛摩又會做什麼？以「整數關卡效應」為例，李佛摩在書中多次提到，股價衝破一〇〇美元、二〇〇美元這種整數關卡，不會停在原處，至少會衝過二〇到三〇美元。所以他會認真觀察股價位在八〇、九〇美元，而且還在上漲的股票，等到衝破百元之後才進場，賺取後面那段他認為很確定的利潤。以此印證台灣股市，似乎也有這個現象。這樣閱讀參照之下，自然就學習了李佛摩的操作思維。

很多經驗傳承的紀錄，是機構操盤人留下來的，他們亮麗績效背後，有很多支撐資源是一般投資人所缺乏的。我自己離開公司組織之後，原本伸手可及的資訊之門就此關閉，別說每個月租金數千美元的彭博資訊，就連整理季報年報的經濟新報社服務都很吃力。至於定期參訪公司，沒事跟財務長或總經理「交換」產業訊息的法人日常工作，就成過往雲煙。

當身分與讀者一致，《股票作手回憶錄》的價值在此特別彰顯。

天生好手

一般公認，投資不是科學，但也不是無以名狀的玄學，但總是有些傢伙跟別人不同。李佛摩在一九〇六年夏天多頭市場中，因為一時襲來的不安，放空聯合太平洋鐵路公司股票，先是被軋空出現帳面虧損，但隨即碰到的舊金山大地震，使該公司資產跟業務大幅損失，李佛摩的空單當然也就大賺一筆。這段故事很吸引人，可是這種「無俚頭」的操作，到底能不能學呢？

其實不只他，投機界另一個有名的超自然操作法是索羅斯的背痛。索羅斯多次撰文說到的背，是最好的風險規避系統。每當背痛發作，他就知道是部位有問題，需要立刻調整。這種直覺的經驗，其實大家或多或少在不同時候都有。有個合理化這種現象的解說，歸結於當深入專注於某個事物，其實在潛意識裡做了很多不自覺的分析工作，壓力累積突破門檻後釋放出來，把長期工作的成果轉化成突如其來的靈感。李佛摩的不安或索羅斯的背痛，其實沒想像中那麼神奇。

部位

根據片面觀察，這本書最常被引用的內容，是老火雞那段關於部位的談話。營業大廳中，有人勸這位老先生出手一檔已經高漲，而且已有獲利的股票，他回說：「你知道，現在是多頭市場……我不能失去我的部位。」

多頭的時候做多，空頭的時候做空，這是明顯又容易接受的概念。做對方向之後，能決定獲利多寡的，就是持股部位，買多賺多，買少賺少，也是很容易理解的道理。但是這個層次的考驗，是「知易行難」。整本書傳達的訊息，就是金融操作不是很艱深的工作，沒有高深的學問，也不用先打過少林寺十八銅人陣。李佛摩中學畢業，十四歲就在證券公司打工。初期使用的工具就是電報機，到了紐約之後加入電話。真的沒有特殊之處。

他的操作邏輯，不是基本分析也不算技術分析，勉強可以歸類為「趨勢追隨者」。雖然觀察無法讓他在第一段就賺到錢，但是趨勢確定後，不論多空，一直提高部位，賺錢後投更多，更多，直到資金用盡為止。

跟前段說明的相同，不管投機或投資都不是科學，這本書反覆強調，不管是李佛摩自己的或從旁聽來的故事，是賺錢或是賠錢，都是在心性上的鍛鍊。好不容易整理出來的賺錢方程式，一時沒堅持，聽信專家的話，糊里糊塗就繳了幾百萬美元的學費。

解藥？持續修練吧。

《股票作手回憶錄》就是前輩高人留下來的修練心得。

《今》周刊專欄作家黑傑克　李挺生

第一章

華爾街沒有新鮮事

股票作手初登舞台

股市如同一連串的戰鬥，大盤就是你的望遠鏡

中學畢業後，我的第一份工作是在一家證券經紀公司抄寫報價黑板，我對數字特別敏感，三年的算術課用一年便可以讀完，甚至還游刃有餘，心算更是強項中的強項。通常股價電報機旁會有一名顧客喊出價格，我總是能從容不迫地記住這些數字，記憶力驚人。這工作對我來說輕而易舉。

辦公室裡有許多同事，我也結交到不少朋友。話雖如此，當市場熱絡時，我會從早上十點一直忙碌到下午三點，甚至忙到無暇閒聊，上班時間根本沒有餘裕顧及社交。

儘管市場火熱、工作忙碌，也無法阻礙我反思自己的工作。對我而言，黑板上的報價無法代表股票價值，也不能表示每股價格，它們僅只是數字而已。當然，這些不停變動的數字肯定自有意涵，它們為什麼會變動？我不懂，也不太在意，我沒有時間去想這個問題。我只知道數字持續不斷地變動。從週一到週五，我至少花費五個小時，週六則花兩個小時，思索這些數字持續變動的意義。

這就是我對價格波動感興趣的開始。我可以牢牢記住數字在上漲或下跌前如何變化。在這方面，我所熱愛的心算似乎使我受益良多。

我發現，股價在上漲和下跌前，都會顯示特殊徵兆。無數例子證明我的預感無誤。雖然當時我才十四歲，但是經過數百次觀察之後，我的預測已有頗高的準確度，並能隨時比較出股票表現的今昔差異。不久之後，我更投入於預測股價的變化。如先前所言，我唯一依循的準則，即是股票的昔日表現。我的腦袋裡像是安裝了一本「股市變化觀察筆記」，並隨時留意那些依循特定型態起伏的股票。我默默記下那些股票，並預測它們的變化。你懂我的意思吧！

舉例來說，你應該會察覺某些股票的買盤比賣盤略勝一籌。股市如同一連串的戰鬥，大盤就是你的望遠鏡，如此一來贏面可說是十拿九穩。

而我最早的觀察就是——華爾街沒有新鮮事。華爾街不可能有新事物，因為投機就像山岳那般古老地存在於地表之上。今天發生在股市的事情老早就已發生過，而且還會再次重演，我時時謹記這個道理。我真正設法牢記的，就是股市的事件是何時發生的，以及是如何發生的。經驗就是我的投資資本，這就是我學習交易的方法。

我對預測股市變化的小遊戲相當熱衷，手上隨時準備一本小筆記本，迫不及待地記錄自己的觀察和股票的波動。有些人會虛構自己正在投資上百萬美元的交易，如此一來既不會真的魯莽行事，也不會因失敗而傾家盪產；對我來說，純粹只是想確認自己的預測是否準確罷了。我會推測未來的股票走向，驗證自己的觀察，我只想知道自己是否準確無誤。

舉例來說，當我研究某支熱門股當天的每一次波動後，我或許認定這支股票將會與過去的慣例一樣，跌破十點或八點；接著，我會記下該股與其週一的價格，並推測週二與週三的結果。待週三過後，我會比對小筆記本上的記錄與實際盤勢。

我開始對大盤感興趣。我的腦袋將價格波動與上漲或下跌的運動相結合。股價波動當然自有原因，但是大盤不會去管其原因和理由，更不會去解釋說明。十四歲的我不會去問大盤為什麼，現在的我更不會這麼做。當股票波動時，我們可能在兩、三天，甚至幾個星期或幾個月裡都找不到理由。你和盤勢的關係是當下的關係，而非未來進行式。你可以等待原因，但是行動必須當機立斷，否則就會被狠狠拋下，歷史會不斷重演。空管企業（Hollow Tube）的股票可能在前天下跌三點，其他股票卻大幅攀升。事情就發生在眼前，卻找不到任何道理。到了隔週，空管企業董事們決議分配股利，你這時才了解原因所在。他們自己知道股價會如何發展，即便董事們並沒有出售持股，但他們也沒有買進。既然沒有內線買進，下跌就是意料中的事了。

我持續記錄自己的小筆記本長達半年。每當工作結束時，我不急著趕著回家，反倒是先記下我默記的數字，研究其中的變動。我總是在尋找重複與類似的型態，並試著學習解讀盤勢，只是當時我並不知道這正是解盤。

買或賣都不是問題，我關心的只是數字

有一天，我正吃著午飯，辦公室某個比我年長許多的小職員跑來找我，低聲問我有沒有錢。

「怎麼了？」我問。

「我有伯靈頓鐵路（Burlington Railway）的內線消息，情況還不錯，如果有人願意跟進，我打算小玩一把。」

「小玩一把？你打算怎麼玩？」我問。我以為只有出手闊綽的大爺才能靠明牌大賺一筆，或是，至少才能玩股票，不是嗎？你至少得有個幾百美元、或幾千美元，甚至還得有私家馬車和戴著絲絨小帽的車夫。

「我的意思就是玩一把。」他問：「你手上有多少？」

「你需要多少？」

「嗯，如果我放五美元的話，可以交易五股。」

「你打算怎麼操作？」

「我要拿這五美元當保證金，到空中交易所[1]（bucket shop），全部買進伯靈頓鐵路的股票。」他說，「這支股票一定會漲，就跟在地上撿錢一樣，我們馬上就可以賺到翻倍的錢！」

「等等……」我拿出自己的小筆記本。

我在意的不是錢會不會翻倍，而是他對伯靈頓鐵路股票的預測，如果他所說無誤，我的小筆記本應該也會顯示同樣的訊息。果然沒錯，根據我的推敲，伯靈頓鐵路現階段的表現，顯示出即將上漲的預兆。當時，我還從未有過交易經驗，更不曾和其他同事一同賭博，但是事實擺在眼前，這可是個不容錯過的大好機會，我可以測試我的研究，以及我那每日小嗜好的準確性。我的腦袋飛快地運轉，如果我的小筆記本根本派不上用場，那麼這套推論就無法取信於人了。我把身上所有錢都掏出來給他。接著，他帶著我們的共同資金到空中交易所，買了伯靈頓鐵路股票。兩天後獲利賣出，我們賺了三．一二美元。

經過那次交易初體驗，我開始依循小筆記本的記錄，到空中交易所買賣股票。我通常利用午休時間操作。對我來說，買或賣不曾是個問題，我操作的是系統而非特定股票或任何理論，我關心的只是數字。事實上，我的方法最適合空中交易所，那裡的賭客完全靠印在報價單上的波動進行交易。

不久以後，我在空中交易所賺的錢早已超過抄寫報價黑板的錢了，於是我辭去工作。父母當然反對我的決定，但是當他們看到我賺進的數目之後，就再也沒有阻止我了。那時，我只不過是個孩子，當辦公室小弟的薪水實在少得可憐，不過我買賣股票的成績倒是相當不錯。

我單打獨鬥，投資靠的是我自己的頭腦

十五歲時，我賺到第一筆一千美元。我把鈔票放在母親面前，但她看起來相當憂慮。這一千美元是我在空中交易所進出買賣數個月所賺到的錢，還不包括三不五時拿回家的現金。家母希望我把在空中交易所賺到的錢存進銀行，以免受到誘惑。她說，她從來沒看過一個十五歲的小男孩發家致富，她實在不敢相信眼前的鈔票是真的。儘管母親相當煩惱憂心，但我關心的只是自己的預測是否準確而已，其他的都是旁枝末節。預測，正是我的樂

1 空中交易所與合法經紀商不同，經紀商代表客戶交易，賺的是交易的佣金，而空中交易所與客戶則是對手關係，賺的是客戶的損失。在空中交易所，投機客用自己的小額資金，下注賭股票或商品價格的波動，並沒有實際交易股票或商品。

趣所在，我用頭腦，證明自己的判斷無誤。如果我的估測是準確的，投資一百股就比投資十股更能證明我的能耐，這就是保證金高低的意義所在。所謂的利潤，對我而言只有一層價值，就是驗證我的能力。不過，高額保證金就能證明我更有膽識嗎？不會！根本沒有差別！如果說，我將全身上下僅有的十美元都拿去投資，那所需要的勇氣遠大於將兩百萬美元儲蓄之中的一半拿去投資呢。

總之，那時我十五歲，就已經在空中交易所嘗到不少甜頭，日子過得相當不錯。一開始我在小型的空中交易所交易，通常若是在這種地方買賣超過二十股，就會被視作約翰・蓋茲[2]或摩根（J. P. Morgan）微服出巡。當年的空中交易所很少會動手惡搞交易者，他們犯不著這麼做，如果要賺交易者的錢，方法可多了，就算交易者的預測極度準確，也難逃他們的手掌心。即使空中交易所規規矩矩經營——我是指，以他們自己所謂的正派經營來看，這一行的利潤還是多得可怕，股價的波動會吃掉交易者的資金，不必多大的回檔，就能將〇・七五美元的保證金吃乾抹淨。而且，交易者如果賴帳的話，就再也別想入場做什麼交易了。

我單打獨鬥，沒有任何合夥人，畢竟整個投資事業靠的也就是自己的頭腦，不是嗎？要是價格和我的估測背道而馳，朋友或合夥人也幫不了什麼忙；如果價格狂跌不止，那也沒有人能插上手。因此，我覺得沒有必要將交易內容告訴任何人。我當然有些朋友，但是我執行交易的方式從未改變，那就是徹頭徹尾的獨角戲。

事實上，過不了多久，空中交易所開始對我產生敵意。每當我走進空中交易所，拿出保證金打算交易時，他們總盯著錢卻不接過手，然後對我說，已經沒有股票可以買賣了。從那時候開始，他們幫我取了「投機小子」的綽號。我必須不斷更換空中交易所，從這一家換到那一家，不斷地不斷地更換，有時甚至還得使用假名進場。通常我只會先進行小額買賣，十五股或是二十股。為了避免他們起疑，我會先故意輸個幾回，然後再狠狠翻盤，賺他們一筆。很快地，他們就會發現跟我交易的代價太高，不得不警告我到別處去交易，免得擋住他們的財路。

某次，一家與我交易了數個月的空中交易所突然拒絕我入場。因此我暗自發誓要從他們那邊大撈一筆。這間空中交易所在市區各處、旅館大廳和附近小鎮上都有據點。我到其中一間設點在旅館的分店，詢問經理一些小問題，然後開始交易。但是當我使用自己的

2 約翰．蓋茲（John W. Gates），美國實業家，綽號「賭一百萬」。十九世紀末靠著銷售鐵絲網致富。他的企業成就在一九〇一年達到頂峰，並成立全球性經紀公司，成為華爾街大型經紀商，投資曾高達一億美元，但在一九〇七年恐慌時期，遭受巨大打擊；蓋茲宣布「結束華爾街遊戲」，就此退休。

特殊手法操作一支熱門股時，交易所總公司開始起疑，傳訊息來問是誰在操作股票？經理把他們的問題告訴我，我說我的名字叫愛德華．羅賓森，劍橋人。他很高興地向總公司回報，然而對方執意想知道我的長相。經理告訴我這件事後，我回覆：「跟他們說，我長得矮矮胖胖、頭髮很黑，還留了大鬍子！」但是他仍據實向總公司描述了我的長相，接著，他開始面紅耳赤地聽著電話不發一語。掛上電話後，他立刻叫我滾蛋。

「他們說了什麼？」我客氣地詢問。

「他們說：『你這個白痴，難道我沒有告訴你，不要接拉利．李文斯頓[3]的單子嗎？你是不是故意讓他賺走我們七百美元啊！』」總公司的人究竟還說了些什麼，他就沒告訴我了。

我陸陸續續試了許多交易點，但他們全都認得我，我的保證金絲毫無用武之地。我甚至不能進去看大盤，一進去就會惹來一頓臭罵。我設法說服他們讓我偶爾買賣、做做長線，甚至是到不同的分店交易。但根本沒人理我。

最後我只剩下一個容身處，那就是最有錢、規模最大的空中交易所——大都會證券經紀公司（Cosmopolitan Stock Brokerage Company）。

依靠投機者的天賦，與大都會證券交手

大都會是評價A－1等級的公司，業務量異常龐大。幾乎在新英格蘭地區的所有製造業中心都設有分公司。他們立刻接下我的單，我在裡頭買賣了好幾個月，有賺有賠，但最後情況還是如同過往。大都會不會像小型空中交易所那樣直接拒絕我的生意，這倒不是因為他們尊崇公平競爭，而是知道，如果因為我賺了點錢就把我列入黑名單，這種消息要是上報，肯定會影響他們的生意。儘管如此，他們的做法也很糟糕，竟要求我繳付三點的保證金，並強迫我每半點要增加保證金，後來半點演變成一點，接著是一．五點。這真是極度惡劣的要求！怎麼說？舉個簡單的例子：假設美國鋼鐵公司（U.S. Steel）的外盤價是九〇美元，你準備買這檔股票，通常單子上會這麼寫：「購買十股美鋼；九〇又八分之一美元。」如果買的是一點保證金的單子，那表示假設股價跌破八九又四分之一美元的話，你就自動出局了。通常空中交易所不會對交易者死纏爛打，要求他們追加更多保證金，營業員

3 一九二二年，本書作者勒菲弗在《星期六晚間郵報》（*The Saturday Evening Post*）發表了一系列關於知名股票作手傑西．李佛摩（Jesse Livermore）的生平故事，因而大獲好評。拉利．李文斯頓（Larry Livingston）則是李佛摩於本書中的化名。

也不會為了利潤逼交易者廉價出售。

但大都會出的爛招就是要我加碼買賣。舉例來說，若我買進股價九〇美元的股票，我的單子上頭寫的並非「購買美鋼；九〇又八分之一美元」，而是「購買美鋼；九一又八分之一美元」。這是什麼意思？即便當我買進這支股票，股價如預期上漲了一又四分之一美元，若是我要了結交易，肯定還是會賠錢。而且他們打從一開始就堅持我必須要付三點的保證金，這等於砍掉我三分之二的交易能力。不過大都會是我最後的出路，我必須接受他們開的條件，不然就沒戲可唱了。

我的運氣時好時壞，但基本上還是贏面居多。大都會不停對我製造壓力，努力整我，他們開的條件應該足以打垮任何交易者，但是他們還嫌不夠。他們打算黑吃黑，但卻連連失手，我靠著投機者的天賦躲過天羅地網。

我說過，大都會是我最後的容身之處，同時也是新英格蘭地區實力最為雄厚的空中交易所，因此，他們對交易並沒有任何限制。我想，我應該是該公司交易量最大的個人客戶，也是每日進出號子的大戶。他們的辦公室相當奢華，擁有我所見過最大、最完整的報價看板。看板長度貫穿整個交易廳，所有你能想到的東西都有報價。包括紐約和波士頓證券交易所的股票、棉花、小麥、糧食、金屬……等等，任何在紐約、芝加哥、波士頓和利物浦買賣的物品都榜上有名。

你應該了解空中交易所交易的方式吧？你把錢交給營業員，告訴他想買進或賣出哪支股票。他會看報價單或黑板，記下價格，當然一定都是最新的價格。營業員會在交易單上注記時間，那張交易單基本上和一般正規的證券交易所委託單沒有兩樣——我的意思是，他們會在特定日期的特定時間，幫你用特定價格買進或賣出股票，再向你收費。如果你想結束交易，可以依現場情況，告訴任何一個營業員。對方會記下最新價格，如果這支股票並不活躍，他就會等待下一個報價，並在你的單子上注記該價格與時間，簽字核可後轉交給你，你再向出納窗口領取現金。當然，如果股市走向對你不利，價格遠超過你所付保證金的限制，你的交易就會自動了結，交易單變成廢紙一張。

在買賣規模五股的迷你空中交易所裡，交易單是張小紙條，並以顏色區別買進或賣出。有時候，這些規模迷你的空中交易所會因為客戶一窩蜂下單，客戶卻又出奇地準確而損失慘重。通常空中交易所都會扣除買賣手續費，如果你用二〇美元的價格買進一支股票，單子上的價格會記錄為二〇又四分之一美元，因此你只能賭四分之三的跌幅。

不過大都會是新英格蘭區域最好的空中交易所，客戶成千上百，但我相信我是他們最防備的客戶。他們向我施加了沉重的保證金加碼，又規定我三點的漲幅，如此仍舊不能阻擋我出手。我在他們允許的安全範圍內瘋狂地買進賣出，有時甚至同時操作五千股之多。

下面我要告訴你那天發生的故事，當天，我正放空三千五百股美國糖業。我手上握有七張粉紅色的大張委託單，每張五百股。大都會使用尺寸非常大的委託單，上面空白處可以記錄額外的保證金。空中交易所絕對不會提醒你追加保證金。你的保證金愈是不足，他們愈有好處，因為當你的交易被了結時，他們會自動獲利。在很多小規模的空中交易所裡，如果你想追加保證金額度，他們會要求你再填寫一張新單子，趁機多收你一筆手續費，而且一點的保證金意味著你的股價只能下跌四分之三點，超過此限，你的交易就會自動結束，並輸掉一點的保證金，他們會將該筆交易視作全新的交易，重新向你收取買賣的手續費。

呃，我記得當天交出去的保證金超過一萬美元。

大都會證券暗中搞鬼

二十歲那年，我就賺到了人生的第一筆一萬美元。你應該看看我媽的反應。她覺得除了老洛克菲勒（John D. Rockefeller）以外，應該沒有人會隨身帶著一萬美元的現金。而且她老是警告我該收手了，轉行做點老實生意。我費盡心思向她解釋，我不是在賭博，而是用算術賺錢。在她眼裡，一萬美元實在太多了，而我在乎的則是能否擁有更多保證金，讓我賺到更多錢。

我以一〇五又四分之一美元的價格放空三千五百股糖業公司的股票。營業大廳裡還坐著一個名叫亨利．威廉斯（Henry Williams）的人，他放空了兩千五百股。我習慣坐在電報機旁大聲地喊出報價，讓黑板小弟抄寫。股價波動如我所料，往下掉了幾點，然後再停頓了一會兒，繼續走低。大盤走勢相當疲軟，這情勢對我來說希望無窮。接著，就在一瞬間，我不太滿意糖業公司股票膠著的狀況。當時糖業公司的股價已是一〇三美元，當天的最低價格，但我不但不覺得放心，反而覺得有鬼。我知道有什麼地方怪怪的，卻想不出個所以然。假使危險已然逼近，而我又無法指認的話，就無法防範未然，我最好退出市場，靜觀其變。

你知道，我做事並不盲目。我從來不喜歡矇著頭做事。從小時候開始，我就希望知道事情發生的原因。當時我找不到任何理由，只感到強烈的不安向我襲來。我轉身向旁邊的小伙子說：「戴夫，你幫我占一下位子，你能不能幫我個忙，稍微慢點再喊出糖業公司的新價？」

他答應後，我起身把機器旁的位子讓給他，由他負責報價給黑板小弟。我從口袋拿出七張糖業公司的委託單，走到櫃檯旁邊，準備讓營業員幫我了結交易。說真的，我根本不知道自己為什麼要退出市場，所以我只是愣愣地站著，靠著櫃檯，我緊握著交易單希望營業員不要注意到我。當電報機發出聲響時，叫做湯姆．班恩（Tom Burnham）的營業員立刻轉頭查看。這時我突然感覺到氣氛似乎有點詭異，好像有什麼人在動手腳。於是我決定馬上脫離交易，當在電報機旁的戴夫喊出「糖業——」二字時，我以迅雷不及掩耳地速度將七張委託單丟在櫃台上，在戴夫還沒念完價格前，我就高喊「了結糖業公司！」當然，空中交易所勢必得用前次報價，了結我的糖業公司股票。戴夫喊出的價格仍是一〇三美元。根據我的推算，此時糖業公司應該已經跌破一〇三美元。電報機的聲音讓人覺得匪夷所思，我認為大都會一定在動手腳。總之，電報機狂亂作響。我發現湯姆正專心聆聽電報機，根本不理會我的交易單，好像在預謀什麼一樣。我對他大喊：「喂，湯姆！你到底在等什麼？快記下我的價格——一〇三！快點！」

我的聲音響徹營業大廳，每個人都朝我這邊看來，紛紛詢問彼此發生了什麼事。大家都知道，雖然大都會從來沒有發生過什麼意外，但凡事總有萬一，空中交易所的擠兌有可能會像銀行擠兌一樣，突然間開始反撲蔓延。當一個客戶開始起疑，所有人都會感到不安。因此，雖然湯姆看起來很為難，還是朝我走了過來，並在我的單子上注記著「了結；

一〇三」，然後把七張委託單還給我。他的臉色看起來很難堪。

從湯姆的櫃檯到出納窗口的距離還不到八英尺長。但是當我還沒走到那時，坐在電報機旁的戴夫就激動地大喊：「天啊！糖業，一〇八！」但已經太遲了。我笑了笑並對湯姆大喊：「剛剛不是這樣吧？對嗎？老弟！」

當然，那很明顯是在作弊。亨利．威廉和我總共放空六千股糖業公司股票。大都會收了我們的保證金，而且當時營業大廳裡應該還有不少準備放空糖業公司的客戶，總額可能高達八千到一萬股。假使他們所收糖業公司股票的保證金為兩萬美元的話，他們就可以到紐約證券交易所動手腳，把我們的保證金通通吞掉。從前，當空中交易所發現自己手上握有大量特定股票的多頭交易單時，他們通常會找營業員把該股價格壓下來，直到足以讓所有客戶的保證金都被吃掉為止。一般而言，空中交易所只要操作幾百股，每股成本也不高，就可以輕鬆賺進上千、上萬美元。

作手與空中交易所的角力

上述手法正是大都會當時的盤算，他們想趁機教訓我和亨利．威廉斯以及其他打算放空糖業公司的客戶。他們在紐約證券交易所的經紀商把價格炒到一〇八美元，當然價格很快就回跌，但亨利和其他放空的客戶也就被洗出場了。當特定股票無預警地暴跌又立刻反彈回升時，報業時常會以「空中交易所的暗盤」來形容這種狀況。

最可笑的是，就在大都會企圖整垮我和亨利，以及其他客戶的七天後，某個紐約股票作手騙走了他們約七萬美元。此人曾經是紐約證券交易所的會員，全盛時期可說是呼風喚雨。一八九六年，他在布萊恩恐慌時期[4]放空，一戰成名天下知。他始終遊走在證券交易法的邊緣，造成市場其他客戶的重大損失，藉此得利。有天，這位老兄打算從空中交易所大撈一筆，賺走他們的不義之財，他篤定交易所和警察機關拿他沒輒。這位名作手派出三十五名好手冒充客戶，分別進駐大都會的總公司與大型分公司，在某日的特定時刻買下公司經理人所容許最高張數的單一股票，並在預期的獲利情況下退出。他讓暗樁散發股票利多的消息，並在營業大廳的場內營業員協助下炒高股價。他謹慎挑選合適股票，避免營業員起疑，對他來說，炒高三、四點根本是雕蟲小技。最後，這群獵人成功從空中交易所帶回一大筆現金。

據傳他淨賺七萬美元，而他手下所賺到的利潤與表演費用還不包括在內。他在全美大玩這種把戲，修理紐約、波士頓、費城、芝加哥、辛辛那提（Cincinnati）與聖路易（St.

Louis）等大型空中交易所。他最熱愛操作的正是西聯電報公司（Western Union）這種不冷不熱的股票，要炒高或壓低不費吹灰之力。說句題外話，前幾天我在報上看到這位股票作手的訃文，他似乎晚景悽涼，無人聞問。若他在一八九六年過世，八成會成為紐約所有大報的頭條，甚至會有整版專欄撰文紀念。而現在，他的訃聞僅刊載在第五版，草草兩行字而已。

4 布萊恩恐慌（Bryan Panic），是指從一八九六年七月民主黨候選人布萊恩（William Jennings Bryan）被提名，到十一月敗選期間。當時普遍擔心民主黨貨幣政策將導致嚴重的經濟衰退，因此造成投資人拋售股票、商品價格暴跌、銀行停止貸款等恐慌現象發生。

第二章 股票作手必須對抗許多敵人

當然包括他自己

任何事都講求時機

大都會證券經紀公司的態度很明顯了，如果三點的保證金和加碼一．五點的限制都不能擊垮我，他們就會直接使出更卑劣的伎倆搞我，後來他們更暗示，今後不願意再接我的交易單。我立刻決定前往紐約發展，轉戰紐約證券交易所（New York Stock Exchang）某些會員公司。我之所以沒有選擇在波士頓交易，是因為波士頓都是以電報傳送報價，聽起來有點風險，我希望能離報價源頭近一些。啟程時，我二十一歲，帶著我所有的積蓄，一共兩千五百美元。

我說過，二十歲時我賺到了一萬美元，那次糖業公司的股票交易，光保證金就高達一萬美元了。沒有人可以天天是贏家，我的買賣策略算是穩健，即便小賠一點，都還能扳回一城。事實上，只要我堅定地按照策略交易，通常十次裡會有七次賺錢。我的不足之處在於我沒有足夠的判斷力，只敢在狀況對我有利的時候進場買賣。任何事都講求時機，只是當時我還沒能領悟，那些在華爾街打滾的人都不是笨蛋，但還是有很多人慘遭失敗，關鍵就在——時機。

當然，也是有徹頭徹尾的笨蛋。在股票市場中有一種笨蛋，我們稱為股痴，他們每分每秒都想進場買賣，但是哪有每天都有必須進場的理由呢？也沒有人能如此強大，每次交易都能毫髮無傷地離開戰場。

一般來說，當我依據經驗交易時，多半能賺錢，而隨意投注則常常虧錢。這就是股市法則，對吧？交易所營業大廳總是矗立著巨型報價黑板，電報機嗡嗡作響，人們忙著交易，並等著看自己的委託單化身成大筆現金，或是一團廢紙。有時候我們也不免會讓興奮之情凌駕於經驗準則之上。在空中交易所，客戶們做的是小本生意，你不可能長期操作，因為保證金實在太容易被洗掉了。不理會大盤走勢，只顧著埋頭下單，正是許多人玩到血本無歸的理由，連專業級作手都難以倖免。

有時候我以為自己每天都能賺點錢回家，好像買賣股票是份正職工作一樣，別忘了那時我還只是個孩子，一直要到十五年後，我才有耐心為某支股票等待上漫長的兩個禮拜，直到上漲三十點，才敢放膽買進。當時我宣告破產，掙扎地想要東山再起，實在沒有本錢亂搞。我必須完全精準，也因此願意無止盡地等待。那年是一九一五年，不過故事有點長，或許改天再說吧。我想先說說在贏了空中交易所大筆鈔票後的某天，股市如何扭轉情勢，讓我輸光鈔票的故事。

靠股價波動賺錢

事實上，我等於是眼睜睜地看著他們把我的鈔票拿走。當然，這不是第一次，也不會是最後一次。股票作手必須對抗許多敵人，包括他自己。當我來到紐約，身上帶著兩千五百美元。這裡的空中交易所相當不可靠，幾乎不可能信任裡頭的營業員，而且合法證券交易商和警方更聯手打擊空中交易所，讓他們輪番倒閉。除此之外，我也希望能在沒有限制的地方進行交易，頂多接受買賣金額有個上限。我的資金並不豐厚，但我也不希望就此停滯。最重要的是先找到合適的交易場所，讓我得到公平的交易機會。我找到一間在家鄉有設點，並且是紐約證券交易所會員的公司，那裡有我認識的營業員。他們的交易量少得可憐。我在那裡待得不算久，因為有個公司合夥人令人生厭。接著我找上富樂頓公司（A. R. Fullerton & Co.），我想他們應該詳知我的底細吧，因為他們沒多久便開始叫我「投機小子」。我看起來總是比實際年齡還要年輕，這點讓我綁手綁腳，有許多人總是想占我便宜，雖然這也驅使我為自己勇敢地挺身而出。

六個月內，我就在富樂頓輸光一切。我的交易量驚人，而且準確度向來令人讚嘆。我想證券交易商光是賺我的手續費就大有可觀了。我曾經賺了不少錢，但最終仍舊輸得山窮水盡，我總是謹慎出手，但是卻老是賠錢。原因正是因為我在空中交易所累積的不良習慣。

唯有靠著對賭股價波動，我才賺得了錢，那也是我總在空中交易所那裡贏錢的原因。我能掌握的，只有股價波動。我必須在眼前的報價黑板上看到價格時，才能買進。其實早在我出手買進前，就能算出應該支付的價格。我也總是能在瞬間賣掉股票。我緊緊地掌握住最佳時機，並以閃電般的速度在營業大廳內移動。在空中交易所，我可以在瞬間之內決定要豪賭一把還是喊停作收。舉例來說，有時候我很清楚知道某股至少會上漲一點，我會很客氣地就賭那一點，讓鈔票直接翻倍，甚至可能決定只賭半點。一天賺個一百股或兩百股，一個月結算下來應該也滿不錯的吧！當然，不是每次都行得通。即便空中交易所財力雄厚，能夠承受巨額損失，他們也不會喜歡號子內有個老愛贏錢的麻煩鬼吧？

總之，我在空中交易所操作的完美交易法，並不適用於富樂頓公司。我在那裡直接買進賣出。假使電報機顯示糖業公司股價一〇五美元，而我預料該股將下跌三點，但是當報價單顯示一〇五美元的那一刻，證券交易所營業大廳的實際價格可能已落在一〇四美元或一〇三美元。當我把一千股委託單交給富樂頓公司的營業員時，價格可能又更低了。一直要到營業員回報，我才能確知賣出的價格。對我來說，要在空中交易所賺個三千美元相當簡單，但是要在證券交易所的會員公司裡賺個一分錢，簡直難如登天。或許我可能有點誇大，但是富樂頓公司總是無法提供即時的訊息，這點實在讓我難以接受。

此外，當我交易單的價格過於龐大時，往往會進一步壓低我之後的賣價。我在空中交易所進行買賣時，不太需要頻頻估算自己的單子所帶來的影響。我在紐約賠錢的原因，就是出於系統的差異性。輸錢的原因不是因為在證券交易所必須守法行事，而是我太過輕率。很多人說我很會看盤，但是很會看盤仍舊讓我輸個精光。如果我可以親自在營業大廳裡當場內營業員，或許可以救自己一命。或許在某些情況下我可以快速調整自己的做法，適應眼前全新的狀況。但是現在的困境是，我的買賣規模過大，導致自身的交易影響了價格，因此在空中交易所操作的舊方法必須淘汰出局。

簡單來說，我當時不懂投機的奧妙。我頂多懂一點皮毛而已，但是這點皮毛對我往後的操盤生涯來說，分外重要。儘管我有那麼一點天分，還是虧錢，我不禁思索，究竟一個門外漢到底有沒有可能獲利？

用不了多久，我就知道自己的玩法出了問題，只是還不明瞭癥結所在。有時候我可以贏個幾把，但很快就全軍覆沒。當時我才二十二歲，不是我過於固執不想改變自己的做法，而是對一個年輕人來說，這實在有點門檻。

用五百美元捲土重來

富樂頓公司裡的人對我滿好的，由於他們有自己的保證金規定，因此我無法隨心所欲的交易。儘管如此，老富樂頓和他公司的員工似乎對我情有獨鍾。然而，在頻繁交易幾個月後，我不但把所有成本以及所有賺來的錢都賠光了，甚至還積欠他們數百美元。

說真的，我只是個乳臭未乾的小鬼。第一次離家打拼就弄到破產，但是我知道錯不在我，錯的是我的方式。雖然我仍舊找不到問題所在，但卻從來沒有對股票失去信心，我不會質疑大盤走勢，畢竟調侃股市根本一點幫助都沒有。

我急著想重回股市，一秒鐘都不想耽擱。我直接去找老富樂頓，跟他說：「嘿！老富，借我五百美元。」

「要幹嘛？」他說。

「我需要一點錢。」

「要幹什麼用的？」他又再問。

「當然是要賺保證金啊！」我回答。

「五百美元嗎？」他皺著眉繼續說：「你知道他們要你維持一成的保證金，這表示做一百股需要一千元，我寧可給你一筆信用點數……」

「不要，」我說，「我不需要什麼信用點數，我已經欠你錢了，我希望你能借我五百美元，讓我去外面賺點錢回來還你。」

「你有什麼計畫嗎？」老富樂頓問。

「我想去空中交易所交易。」我告訴他。

「你為何不在這裡交易？」他說。

「不，」我說，「我還不確定要怎樣才能從這裡賺錢，但是空中交易所就簡單多了。我了解那裡的狀況。我覺得我自己快開竅了。」

老富樂頓借錢給我，讓我離開那裡。大家都叫我「空中交易所的投機小子」，投機小子輸光了他所有的錢，而且還不能回到家鄉，因為家鄉的空中交易所已經拒收投機小子的單子。紐約也是死路一條，因為根本沒有空中交易所存在。他們對我說，一八九〇年代時，寬街（Broad Street）和新街（New Street）上到處都是空中交易所。但是當我需要的時候，時代早已不同了。我稍微思索了一下，決定前往聖路易。我聽說那裡有兩間空中交易所的交易量遠遠超越中西部其他號子。他們的利潤一定相當驚人。他們在十幾個城鎮設有分公司，有人甚至繪聲繪影地說，整個美國東部沒有一間公司可以與之匹敵。他們公開營業，許多頂尖的作手都在那裡放心買賣。甚至有人偷偷地告訴我，其中一間交易所的老闆是商會副主席，只是該商會並非位於聖路易。總之，我帶五百美元去了聖路易，準備賺回籌碼，並且計畫再次回到紐約證券所的會員公司富樂頓，換取保證金。

再度勇闖空中交易所

我抵達聖路易後，先到旅館盥洗，然後開始尋找空中交易所。其中一間叫做杜蘭公司（J. G. Dolan Company），另一間叫泰勒公司（H. S. Teller & Co.）。我知道只要我用安全的方法進場，絕對可以打倒他們，只要持續小心謹慎即可。我只擔心會有人會認出我來，並下逐客令，畢竟全美國各處的空中交易所都聽過投機小子。他們和賭場一樣，會流通關於專業投機客的小道消息。

杜蘭公司離我比較近，所以我先從那裡開始下手，希望在他們把我揪出來以前，我可以玩個幾天。我走進杜蘭公司，那裡相當寬敞，至少有幾百個客戶盯著黑板，為此我心情相當雀躍，畢竟要在人群中認出我來，實在有點困難。我站著看黑板，小心比對，最後我選中一支股票準備進場。

我看看四周，看到繳錢和填委託單的窗口，某個營業員注意到我，因此我走到他面前問：「這裡可以做棉花和小麥交易嗎？」

「沒有問題，年輕人。」

「也可以買股票嗎？」

「只要你有錢，當然沒問題。」他說。

「噢，當然，我有的是錢。」我讓自己聽起來像個虛張聲勢的小鬼。

「你有帶嗎？」他微笑以應。

「一百美元可以買多少股啊？」我故意有點賭氣地問道。

「一百股，一百美元可以買一百股。」

「我有一百美元，其實我有兩百。」我回覆他。

「我的天啊！」

「那你就幫我買進兩百股。」我很不客氣地說。

「兩百股的……」他問道，他的態度顯然開始轉變，似乎意識到生意上門了。

我看看黑板裝模作樣，然後告訴他幫我買進兩百股奧馬哈鐵路（Omaha）的股票。

「好！」他收下錢，算了一下，開始填委託單。

「請問大名？」他問道。我回他：「荷利斯．肯特。」

他把單子給我，我轉身回到人群中，等著鈔票上門。我快速地買進賣出，一天操作了好幾次。隔天也一樣。兩天內我賺了兩千八百美元，期望可以玩到這禮拜結束。以我的速度看來，結果應該相當驚人。接著我打算再去另一間空中交易所大展身手。如果我在那裡運氣也不差的話，應該可以帶著豐厚的資金返回紐約。

滾！我不想做你的生意

第三天早上，我走到窗戶旁露出害羞的樣子，準備買進五百股布魯克林捷運公司（BRT）的股票。營業員對我說：「噢！肯特先生，我們老闆想見您。」

我知道情況不妙，但是仍問他：「老闆找我有什麼事嗎？」

「我不清楚。」

「他在哪裡？」

「往前面直走的個人辦公室。」他指著一扇門。

我走進去，杜蘭坐在桌前，對我說：「請坐，李文斯頓先生。」

他指著椅子，我的希望徹底破滅。我不知道他是怎麼發現的，或許是我的旅館登記簿洩漏了痕跡。

「你找我有什麼事嗎？」我問他。

「聽著，年輕人，我不想跟你討價還價，可以嗎？一刀兩斷！懂嗎！」

「不，我不太理解……」我說。

他從旋轉椅上站起，身形無比魁梧，他對著我說：「麻煩你過來一下好嗎，李文斯頓。」他走到門邊，打開門，指著營業大廳裡的客戶。

「你看到他們了嗎？」他問我。

「看什麼？」

「你看看那些傢伙，小伙子，這裡總共有三百個傻瓜！這些傻瓜負責養活我和我老婆！懂嗎？然後你跑過來，在兩天內賺走我必須花兩個禮拜才能從這三百個傻瓜身上弄來的錢，我不幹這種鳥生意！小鬼，搞清楚，你可以收下你賺到的錢，但是別想再玩了。我不會再讓你進來。」

「為什麼！我——」

「就是這樣，我前天看到你，就很不爽你的樣子。老實說，我看你就討厭，一副老千樣。我把那個蠢蛋叫了過來，」他指著收我委託單的營業員，「我問他你怎麼交易，他報告完以後，我跟他說：『我不喜歡他的樣子，他難道不是老千嗎？』這個蠢材竟然說：『老千個鬼啊！他是肯特，只是個年輕人，想來裝闊而已。他沒問題啦！』我聽信他的話，讓你贏走兩千八百美元。我不怪你，小朋友，但是你別想再從我這裡提錢了！」

「聽我說——」我正要開口。

「我跟你說，李文斯頓，我聽過你的豐功偉業。我就靠這些笨蛋養家活口。我是很有風度的人，你可以帶走你已經賺到的錢，但是我沒有笨到會讓你繼續在這裡逞威風，既然我已經知道你的身分，你就滾吧，小鬼。」

我帶著兩千八百元離開杜蘭公司。泰勒公司就在另一個街口。我發現泰勒背景雄厚，而且經營多間賭場。我決定到他的空中交易所冒險。我不知道自己應該小筆進出慢慢增加到一千股，還是下定決心，在被趕出來前直接大賭一場。當空中交易所虧錢的時候，很快就會找到漏洞所在。我真的很想買一千股ＢＲＴ。我肯定每股至少有賺進四、五點的潛力。但是假使我引起對方懷疑，又或者太多客戶同時做多，我就根本不可能進場。我決定還是小筆買進，分散交易。

泰勒公司的規模較小，但是設備較為新穎，客戶也具備較高的社會水準。這就是我想要的交易所，我突然決定買個一千股，並走到窗口對營業員說：「我想買一些BRT股票，有什麼限制嗎？」

「沒有限制，」營業員回覆，「你可以盡量買，只要你有錢。」

「買一千五百股。」我說，從口袋掏出鈔票，營業員開始填單。

接著我看到一個紅髮男人走過來把營業員推開，並且把身體靠向我說：「噢，李文斯頓，你快回杜蘭那裡去，我不接你的生意。」

「等我拿到單子再說，」我說，「我剛買了一些BRT。」

「你休想拿單子，」他回答道，這時所有營業員都走到他的身後望向我，「永遠都別想來這裡操盤，我沒有要接你的生意，你懂嗎！」

我想，和他們爭辯或吵架根本於事無補，所以我回到旅館結清帳單，並搭第一班火車回紐約。真是過分，本來我準備帶一大筆資金回去，但那個泰勒連一張股票都不讓我碰。

我回到紐約，把錢還給老富樂頓，然後用在聖路易賺到的錢開始交易。我的運氣時好時壞，但整體來說還是有小賺一點。畢竟，我已經學得差不多了，只要記住投機市場遠比我到富樂頓公司之前來得複雜許多就成了。我就像填字遊戲迷一樣，非得把週日報紙上的遊戲格子全都填滿，才會罷休。我當然也很想了解自己的交易到底出了什麼問題。我以為自己再也不會踏進空中交易所，結果不然。

市場遊戲規則改變

回到紐約幾個月之後，一個老傢伙來到富樂頓公司。他認識老富樂頓。有人說他們以前一起合夥經營賽馬場，顯然這位老兄今非昔比。大家介紹我認識這位老麥德威先生。老麥德威說一群西部賽馬場的騙子與詐欺犯，剛剛才在聖路易完成了一件大型詐欺案。他說，帶頭的人就是賭場老闆泰勒。

「哪個泰勒？」我問。

「大泰勒。」

「我知道那傢伙。」我說。

「他不是個好東西。」老麥德威說。

「他糟透了，」我說：「我還有點帳要跟他算。」

「怎麼說？」

「我想坑他一大筆錢，教訓他一頓。他人現在在聖路易，我動不了他，但總有一天我會讓他付出代價。」我告訴老麥德威事情發生的經過。

「嗯，」老麥德威說：「他想把人脈拉到紐約來，但是事與願違，所以他在哈波肯（Hoboken）開了間公司。據說那裡的買賣沒有上限，而且資金雄厚到能讓直布羅陀巨岩看起來只有跳蚤黑影那麼大。」

「那是什麼樣的公司？」我以為他說的是賭場。

「空中交易所。」老麥德威說。

「你確定已經開始營業了嗎？」

「對，很多人都給我同樣的消息。」

「那些消息可靠嗎？」我說，「你能不能查查他們真的開張了嗎？還有買賣的上限到底是多少？」

「好的，小朋友。」麥德威說，「我明天一早就親自過去看看，再告訴你。」

他真的去了。看起來泰勒確實叱吒風雲，並且毫不羞愧。那天是星期五，股票已經持續漲了一週——記住，那是二十年前的事。等星期六一到，銀行報表將會顯示過剩，並準備大幅下降。這讓投機客有了大好機會可以撲壓股市，趁機修理那些財務能力較差的證券經紀商。通常到了交易的最末半小時，都會回檔，特別是那些深受熱愛的股票更是如此。

這些股票都是顧客熱愛做多的標的，而泰勒的公司當然也不介意有人放空。能海削顧客兩頓，實在妙不可言，而且方法很簡單，只要賭一點的漲跌就夠了。

我在星期六早上趕到哈波肯的泰勒公司。他們的營業大廳相當氣派雄偉，報價黑板也相當有設計感，營業員素質不錯，還有穿著灰色制服的特勤警衛。大廳裡有二十五個客戶。

我和一位經理攀談。他問我需要什麼服務？我告訴他自己對股市沒什麼興趣，畢竟賽馬場能讓我毫無限制地大玩一把，而且在幾分鐘之內就可以賺到幾千、幾萬美元，要賺買賣股票的小錢，還得等上好幾天。他開始說服我，強調股市操作的安全性，還提了幾個客戶大賺的例子。他看起來似乎滿擅長幫客戶在證券交易所買進賣出，他還說，假使資本夠大的話，應該穩賺不賠。他一定猜想我正準備去賭博，並希望趕在賽馬場把我的錢都吃掉以前，先撈一筆，因為他不停催促我，建議我應該在十二點股市收盤以前進場，這樣整個下午都可以盡情玩樂。他慫恿我，說不定可以賺更多的錢帶到賽馬場去，只要我挑對股票。

我裝作很遲疑的樣子，他繼續鼓動三寸不爛之舌，我看著時鐘指針移動到十一點十五分才說：「好吧。」然後交給他幾種股票的委託單以及兩千美元。他開心地收下，並且表示我應該會賺滿多錢的，希望我多多光顧。

情況和我想的一樣。交易商攢壓他們認為能夠造成股市停頓的股票，而且價格果真開始滑落。我在最後五分鐘，在交易者回補造成的慣性反彈前軋平。

五千一百美元落袋。我走去換錢。

「好險我有進場。」我和經理說，並將委託單遞給他。

「聽著，」他說，「我沒辦法給你全部的錢，輸贏實在太大了。星期一早上我會把錢準備好，我向你保證。」

「好，但是我必須先拿走你們目前有的現款。」我說。

「你先讓我付錢給散戶好不好？」他說，「我會把你的本錢先給你，還有剩下來全部的錢，只是我得先付其他客戶。」我答應讓他先照顧散戶。噢，我知道自己非常安全，泰勒沒法賴帳。畢竟這裡進出的交易量那麼龐大，就算他賴帳，我還是能拿光他所有的現款。我拿回自己的兩千元，以及多出來的八百元，這就是他們僅剩的現金。

星期一中午，我抵達哈波肯。我看到有個男人和經理交談。那次在聖路易，被泰勒吼著要我滾回杜蘭公司時，這人也在現場。很明顯，經理已經通報總公司，因此總公司派人過來調查。通常騙徒們總是疑心病重。

「我來拿剩下的錢。」我對經理說。

「就這傢伙嗎？」那男人插話。

「對。」經理回應，然後從口袋拿出一疊鈔票。

「等等，」那個來自聖路易的老兄說，並且轉頭面向我，「喂！李文斯頓，我們早就告訴過你，我們不接你的生意了。」

「先把錢拿出來。」我對經理說，他交給我兩張一千塊，四張五百塊以及三張一百塊的鈔票。

「你剛剛說什麼？」我轉頭對聖路易的老哥說。

「我們已經說過，我們不要你的單子。」

「對，」我說，「這就是我大老遠跑來這的原因。」

「好，別再來了，滾遠一點吧！」他怒斥我。身穿灰色制服的私人警衛走了過來，還帶著一派輕鬆的表情。聖路易老哥揮著拳頭，對經理大罵：「你難道不懂嗎？你這可悲的混帳，你為什麼給他機會詐騙你。他就是李文斯頓啊，我們早就發消息給你了。」

「你聽著，」我對聖路易老哥說，「這裡可不是聖路易，你別想再搞什麼花招，別想像你老闆對待貝爾法斯特男孩（Belfast Boy）那樣對我。」

「你快點滾出我們公司！你不准在這交易！」他大吼大叫。

「如果連我都不能交易的話，那也沒人會來這裡了。」我告訴他，「這裡由不得你囂張。」

哈，聖路易老哥果然立刻改變口氣。

「你聽我說，老兄，」他有點慌張，「幫我一個忙，講講道理好嗎？你知道我們沒辦法容忍這種事，老頭子要是知道誰在搞鬼，肯定會抓狂。我拜託你，李文斯頓。」

「我會收斂一點。」我撂下保證。

「你可以不要那麼不可理喻嗎？拜託你好心一點，滾遠點吧！我們還要生活，現在才剛剛開張而已！拜託啊！」

「下次我來的時候，拜託別再擺那種架子了。」我說，然後轉身離開，聖路易老哥繼續狂飆那位經理。我從他們手裡賺了一大票，誰叫他們在聖路易侮辱我一頓。說真的，吵架或讓他們關門大吉對我也沒什麼好處。我回到富樂頓公司和老麥德威先生報告來龍去脈。然後我對他說，如果他願意合作，可以先到泰勒的公司開始交易個二十股或三十股，讓他們先習慣。等我看到有機會大賺一筆時，會以電話聯絡他，讓他嘗點甜頭。

我給麥德威一千塊，他立刻動身前往哈波肯，並照我的計畫，偽裝成常客。某天，我感覺價格快要崩盤，趕緊傳話給老麥德威，要他在許可範圍內盡可能放空。當天我賺進兩千八百美元，這還不包括給老麥德威的抽頭，以及他的成本。我想他說不定還偷偷加買了一點。這件事過沒多久，泰勒就把他在哈波肯的分公司收掉。為了調查此事，警察忙翻了。雖然我只在那交易了兩次，不過泰勒仍是賠了不少。當時股市已進入瘋狂的多頭市場，股價回檔的幅度過小，小到連一點保證金的漲跌幅都洗不掉的小。所有顧客都在做多，一直贏錢，瘋狂加碼。全美各地的空中交易所接連倒閉，哀鴻遍野。

遊戲規則已經改變。比起在可靠的證券交易商那兒做買賣，老派的空中交易所還是更有利潤。例如，在保證金快歸零時，他們會自動把你的交易軋平，這就是最好的停損動作。你只會損失原本的本金，而不會無止盡地花光錢財，也可以避免委託單所產生的種種麻煩。

此外，紐約的空中交易所絕不像西部坊間傳言所聞，對客戶毫無限制。在紐約，他們對於某些熱門股票多半會限制客戶頂多拿到兩點的利潤。糖業公司和田納西煤礦公司的股票，自屬此列。不管這些股票在十分鐘裡波動多少點，每張委託單只能拿到兩點股利，他們認為如此才能避免客戶取得過多利潤，相較之下，要讓客戶賠錢倒是容易許多。

有好一陣子，幾乎所有的空中交易所，包括那些規模最龐大的在內，都拒絕處理某幾支股票。一九〇〇年大選日前一天，當時共和黨參選人威廉・麥金利（William McKinley）穩操勝算，所有的號子都不讓客戶買股票。選舉賭盤以三比一的賭注穩壓他會贏。若你在該星期一買進，肯定可以賺三點到六點。如果賭民主黨參選人布萊恩當選並且買進股票，也能小賺一筆。空中交易所根本不會讓這種事發生。

要不是空中交易所拒絕和我交易，我肯定不會離開。那麼，我也將永遠不會知道，除了在空中交易所賭個幾點震盪以外，股票投機市場還藏有更驚人的寶藏。

第三章

股市才是我的對手，而非股價

該賣則賣，該買則買

投機客必須時時待命

每個人都需要漫長的時間學習教訓。很多人說，凡事都有正反兩面。但是股市只有一面，那一面並非多頭或空頭的那面，而是正確的那一面。我花了好長時間才將這個法則銘記在心，要體會這點可比在股票投資中學會各種技術還困難。

我知道有些人無聊到幻想自己買了股票，然後以觀看自己的預測是否準確為樂。有時候，這些幻想玩家可以賺進幾百萬美元，畢竟他們愛怎麼玩都可以。這有點像一個老故事，裡頭的主角隔天就要與人決鬥。

他的幫手問他：「你是神射手嗎？」

要參加決鬥的男人說：「我可以在二十步距離外射穿酒杯。」他看起來相當謙虛，然而他的幫手面無表情地說：「非常好，但是如果對方一手拿著酒杯一手拿著槍對準你，你還有辦法射穿酒杯嗎？」

對我來說，我必須以鈔票驗證我的猜測。慘痛的經驗教會了我，唯有確認沒有退縮的必要時，才應該前進，假使我不前進的話，就只能待在原地。我的意思絕非認為投機客不該設下停損點，特別是在那些前景已經不樂觀的時候。投機客確實要做好最壞的打算，提早了結，切莫猶豫不決。我一生中犯過無數錯誤，但是我有從自己賠掉的資本裡學到教訓，並且牢記舊錯切勿再犯。我曾經好幾次破產，但是我虧損的錢財從來都不是人生的負面教材，難怪我可以混到今日。我總是相信前方會有機會，而我不會犯下相同的錯誤。我相信自己。

任何人想靠股票賺錢，都必須非常相信自己，以及自己的判斷。也因此我從不相信明牌。如果我相信某人的消息而買股票的話，那我就必須根據他的消息賣股票。我得全程靠他。如果他在應該賣出股票的時間去度假了呢？這不可能行得通，沒有人能夠靠別人賺大錢。我從經驗裡知道，沒有人可以給我一堆明牌。真正想要賺錢，就得靠自己的判斷。我花了數年的時光，才學到怎麼樣聰明地買賣股票，並讓自己算準時機，穩當獲利。

我的人生或許不如同一般人想像得那麼精采。事實上，學會投機的過程，並沒有什麼有趣的故事發生。我破產過無數次，痛苦萬分。我賠錢的經驗與無數華爾街投資客一樣。投機事業相當需要技巧和鍛鍊，投機客必須時時待命，否則他會很快會被掃地出局。

投機的本質

經過在富樂頓失利的教訓後，我知道我的任務很簡單，那就是用另一個角度操作我的投機事業。當時我不知道，除了空中交易所學會的那套以外，還有很多很多課題等著我。從前我老以為自己打敗股市，事實上，我只打敗了空中交易所而已。我在空中交易所學到的看盤能力以及磨練出來的記憶力對我而言彌足珍貴。這兩件事對我來說不算困難。我早年的成功都出於絕佳的看盤能力與記憶力，而非知識。因為我不但沒有經過專業訓練，甚至可說是無知。我從賭局裡學習賭博，而賭局也毫不留情地給我強力重擊。

我記得來到紐約第一天的情況，我說過當時空中交易所是如何把我趕出來的吧？當時我只好順勢找間可靠的經紀商。我找到一個從前工作認識的小弟，他在紐約證券交易所會員公司——哈定公司（Harding Brothers）上班。我於早晨抵達紐約，下午一點就在哈定公司開戶，準備交易。

你知道嗎，我理所當然地沿用在空中交易所的經驗，開始在哈定公司交易。我在空中交易所玩的就是賭股價的漲跌波動，並找出確定的變化點，就算漲幅只有一點點也沒關係。從來就沒有人告訴我空中交易所和合法證券交易所有什麼不同，並指引我正確的方向。不過就算有人告訴我，我也聽不進去，我非得要玩到輸錢時，才會學到教訓，而當我贏錢的時候，那就證明自己是正確的，這就是投機的本質。

當年股票生意火熱，市場活躍。對我們這些作手來說是最棒的時代。我感到自在，眼前是最熟悉的報價黑板，以及自十五歲以來習以為常的尋常景象。黑板旁是小弟，他做著和我當年相同的工作。客戶們則坐在那兒端著相似的面孔，雙眼直盯著黑板猛看，也有些人站在機器旁喊價、大談股市。這裡給我的感覺，讓我聯想起用伯靈頓股票賺了三．一二美元的往事。基本上，不管是電報機器、交易者，都讓我感到無比熟悉。當年我才二十二歲，我以為自己已經掌握運籌股市的竅門，難道不是嗎？

我看著黑板，似乎有支表現不錯的股票。這支股票的波動合宜，我用八四美元的價格買進一百股，不到半小時，就以八五美元的價格賣出。接著我又注意到一支還不錯的股票，並以同樣的方式操作，在短短數分鐘內賺進四分之三點。我的運氣似乎相當好，不是嗎？

請記得，我第一次在出名的證券交易所會員公司裡交易，就在兩個小時內瘋狂搶進搶出，買賣一千一百股。當天結算時，我發現自己剛好虧損一千一百美元。我第一次出手就賠掉一半的老本。儘管有部分交易獲利，但是當我離場時，一千一百美元徹底化為烏有。

我並沒有感到憂慮，還覺得責任應該不在我身上，我的操作模式也應該無誤。如果我是在大都會那間空中交易所交易，肯定可以大賺一筆。但是那消失的一千一百美元告訴我，電報機似乎沒有站在我這邊。不過我想只要操作機器的傢伙不搞鬼，就應該沒問題。

幾天後，我心想：「我好像不應該用這種方式交易，電報機快搞死我了！」但是我沒有細究，還是繼續埋頭交易。運氣時好時壞，但是到最後我輸得一乾二淨。我又跑去找老富樂頓，向他借五百美元。接著又帶著從聖路易的空中交易所贏到的錢，回來繼續打仗，我信心滿滿。

我更加小心謹慎，而買賣交易也上了軌道。當我手頭比較闊綽時，就開始四處玩樂，還交了一些朋友，生活相當愜意。那年我才二十三歲，隻身闖蕩紐約，口袋有著數不清的鈔票。我當時心想，我總算搞懂新的股價電報機了。

我開始在證券交易所大廳賺到一些小錢，並且開始更審慎地行動。不過我仍舊死守著盤勢而忽略正確的股票交易原則。事實上，假使我不改變想法，將永遠無法發現自己的盲點所在。

股票不可能無限制地上漲

一九〇一年開始，景氣大好，而以一個年輕男孩來說，我實在賺得頗多。還記得那段美妙的時光嗎？美國社會進入前所未有的繁華時代，當時產業整合，資本也開始整併，整個社會更陷入股票熱潮。我聽說從前景氣繁榮的時期，華爾街號稱每日交易二十五萬股，每天約有兩千五百萬美元的股票易手。但是一九〇一年時，華爾街每日交易三百萬股。所有人都賺瘋了。接著，鋼鐵幫（steel crowd）來到紐約，這群百萬富翁對待財產的態度和爛醉的水手不相上下，而股票市場更是投其所好。華爾街最偉大的作手群聚於此：包括常把「我賭你一百萬」掛在嘴邊的約翰．蓋茲、他的友人約翰．戴瑞克（John A. Drake）、貴族史密斯（Royal Smith）等。雷德（D. G. Reid）、李茲（W. B. Leeds）和穆爾兄弟（Moore brothers）一夥人則把美國鋼鐵賣掉，轉進公開市場，並買入洛克島系統（Rock Island）的多數股票。場上還有許華伯（Schwab）、富里克（H. C. Frick）、亨利．飛普斯（Henry Phipps）與匹茲堡幫等，更別提那些曾經在股市叱吒風雲，最後卻輸得一屁股債的作手們。任何人都可以進場買賣。詹姆斯．基恩（James Robert Keene）炒熱了美國鋼鐵業的股票，任何營業員可以在幾分鐘內賣出十萬股，那真是不可思議的年代！不時都會有炒股傳奇，而且股票買賣還不用繳稅！沒有人會被譴責。

當然，過了一陣子以後，我聽到很多風聲，老手們更宣稱所有人都失心瘋了。幾乎每個人都大賺特賺。我當然知道股票不可能無限制地上漲，也不可能永遠都可以這樣任意地買入，我開始遲疑，然而每當我賣出股票時，幾乎只賠不賺，而且要不是我手腳夠快，可能還會輸得更多。因此，我當時賺的錢其實沒有眾人想像得多，因為我總是小心翼翼減少損失，儘管景氣大好，但是買入時所賺到的錢，多半會在賣出時賠掉。儘管以一個小男孩而言，我的交易量驚人，不過實在也沒有獲利多少。

判斷精準，卻輸光了錢

有一支股票我絕不放空，那就是北太平洋鐵路（Northern Pacific）。我的看盤能力終於派上用場。我認為許多股票早已經呈現久盤不動的狀態，但是這支北太平洋鐵路卻一直攀升。現在我們知道當時北太平洋鐵路的普通股和特別股被昆恩—羅布—哈里曼集團（Kuhn-Loeb-Harriman Combination）持續吸入。我做多一千多股的北太平洋普通股，並且長抱部位，這違反了號子裡所有人的建議。當股價漲到約一一〇美元時，我賺進了三十點，並賣出獲利。這讓我的交易所帳戶足足進帳五萬美元，成為我操作最為成功的一次。對於一個數個月前在同一間交易所虧空的人而言，實在是相當優異的成績。

不知道你是否還記得，哈里曼集團曾經通知摩根和詹姆斯．希爾（James Hill），表示有意介入伯靈頓—大北方鐵路—北太平洋鐵路集團。接著摩根率先指示操盤手基恩買入五萬股北太平洋鐵路，以便徹底掌握控制權。我聽說基恩要羅伯．培根（Robert Bacon）

把單子改成十五萬股，而代辦銀行自然從命。接著，基恩指派營業員艾迪．諾頓（Eddie Norton）操作北太平洋集團，並且再買進五萬股，接著這場著名的壟斷遊戲就此展開。一九〇一年五月八日股市收盤後，全世界目睹金融界鉅子展開大戰。我們從未目睹如此強勢的財團互相廝殺，鐵路大王哈里曼對決金融鉅子摩根，等於是強勢集團對幹不動明王。

五月九日清晨，我的帳戶裡沒有任何股票，僅有五萬美元。如前述所言，我已經放空這支股票許久，現在機會終於來了。我知道大事即將發生，那就是大崩盤，以及撿便宜的大好時機。股市即將快速回升，並釋出龐大的利潤。任何門外漢都看得出來，股票一漲一跌之間，會釋放出多少利潤，而那意味著龐大而真實的鈔票。

我的預測就在眼前發生。我的判斷準確，卻輸光了錢！我被異常的情勢給洗清利潤。如果大壟斷沒有發生，那麼一切會是多麼平淡無奇，人們也不會有所改變。股市會變成加加減減的小遊戲，而我們則是一群頭腦頑固的記帳員。人類唯有透過猜測才能夠增進思考能力，藉由思考行動路徑，盤算未來。

市場開始火熱，如我所期。交易量驚人，震盪到達空前未有的幅度。我以市價賣出許多股票。當我看到開盤價時，不免興奮，股價崩跌的狀況確實糟糕透頂。我的營業員能力很強，多數的營業員都謹慎小心並且相當嫻熟股票操作，但是當他們執行我的賣單時，股價卻已下跌超過二十點，報價單上的數字遠遠落在市況之後，回報單總是來得太遲，畢竟有太多人在進行買賣。後來我發現，當我在報價單顯示股價一〇〇美元時下單賣股，營業員會以八〇美元的價格幫我賣掉，使得賣出價格較前一晚的收盤價低約三〇到四〇美元。對我來說，這筆空單出手的價位，等於犧牲了我原先計畫從低價股票上賺得的利潤。然而股市不可能一直下跌，墜落直至到地球的另一端。因此我立刻決定回補空單做多。

我的營業員替我買進，然價格並非翻空做多時的價位，而是當場內人員接到委託單時，證券交易所的市價。他們買進的價格比我預估的高出十五點，讓我一天白白損失三十五點，這真是不可承受之重。

預測大型波動才是王道

股價電報機與市價的差距徹底打敗了我。以前我向來相信電報機，因為我總是根據報價單下注，但是現況不然。報價單上的價格與實際價格落差甚巨，讓我虧損連連。我過去也曾歷經相同的失敗，如今卻重蹈覆轍。事實上，不管營業員如何操作委託單，我都無法單靠看盤贏錢，我真不懂為何當時無法看出自己的問題，並設法脫身。

我不但沒看出來，更恐怖的是，我還繼續交易，不管單子實際執行的情況為何，我搶著買進賣出。你知道我從來不做限價交易，我愛和市場賭運氣，股市才是我的對手，而非股價，我認為應該賣出時，我就會賣出，當我判斷股價將會上漲時，我就買進，緊緊抓住投機的原則，並因此保住小命。如果我以限價方式交易，那就和在空中交易所差不多，而且更沒效率，還得完全仰賴較為可靠的證券交易所。如此一來，我將永遠不會學到股票投機的神髓，我只能繼續賭，用有限的經驗賺取有限的利潤。

每次當我嘗試限價交易，企圖與報價落後市價的情況抗衡時，我就會發現股價總是揚長而去，這種情況不斷地發生，因此我最終放棄限價交易。我自己也不知道為什麼我花了那麼多年的時光，才搞懂不該賭小小的起伏波動，而是專注在預測大型波動上。

經過五月九日那次慘痛教訓後，我繼續使用有缺陷的修正方式進行大筆交易。如果我徹底輸光的話，說不定還能更快汲取到市場的智慧，我賺得錢剛剛好讓我過上不算差的日子，我喜歡交朋友玩樂。那年夏天，我和所有富有的華爾街大戶一樣，到紐澤西海岸避暑，但實情是，我賺到的錢似乎不太能同時彌補虧損與應付生活開銷。

那年初秋，我回到了原點……

我繼續交易，不過不是因為個性頑固，而是看不清楚自己交易的問題。當然，這樣根本於事無補。我一直重複描述自己的錯誤，就是希望讓你知道我確實經歷過許多挫折，才真正賺到錢。在對付巨大猛獸時，我的老舊獵槍和塑膠子彈已經不能像火力強大的快速步槍那麼精準有效。

那年初秋，我不但一貧如洗，而且開始忿恨這個讓我無法扭轉局勢的遊戲。我決意離開紐約，到別的地方闖盪。我從十四歲開始在股市打滾，十五歲時賺到人生第一筆一千美元，二十一歲前就賺到第一筆一萬美元。我常常把手裡的上萬美元輸掉。我在紐約曾經賺入上千、上萬元，最後又付諸流水。我個人的最高記錄是賺到五萬美元，但是鈔票只停留在口袋僅僅兩日。在過慣奢華的生活後，我回到原點，事實上可能更糟，不過我並不在乎，畢竟虧損才是我的心頭之痛。

第四章

世界上最好的老師就是虧損

找出自己的問題所在

客觀地保持距離，可以更認清現實

我回到老家。我一回到家就知道，非得趕快取得資金返回華爾街不可，那是我唯一可以進行大筆交易的地方。我很清楚，等到我的操作方式改進時，就是重返華爾街的時刻。當一個人判斷正確，就會迫不及待地想證明自我，並希望得到回饋。

我沒有抱持太大的希望，但仍舊設法回到空中交易所。空中交易所已大不如前，據點極少，其中一些是由我不認識的人經營。但是許多號子還是記得我，並且拒絕往來，他們不相信我只是想做點小交易。我告訴他們我在紐約的一切經歷，我對他們說，自己早已把在家鄉賺到的錢賠光了，我並不像自己以為的那樣了解股市，對他們來說，我現在應該會是很好的客戶，畢竟他們有什麼理由拒絕我的交易呢？但是他們聽不進去，我又無法信任新開的號子。對空中交易所老闆來說，若有任何客戶相信自己的眼光，那買個二十股就足夠讓他們如坐針氈了。

我需要錢，而大型空中交易所總是有辦法從客戶身上撈到不少。我請朋友到某公司交易，我也在旁閒逛，打打招呼。我再次接近營業員，想說服他們接我的小單，即使是五十股也不無小補，對方當然拒絕了。我和朋友想出一個把戲，讓他依我的情報買股，不過這樣也頂多賺點小錢。不久後，營業員開始對我朋友下的單子抱怨。某天，當他準備賣出一百股聖保羅鐵路（St. Paul）時，被斷然拒絕。

後來我才知道，有客戶看到我和朋友在號子外頭交談，立刻轉告交易所，等到我朋友走到營業員面前準備賣掉一百股聖保羅鐵路股票時，對方說：

「我們不接受任何聖保羅鐵路的賣單，我沒法接你的單子。」

「為什麼，老喬，這到底怎麼回事？」我朋友問。

「就是不接單，沒有別的意思。」老喬回答。

「這些錢不是錢嗎？你看清楚，全都在這啊！」我的朋友把一百美元遞給他，事實上那是我的錢，都是十元小鈔。他裝作很氣憤的模樣，我則裝作沒事，但是其他客戶慢慢圍了上來，擠在暴風中心觀看。通常只要交易所裡發生爭執，不管是客戶間的吵架或客戶和營業員僵持不下，大家都很愛圍觀。他們希望從蛛絲馬跡裡檢視交易所的財務狀況是否正常。

老喬是副理，他從窗口後面走了出來，走到我朋友身邊。他看看我朋友，又看了看我。

「好好笑，」他慢條斯理地說，「太好笑了吧！你的朋友李文斯頓不在的時候，你什麼交易也不做，就光坐那那兒看幾小時的黑板，等他一進來，你就突然忙得要命。或許你只幫自己做買賣，但我們這邊不容許你們這樣做事。我不會讓李文斯頓給你情報。」

我的財路就此終結，不過除掉一些成本外，我還是賺了幾百塊美元。我思考該怎麼運用這筆錢，看來我必須盡快存夠錢回紐約才行。我相信之後可以表現得更好，我會有時間靜心思考操作上的錯誤。通常客觀地保持距離，可以更認清現實。我目前的首要任務，就是先賺到資金。

畢竟不是在做慈善事業，對吧！

有一天，我在旅館大廳和友人談話，他們都是交易老手，話題永遠離不開股市。我說，如果營業員執行單子的能力那麼差的話，所有人都會被股市擊垮，特別是那些用市價交易的客戶，包括我在內。

其中一個朋友問，我指的是哪些營業員？

我說：「全美國最好的營業員。」他仍舊不放過我，問我所指何人？我看得出來，他八成不相信我曾經跟一流的經紀商打過交道。

但是我說：「我指的是紐約證券交易所會員公司裡的任何營業員。我不是說他們作弊或工作隨便，但是在你下單以市價買進，並在收到成交回報單前，根本不會知道這支股票究竟值多少錢。股票通常只能漲一、兩點，而非五點、十點。但是因為委託單的執行方式，身處其外的交易者根本不能搶到小漲或小跌的時機。如果空中交易所可以進行大量交易的話，打死我都不會離開。」

跟我說話的是羅伯，以前從未打過照面，但是感覺起來還算友善。他把我拉到一旁，問我是不是有在其他交易所交易的經驗，我說從來沒有，他說他認識一些公司，像是棉花交易所、農產交易所，以及一些小型證券交易所。這些公司做事謹慎，而且對委託單毫不馬虎。

他說這些公司和紐約證券交易所中規模最大且最傑出的經紀商，有著檯面下的祕密關係，他們相當有手腕，並且保證每個月都有幾十萬股的交易，因此，各別客戶可以從他們那裡得到較好的服務。

「他們對小客戶很不錯，」羅伯說，「他們的專長就是外地業務，而且不管是對買賣十股還是一千股的客戶，都一樣親切，以同樣的心力服務。他們的能力很強，也很誠實。」

「噢！但是如果他們要付給證券交易所正常的八分之一點佣金，那他們賺什麼？」

「嗯，他們是應該得付八分之一點的手續費，但是你知道嘛！」他對我眨眨眼睛。

「對，」我說，「但是證券交易所的會員公司總是不肯退佣。證券交易所老闆寧可讓營業員犯下謀殺、縱火與重婚罪，也不會願意讓他們收取比八分之一點還低的費用。證券交易所能不能生存，靠的就是這些佣金。」

他一定感覺到我對證券交易所有番了解，因為他說：「你聽我說！每隔一陣子就會有信譽頗佳的證券交易所會員公司因為違反此規而停業一年，對吧？退佣的方法太多太多了，沒有人搞得清楚。」他很可能解讀到我表情中的不信任，因為他又補了一句，「而且，我們——我是說那些號子，會在八分之一點的手續費之上再加三十二分之一點的費用。他們真的還不錯，除了一些特別的狀況以外，通常不會額外收取費用，有時候也是因為顧客很少交易，才會加收。不然的話，要怎麼賺錢呢？對吧！他們也不是來做慈善事業的吧。」

聽起來，他大概專門為一些惡質經紀商招攬生意。

「你知道哪間經紀商比較可靠嗎？」我問。

「我認識全美國最大的經紀公司，」他說，「我自己也在那裡買賣。他們在美國和加拿大的七十八個城市都有設點，生意規模相當龐大。如果他們不是正派的經紀商，應該不可能撐那麼久吧？」

「當然，」我表示同意地說：「他們也做紐約證券交易所的股票嗎？」

「當然囉！他們也做場外交易，也做美國或歐洲的所有生意，交易小麥、棉花、糧食，任何你想交易的項目都不是問題。他們到處都有特派員並擁有各項交易的會員資格，不管是檯面上或是匿名進行的都有。」

他已經暴露所有細節，但是我還想讓他透露更多。

「對，」我說：「但是這樣委託單還是要有人執行啊，沒人能保證電報機的價錢和營業大廳的實際價格會有多大的差距。當你看到報價，寫下委託單，再打電報到紐約時，早已不知花了多少時間。我最好還是回紐約，把錢賠在一些可靠的公司上。」

「我真的沒聽過有人虧錢；我們的客戶很少虧錢。他們拿到很好的報酬，這都是我們的保證。」

「你的顧客？」

「我持有一些公司的股份，我常幫他們介紹生意，因為他們待我不薄，讓我賺了不少鈔票。要是你願意的話，我可以把經理介紹給你。」

「你們公司叫什麼名字？」我問他。

不管客戶做什麼，都會輸光光

他告訴我公司的名字，我確實聽過。他們在許多報紙上刊登廣告，宣稱許多客戶照著他們的熱門股內線消息買賣，賺了一大筆。他們可不是一般的空中交易公司，他們是專門買空賣空的地下經紀商，他們表面上是證券交易商，卻在委託單上動手腳，靠著機巧的掩飾與騙術，欺騙大眾。

這間公司還是非法交易所裡歷史最悠久的一間，更是開山鼻祖。二十年後有將近十多間相同類型的交易商倒閉，他們的手法和騙術都一模一樣，頂多在老招數被識破時，會再修正一些細節。

這些人常假造一些該買進或賣出某支股票的風聲，同時發出上百封電報，建議買家立即買進一支股票，接著再發出上百封電報給其他顧客，慫恿他們賣出股票。這個手法剽竊自老派賽馬場操作冠軍馬的方法。於是，買進和賣出的單子同時湧進公司。接著，該公司會透過一間可靠的證券交易所會員公司，買進和賣出一千股，並取得合法的回報單。要是哪個顧客質疑時，他們就會展示這張正式的回報單，堵他的嘴。

他們也會在公司裡成立自由炒股小組，當作給客戶的回饋，同時取得客戶授權；接著以客戶的名義，將現金投入市場。在這種情況之下，即便輸光所有資本，客戶也無法可究。他們會在帳面上做多一支股票，強拉客戶參加，然後用最老派的空中交易所手段，把幾百個客戶的微薄保證金洗光光。他們什麼人都不放過，女性、小學老師或老人，都是他們下手的對象。

「我討厭所有的經紀商，」我和眼前的黃牛攤牌，「我得好好考慮一下。」說完我就轉身離去，以免他再多說廢話。

我動手調查這間公司。他們底下有數百個客戶，雖然他們常有糟糕的傳聞，不過似乎所有贏錢的客戶都有拿回報酬。但重點是，幾乎很少人在那贏錢——除了我以外。看起來市況對他們相當有利，不過這也意味著，如果任何一筆交易讓他們賠了錢，他們應該不至於賴帳。有時候，這類型假交易所會無預警倒閉，就像銀行擠兌風潮，只要有一間銀行倒閉，其他銀行的客戶就會嚇得去把錢領出來。確實，全美各地都有著再也開不了門的假交易所。

黃牛羅伯的公司其實沒什麼特別，我只知道他們很積極，偶爾也會耍老千。他們的專長就是欺騙那些想發大財的笨蛋。而且他們總會記得要客戶簽下合約，好合法地奪走他們的財產。

有位老兄告訴我一個故事，他說，有一天他親眼目睹該公司發出六百封電報，建議顧客趕搭某支股票的風潮，接著又發出六百封電報給其他顧客，大力鼓吹他們賣掉該股。

「對，我知道這個把戲。」我回應對方。

「不錯，」他說：「但是隔天，那間公司又再次發電報給客戶，建議他們把交易軋平，並且買進或賣出另一支股票。我問公司裡的資深股東：『你們到底在幹嘛？一開始的部分我還懂。你們的顧客當中，有些人會很快地在帳面上有所收入，但是他們所有人最終都會虧損。不過最後的電報根本就是把所有人趕盡殺絕，這到底在玩什麼把戲？』」

「噢！」他說：「總之，客戶最終都會輸光。不管他們買進什麼或賣出什麼，怎麼買，在哪裡買，或什麼時候買都一樣。只要他們輸錢，就會和我們分道揚鑣。既然如此，我還不如榨乾他們，然後再尋覓新的顧客。」

好吧，老實說我根本不在乎任何公司的商業道德。之前會報復泰勒公司，也是因為他們先整我，至於這間公司，我倒不是挺在乎的。他們有可能是騙徒惡棍，也可能根本沒有如傳聞黑心。我沒有興趣請他們幫我交易，也不想管他們的內線消息或謊言，我只想累積一筆資金回紐約，再選一間不會有條子來騷擾的交易所，進行巨額買賣。條子通常對空中交易所比較有興趣，而主管機關也樂於發動掃蕩，把你的資金全數凍結。就算你的運氣很好，一年以後，一塊錢差不多也縮減到八美分了。

總之我下定決心想看看這種公司較合法交易所能帶給我多少好處？我沒有多少錢可以當保證金，當然這種公司在這方面確實寬鬆許多，幾百塊就可以讓我玩個盡興。

我找到他們公司並和經理詳談。當他發現我是個在紐約證券交易所擁有帳戶的老手，並且還輸光了所有錢以後，他就不再和我說些能幫我賺個幾百萬美元的鬼話。他應該認為我是個偏執的賭徒或股迷，可以天天玩天天虧錢，而不管是對喜歡造假委託單或是老老實實只賺手續費的經紀商來說，這種人絕對是他們的衣食父母。

我告訴經理，自己想找能把委託單執行得很精準的交易所，我抱怨報價單上的價格總是和市價有著重大誤差。

他信誓旦旦地向我保證，一定會盡全力配合我的要求。他們非常希望接我的生意，並稱想讓我見識最高明的經紀商所指為何，他們擁有這一行最優異的人才。事實上，他們確實以執行力聞名，就算電報機器和市價有差異，他們也是傾向有利客戶的報價，只是這絕非保證。如果我在他們公司開戶，就可以以電報傳來的價格買進或賣出，他們對自己的營業員很有信心。

傻瓜永遠不懂得投機之術

看起來我應該可以像在空中交易所一樣，依照自己的判斷進行交易，他們還會讓我用最新報價買賣。我希望表現地不慍不火，所以搖了搖頭，表示今天沒辦法開戶，之後會再回來。經理極力慫恿我今天開戶，他強調今天市況很好，不進場賺錢太可惜了。不過市況是對他們很好，那天股市超級沉悶，價格只有小幅波動，正是說服顧客進場，炒作明牌，造成價格劇烈波動，再把客戶全部清洗出場的大好時機。我似乎難以脫身。

我把地址和名字交給經理。從當天起，我就不停收到對方付費的電報，鼓吹我買這支或那支股票，他們說，某內線集團打算炒作該股，預計炒高五十點。

我四處打聽，了解這類型經紀商的狀況。我認為，只要我確定能領取自己所贏的錢，那麼和他們交易應該是讓我存飽資金的唯一方法。

我盡可能查明一切後，就在三間地下經紀商開了戶。我租了一間相當迷你的辦公室，讓三間經紀商可以直接發派電報給我。

我從小規模做起，免得把他們嚇跑。基本上我都維持著小賺的局勢。他們很快就告訴我，既然我專業到可以直接收取電報下單，那不如做些真正的大買賣。他們對小心翼翼的顧客沒興趣。他們八成猜想只要我大賭就一定會輸，而只要洗掉我的保證金，他們就可以賺錢。他們的理論好像有點道理，畢竟他們通常都是處理普通客戶，散戶可沒有天長地久交易的本錢。基本上，已經破產的客戶不會再買賣，半死不活的客戶則會無止盡地埋怨、找麻煩，甚至私底下破壞交易所的生意。

我也和一間本地公司打好關係，他們在紐約有特派員，同時也是紐約證券交易所的會員公司。我在自己的辦公室裝了電報機，接著開始小型交易。這種做法和在空中交易所買賣很像，只是比較樂活而已。

這是我能勝出的方式，我也確實贏錢了。雖然我不可能真的做到十拿九穩，但是我幾乎很少虧損。數個禮拜過去了，我一直都有獲利。我的生活開始變得優渥，不過我不忘記儲蓄，為了能夠回到紐約東山再起。後來，我又裝了兩條電報系統通往另外兩家地下經紀商。總共接了五條線，當然，都是通往我的辦公室。

我的計畫有時也會出差錯，股票和我預期的方向大大相反，並脫離舊有的模式漲跌。不過他們仍舊很難賺到我的錢，畢竟我的保證金並不高。我和經紀商的關係相當良好，只是他們的帳目記錄和我的常常不相符，並且占我便宜，這很明顯是刻意的吧！他們總是想盡辦法從我身上撈回我贏來的錢，我猜，他們可能把我的獲利當作臨時貸款。

他們確實有很多小動作，專靠小花招與騙局賺錢，而非賺取經紀商應得的利潤。既然有些傻瓜永遠不懂得投機之術，而且老在股票上賭博，拼命輸錢，你以為這些地下經紀商會滿足於此，並規規矩矩地做生意嗎？當然不會。他們不會聽信「照顧好你的客戶就會帶來財富」這種老套說詞，儘管它千真萬確。他們作假的方式愈來愈出奇。他們老是想詐我一筆，如果我沒有注意的話，確實會上當。通常他們會利用我交易量下滑的時候幹些好事。當我指控他們作弊時，他們頂多摸摸鼻子否認，不久以後我又會回到場上交易。騙徒的商業之術就是永遠會原諒客戶，他們也不怕你和他們攤牌，只要你繼續下單，就一切沒事。他們只關心這點，還會盡可能配合你，還真是寬宏大量啊！

我海削了這幫黃牛

有一天我終於下定決心，不要再讓這些騙徒耽誤我的時間，並打算給他們一點教訓。我選了一支原本超級火紅，如今已經被炒到餿掉的冷門股。當然，如果我選的是從沒被炒過的股票，他們肯定會起疑心。我向五家地下經紀商下單，買進該股。他們收下委託單後，開始等待最新報價，我同時透過那間證券交易所會員公司，發出以市價賣出該支股票一百股的訊息，並要求他們加快腳步。你可以想像當賣單抵達證券交易所大廳時，會發生什麼狀況，所有交易所的人會猜想，一間和外地有聯繫的證券商希望緊急賣出一路走低的冷門股，看起來八成有人手上握有成本低廉的股票。這筆交易會出現在報價單上，而價格則是我那五張買單的價格。這等同我以較低價格做多四百股。地下經紀商問我是不是得到什麼內線消息？我說我手上確實有一個明牌。當天市場收盤前，我發出委託單，要那間交易所會員公司買回那一百股，並告訴他們不管怎麼樣我都不願意持有空頭部位，也不在乎回補的價格。他們發電報給紐約，並下單買一百股，造成價格急遽上漲。當然，我也下單給那五間地下經紀商要求賣掉五百股。結果出奇地令人滿意。

然而，他們沒有設法填補漏洞，因此我故伎重施了好幾回。通常每一百股我也只賺個一點或兩點，我真該痛下殺手，好好給他們一點教訓。我的存款確實一點一滴地增長，重返華爾街的日子已經不遠了。有時候我會變換手法，先放空某支股票，但絕對不會太誇張。幾乎每次出手都可以賺到六百或八百美元，狀況其實還頗令人滿意的。

有一天情況超級順利，竟然波動了十點。我根本沒預料到會這樣。正巧當時我在其中一家經紀商操作兩百股，而非一百股，在另外四間號子裡，我仍舊只操作一百股。這種情況應該讓他們如坐針氈。他們開始在電報裡說東說西，表達不滿。我只好親自去見經理，就是當初積極遊說我開戶、每次被我抓到把柄，都會裝沒事的那位老兄。以他的職位來講，他真的很愛吹牛。

「那支股票有人搞鬼，我一毛錢都不會給！」他大吼。

「你接我訂單的時候可沒說市場有人作假。你自己讓我進場的，現在你得讓我出場。你該不會想耍賴吧！」

「沒錯，我就是想耍賴！」他吼道，「我可以證明有人在搞鬼。」

「誰搞鬼？」我問。

「就是有人！」

「所以說，到底是誰在搞鬼？」我問。

「肯定是你的朋友在搞鬼。」他說。

但是我對他說：「你很清楚我根本沒有認識其他人。整個城市的人都他媽的知道這點，打從我第一天踏進股市，就一個人操盤。我給你一點良心建議，你趕快拿錢給我。我不想發火，你快點乖乖去做。」

「我不會付，有人在交易裡作弊。」他鬼吼鬼叫。

我對他開始感到厭煩，所以我說：「你現在立刻付錢給我。」

他又咆哮了好一陣子，狂罵我是騙徒，不過最後還是把錢交給我。其他公司都比較客氣。有間公司的經理一直研究我操作這檔冷門股的方法，他收到我的委託單後，還偷偷跟著我一起買進股票，並因此嘗了點甜頭。這些人根本不怕被控詐欺，基本上，他們的律師會保護他們的權益。他們的資金從來不會暴露在風險之中，即便所有人都知道他們很愛賺錢那也無妨，他們怕的是我會影響他們的生意，要是賴帳的消息傳開，那就大事不妙了。客戶在經紀商那裡賠錢是很常見的小事，但若是有人賺了錢卻拿不出來，那絕對是投機客最痛恨的滔天大罪。

我從五間號子那兒拿了錢，但是一次暴漲十點，讓我不可能再繼續愉快地修理這幫騙徒。他們開始繼續鑽研用來騙客戶的小妙招。我雖然恢復正常交易，但是卻無法繼續用自己的方式操作股票。因為他們限制我下單的金額，讓我只能鬆散地賺賺零頭。

就這樣過了一年，在這段期間裡，我使用任何我想像得到的招數，在地下經紀商那買賣賺錢。我過得很不賴，還買了車，並且隨心所欲地消費。雖然我需要存錢，但也不能犧牲生活品質。只要我出手準確，賺到的錢根本多到花不完，因此我總會儲蓄一點下來。如果我買錯了，那當然沒錢賺，也沒得花。我說過，我已經存到了一筆可觀的資金，而這五間地下經紀商實在沒有那麼多錢能讓我操作，因此我決定回到紐約。

扮豬吃老虎

既然我有車，就乾脆邀請另一位也在買賣股票的朋友，一起開車到紐約去。他接受我的邀請，一同上路。我們在紐哈芬市（New Haven）用晚餐。我在旅館碰到了一個老股友，他跟我說了許多情報，其中一則就是市區裡的某間空中交易所，有著非常驚人的交易量。

我們離開旅社準備朝紐約邁進。但是當我經過那間號子時，仍舊忍不住想一探究竟。我們找到那間交易所，並且感受到了召喚。雖然交易所的裝潢不特別豪華，但是熟悉的看板下，有無數股客正在操作，顯然，股市熱絡。

交易所的經理看起來好像混過小劇場，要不就是當過競選演說家。他的話動人心弦。他說早安的感覺，就好像是他已經用最纖細的方式研究早晨數十年，並且深深體會藍天、晨曦以及公司資金流轉的美妙，並向你獻上最真誠的問候。他看到我們坐著跑車前來，一臉年輕氣盛、無憂無慮的模樣。我猜我們看起來不超過二十歲，難怪他叫我們「耶魯男孩」。我沒有否認自己不是學生，因為他根本沒給我任何解釋的機會，就開始滔滔不絕地講。他說很高興看到我們，問我們願不願意找張舒適的椅子坐下來聊聊？今天早晨的股市相當樂觀，就像是要給大學生發零用錢一樣。不過事實上，聰明的大學生向來都有著錢不夠用的問題吧？既然你們來了，就順勢而為小賭一把，絕對可以讓你回收幾千塊錢。股市絕對能給你用不完的錢。

我開始謹慎地交易，小心而保守，但是贏錢後就逐漸加碼。我的朋友也有樣學樣。

我們在紐哈芬市過夜，隔天早上九點五十五分，我們就來號子報到。那位演員一看到我們，就像看到招財貓咪一樣開心。但是我隨隨便便就賺了快一千五百美元。隔天早上，我們進去遞給那位偉大的演員五百股糖業公司的賣單，他遲疑了一下才收下，不過，他一句話也沒吭！糖業公司的股票下跌超過一點，我結束交易，把單子給他，足足賺了五百美元的利潤，以及五百美元的保證金。他從保險箱裡拿出二十張五十元的鈔票，用超級緩慢的速度連數了三回，最後又在我面前再從頭點過一次，他的雙手好像不斷冒汗，像是把鈔票都牢牢黏住。最後，他終於把鈔票拿給我。他環抱雙臂，咬著下唇，緊咬著不放，瞪著我身後窗戶頂端的縫隙。

我告訴他，我想再賣兩百股鋼鐵公司的股票。但是他完全沒有反應。他完全無視我的話。我只好再重複一次，並加碼為三百股。他轉頭過來。我等待他會說些什麼，但是他只是盯著我，舔舔嘴唇，吞了幾下口水，像是充滿怨氣的反對黨正準備控訴貪瀆了五十年的獨裁執政黨一般，準備開始激烈攻擊。

最後，他對著我手上的鈔票甩了甩手，說：「把這些東西帶走！」

「什麼？」我說，他的語意實在很模糊。

「你們這些大學生要去哪裡？」他語氣加重地說。

「紐約。」我回答他的問題。

「很好，」他說，他點了大概二十下的頭，「沒錯，你們想離開了，我了解了，我現在終於認清你們這兩個傢伙，兩個學生？你們才不是！沒錯！沒錯！沒錯！」

「是這樣嗎？」我很客氣地回應。

「對啊！你們兩個，」他停頓了一下，然後瞬間失去所有禮貌大吼：「你們兩個是全美國最可怕的鯊魚！學生？哼！你們一定還是新生罷了！」

我們甩掉這自言自語的傢伙。感覺他和專業賭徒相反，似乎不怕輸錢。風水總會輪流轉，但是他最在意的，似乎是他的自尊。

先學會如何避免輸錢，才可能懂得如何贏錢

這就是我第三度重返華爾街的經過。我仍舊想破了頭，希望找出自己的問題所在，找出在富樂頓公司失敗的真正原因。我二十歲時賺到第一筆一萬美元，接著又把錢全部輸光光。但是，我知道自己輸錢的理由——因為我沒日沒夜地交易，就算當下我根本無法仰賴自己的經驗和方式賭博，我還是會大玩一把。我希望贏錢，卻不懂得等待時機並遵守原則。當我二十二歲時，終於存到五萬美元，但卻在五月九日被洗劫一空。不過，那次我確實了解前因後果。真正的原因是股價電報機的速度過慢，以及過於劇烈的震盪幅度。不過，在我從聖路易回來遇上五月九日大災難之後，我卻慢慢抓不準輸錢的原因。我自己發明了一些理論，也找到了小小的補救之道，希望可以彌補自己操盤上的錯誤。不過，我還是需要練習。

世界上最好的老師就是虧損，虧損讓你知道如何趨吉避凶。你得先學會如何避免輸錢，才可能懂得如何贏錢。你懂了嗎？你得耐心地好好學習啊！

第五章

你知道的，這是個多頭市場

研究大盤，選定目標，堅持下去

評估大盤是賺錢的最高原則

人稱股痴的人，極有可能會因為過度專業而犯錯，過度執著往往會帶來慘痛代價。畢竟，投機遊戲絕非僅取決於數學與規則，雖然基本規則確實總是不動如山，儘管如此，就算我自己看盤的時候，也會碰上數學無法解釋的狀況。我稱之為股票行為（behavior of a stock），也就是股票的動作，通常你可以憑此觀察前例，判斷股票是否會依型態運行。如果某股的股票行為不太對勁，就別碰了，你可能根本就無法判斷哪裡出了差錯，也無法斷定未來走向。如果你不能分析，就不能預測，沒有了預測，就沒有利潤可圖。

研究股票行為與過去表現，是股票學裡最古老的篇章。我第一次到紐約時，在某間經紀商的營業處裡，有個法國佬總是愛談論圖表之類的事。一開始我還覺得他是公司養的怪咖，用來讓顧客打發時間。後來我發現他真的很有說服力，他的話術一流。他說，唯一無法騙人的東西，就是數學。他根據自己的圖表預估市場走勢。舉例來說，他可以解釋為什麼基恩多頭炒作的愛奇森（Atchison）特別股能夠漲價，又為什麼他在南太平洋鐵路股票的集體炒作事件時，鑄下了大錯。很多人都嘗試使用法國佬的系統做買賣，但是後來又紛紛放棄，繼續沿用原本毫不科學的方式投機交易。他們說，靠運氣、不花錢。我聽說，這個法國人曾經表示，基恩認為這些圖表百分之百正確，只是對活絡的市場來說，實在太慢半拍了。

有間公司會保存股票價格的日線圖表。只消看一眼，就能看出個股未來幾個月的走勢。比較個股與大盤的走勢圖，可以抓到一些原則。客戶可以判斷他們依循完全不科學的消息買進的股票，是否有上漲的可能？大家把圖表當作輔助性工具。不管是股票或任何商品都能製表，直到今天，你都可以在經紀商那裡拿到專業統計事務所製作的交易圖表。

不過我只能說，圖表只能幫助會看圖表的人，只有能接受圖表訊息的人才會得到幫助。很多冥頑不靈的投機客只願相信頭部、底部、主要和次要波動，認為那些才是投機的一切。有時候他們的主觀意見會超越正常邏輯判斷，那正是虧損的時刻。我認識一個能力超強的人，他原先是紐約證券交易所會員公司的合夥人，而且畢業於知名理工學院的數學系，相當有實務經驗。他觀察股票、基金、穀物、棉花和貨幣市場，並細心製作其價格行為的圖表。他的圖表涵蓋年分極廣，並探究關係係數和季節性運動，總之，他的圖表包山包海無所不包。他利用高級的平均法則進行估測。據傳，在世界大戰打破所有股市原則以前，這位老兄從不輸錢，但戰爭讓他和使用該圖表的熟客都輸了上百萬美元，最終停止交易。儘管如此，即便是世界大戰也不能阻止走勢大好的多頭市場；倘若走勢大壞，世界大戰也不能避免空頭市場的發生。對想賺錢的投機客來說，評估大盤就是最高原則。

我無意離題太遠，只不過無法避免回憶個人的早期股票經驗。我現在已經弄懂了當初模模糊糊的狀況，以及許多無知的錯誤。這些錯誤正是所有的股票投機客都會有的盲點。

為什麼超精準判斷卻沒有賺到大錢？

我第三次回到紐約，並積極在證券交易所會員公司進行買賣，試圖打敗股市。我當然知道沒辦法像在空中交易所那樣呼風喚雨，但是我希望過一陣子以後，手上能有大筆可以運用的資金，並且會有更好的表現。我現在才知道，當時的問題就是我還不了解股票賭博與股票投機的差別。不過，畢竟我有七年的看盤經驗，也養成了股票買賣的技巧，手上的資金確實讓我又轉了一筆，而且利潤頗豐。雖然買賣有贏有輸，但整體看來我還是賺錢。我賺得多，花得也多，這就是人的天性。羅素．賽奇（Russel Sage）就是又會賺錢又熱愛儲蓄的典範，他過世之後，銀行裡還留有驚人的存款。

每天從早上十點到下午三點，我沉迷在打敗股市的遊戲之中，一旦過了三點，我就開始盡情地享受人生。認真說起來，我從來不會讓玩樂誤了生意。我虧錢時多半是因為判斷錯誤，而非生活的放蕩或過度享樂。我不能忍受自己精神不濟或是喝到神智不清的爛醉，也不能接受麻痺身心的玩樂。即使到現在，我還是十點就會上床。年輕時，我更排斥熬夜，畢竟睡眠不足肯定會影響交易品質。既然我總是贏錢，那麼我就能繼續好好享受生活。股市就是我的鐵飯碗。我愈來愈有信心，並對自己的專業與冷靜態度感到自豪。

首先，我改變了操盤的時間性。我不能像在空中交易所時一樣，慢慢等待確定的利潤浮現，再賺取個一、兩點。當在富樂頓公司裡交易時，我必須先發制人，才能掌握到股價波動。換句話說，我必須了解未來，預測股票的行為。這聽起來或許沒什麼，但是你知道，重點是我改變了對股票市場的態度，投機市場告訴我，賭股價波動和預測走勢的漲跌，以及股票賭博與股票投機，有著根本上的差異。

我必須每天花至少一個小時研究市場，這對空中交易所的客戶來說，根本是無用之舉。我熱切地研究產業報告、鐵路盈餘、財務和商業統計。我的下單量龐大，大夥都稱我為投機小子，不過我對研究股票走勢也相當著迷。通常面對問題時，我都會先陳述問題給自己聽，假使我認為自己已經想出解決之道，那麼我總是希望能切實驗證。然而，唯一能證明判斷力的方式，就是進場交易。

雖然看起來進展緩慢，但是思及我幾乎沒虧損這點後，我想我是真的有在學東西。不過要是我真的賠了一筆錢的話，說不定會促使我更積極地學習股票操作。不過說真的，輸錢也沒那麼好啦，畢竟這樣我就沒有足夠資本能夠測試我的判斷是否準確。

我仔細研究了自己在富樂頓公司的交易方式後，發現我雖然對市場的判斷幾乎百分之百正確，但是超精準判斷卻沒有讓我賺到真正的大錢，這到底為什麼呢？

別當一個傻瓜

不管是微小的勝利或失敗，都有足以借鑑之處。

舉例來說，我總是很快看好多頭市場，並下注買進，以驗證自己的觀點。事實如我所料，股票上漲不少。狀況看起來大好，不過還有我能插手的地方嗎？當然，我會把老手的建議放在心上，並且克制自己的年輕衝動。我盡可能理性判斷並且謹慎保守地下注。大家都知道，正確的做法就是獲利落袋，再於回檔時買回股票，這正是我的做法，至少我很努力這麼做，因為我常常在獲利了結以後，痴痴等待永遠不會出現的回檔。我只能坐在那兒，看著股票上漲個十多點，而我保守的口袋裡只有安全的四點利潤。大家都說，只要你保持收益，就絕對不會輸錢。確實不會，但是如果你只是一直守著多頭市場的四點利潤，你也絕對不可能脫貧。

當我認為自己應該可以賺兩萬美元時，卻只賺到兩千美元，這就是太過保守帶給我的壞處。當我開始發現自己賺得太少時，也開始了解另外一件事，那就是傻瓜和天才的差別就在於他們從錯誤中到底學會了什麼？

初學者通常一無所知，所有人、甚至包括他自己，應該都知道這一點。不過一年級或二年級生通常都認為自己還滿懂的，基本上他們只不過是比較有經驗的傻瓜。二年級生通常比新手知道如何避免輸光光，而這種半桶水通常就是證券交易商的衣食父母。基本上他們八成可以混個三年半，畢竟華爾街每季約為三週至三十週左右，這對半桶水來說，差不多也夠久了。這種半吊子通常都很愛把老手的名言和股票規則掛在嘴邊，雖然他熟記老手們的經驗談，但是他往往忽略了高手們最重要的訓誡——別當個傻瓜！

半桶水都認為自己經驗老道，很會拿捏，畢竟他至少知道該在下跌時買進。他會等待。他根據股票從高點跌下的幅度，判斷自己是否有賺到便宜。在多頭市場裡，這些不夠成熟的玩家通常會忽略規則與前例，一頭熱地盲目買進。他會一直賺到回檔時一次輸光為止。當時我就像所有的半吊子一樣，自以為聰明地操作，並且以他人的意見為意見。我知道我不能再用空中交易所的模式投機，當時我認為任何改變都會比現狀好，尤其是那些交易老手所建議的黃金準則。

「你知道的，這是個多頭市場……」

大多數的人——我們統稱為客戶好了，客戶其實都很像。幾乎沒有一個人敢說華爾街沒騙過他們的錢。富樂頓公司裡就聚集了各種等級的客戶。其中只有一個老頭與眾不同。首先，他年紀真的很大，此外，他絕對不會主動給任何人建議，也未曾誇耀自己的戰績。他總是耐心聆聽別人的話語。他似乎對內線消息沒有太大興趣，也從來不詢問任何人是否有聽到任何消息。不過若是有人放消息給他時，他都會很客氣地謝謝通報的人。要是事後證明消息正確，他會再次道謝。假使消息錯誤，他也不會向對方抱怨；因此，從來沒有人知道他是否聽牌行動，還是根本置之不理。富樂頓裡盛傳這老頭很有錢，可以做大筆交易，但是就手續費而言，他對經紀商實在稱不上有什麼貢獻，至少我們看不出來。他的名字叫派崔吉（Partridge），不過大家都偷偷暱稱他為老火雞，因為他老把下巴貼在厚實的胸膛上，在不同的房間踱來踱去。

客戶們老愛聽信別人的建議盲目行動，最後再把責任都丟在別人的身上。他們老愛跑去和老火雞說，有個朋友的朋友建議他們如何如何操作某支股票。他們會說他們還沒有採取任何行動，希望老火雞能給點建議，不過不管這明牌是買還是賣，老火雞的回答都是一樣的。

客戶們問完問題時，總是會問：「你認為我應該怎麼辦？」

老火雞會把頭側向一邊，露出和藹的笑容，他會深深凝視著眼前這位股友，真誠地說：「你知道的，這是個多頭市場。」

我老是聽到他說：「你知道的，這是個多頭市場。」這聽起來像是個價值百萬的保險，裡頭彷彿蘊含了教宗的無限祝福。當然，我根本不懂他的意思。

我不能失去我的部位

有一次，有個叫艾爾蒙．哈伍德（Elmer Harwood）的傢伙衝進公司裡，寫了一張委託單交給營業員後，便衝到老火雞面前，當時約翰．方寧（John Fanning）正在跟老火雞談論自己的悲慘故事，方寧說自己碰巧聽見基恩下單給營業員，於是跟進買了一百股，賺了區區三點，接著就在把股票賣掉後，該股短短三天內漲了二十四點。這至少是方寧第四次和老火雞講這悲慘故事了，但是老火雞還是很慈祥地聽著，像是第一次聽聞一樣。

這時艾爾蒙走到老火雞旁邊，也沒跟方寧打招呼，就說：「派崔吉先生，我賣掉了克萊美汽車（Climax Motors）的股票了。我朋友說市場應該會回檔，我可以再用低價買回，如果你手裡還有這支股票的話，最好也趕快賣掉。」

艾爾蒙似乎相當懷疑地看著老火雞。業餘者或雞婆的人總是以為他們有權掌控聽信明牌的人，雖然他們常常根本不確定自己手中明牌將會應驗與否。

「是的，哈伍德先生，我當然還留著那支股票。」老火雞很感謝地回應。老先生很高興艾爾蒙還想到他。艾爾蒙說：「你最好趕快回收利潤，然後等回檔時再買進。」艾爾蒙的態度就好像已經在幫老火雞填寫賣單一樣。可惜的是，老火雞似乎沒有露出任何喜出望外的表情，因此艾爾蒙繼續說道：「我剛把手上的部位都賣光了。」

從艾爾蒙的聲勢和態度聽起來，他少說賣了一萬股。但是老火雞搖了搖頭說道，「不！不！我不能這樣做！」

「什麼？」艾爾蒙叫道。

「我就是不能。」老火雞回覆。他看起來滿困擾的。

「買進的明牌不是我給你的嗎？」

「是你給我的啊，我很謝謝你，我是認真的，但是……」

「慢點！你聽我說，那股票不是在十天內漲了七點嗎？沒錯吧。」

「是啊，我欠你人情啊，小伙子，但是我還是不能賣那些股票。」

「你不能？」艾爾蒙問，他看起來很訝異。看來報明牌的人很難搞清楚別人的真正意思。

「真的，我不行。」

「為什麼不行？」艾爾蒙慢慢逼近核心。

「為什麼？因為這是多頭市場啊！」老火雞這樣說，好像艾爾蒙應該聽懂這解釋一樣。

「沒錯！」艾爾蒙看起來因為過度失望而顯得有點生氣。「我也懂這是多頭市場。但是你最好現在脫手，回檔時再買入。你可以降低成本不是嗎？」

「小老弟，」老火雞用很苦惱的聲音說道：「小老弟，如果我賣出就會失去我的部位，那我該怎麼辦呢？」

艾爾蒙雙手一攤，搖搖頭，走到我旁邊想爭取同情，「你聽得懂嗎？」他用很誇張的語氣問我：「你可以跟我解釋嗎？」

我沒有任何回應，所以艾爾蒙繼續說：「我給他克萊美汽車的明牌，他買了五百股，賺了七點。現在我建議他脫手，在回檔時買回。結果他竟然回我說，這樣他會有損失。你覺得呢？」

「不好意思，哈伍德先生，我並沒有說我會損失。」老火雞插嘴道，「我說我會失去我的部位。等你像我一樣經歷無數次好景或恐慌潮以後，你就會知道自己絕對不會想失去那部位。這連洛克菲勒都買不到的。我希望這支股票會回檔，你也能用低價買回。但是我只能依據自己多年的經驗行事，我早就付出慘痛的代價，我不想再繳第二次學費。但是我仍然感謝你，就像感謝銀行經理處理我的存款一樣。你知道，這是個多頭市場。」說完，派崔吉先生掉頭走人，留下一臉茫然的艾爾蒙。

當時我不明白老火雞說的話，直到我開始思考，為什麼自己即使能準確判斷大盤，卻始終沒有賺到大錢時，我才理解他的深意。我愈思考，愈感覺這老頭真是深不可測。他顯然年輕時也吃過許多敗仗，因此知道人性的弱點。他知道不能隨著誘惑起舞，這代價太高了。

我認為，唯有當我開始理解老火雞的口頭禪時，我才真正地走進股市大門，就是那句：「你知道的，這是個多頭市場。」他告訴我們，真正賺大錢靠的不是個別股價的起伏，而是靠主要波動，我們不該只是解盤，而應該評估整個市場和市場趨勢。

只有鎖定大波動才能帶來財富

我在華爾街打滾這麼多年，賺進數百萬又輸掉數百萬，我只想告訴你：我的任何推測都沒有幫我賺到大錢，只有堅持不動可以讓我賺大錢，懂了嗎？要準確判斷市場根本絕非難事。你在多頭市場裡總是可以找到許多起手勢就是做多的人，也有很多一開始就放空的人。我知道很多人藉著判斷出正確時機，並於最大利潤時買進或賣出，他們的經驗和當時的我差不了多少，那就是根本賺不到什麼大錢。能夠判斷正確又堅持不動的人極為罕見，這是最困難的一點。只有在股票作手了解這一點以後，他才可能賺大錢，這點可是千真萬確，在他懂了這點以後，要賺幾百萬根本不成問題，如果他什麼都不懂，那麼就算只想賺一百美元也會很吃力吧。

原因在於作手或許眼光很遠很清晰，但是當市場緩慢變動時，作手會開始焦急或失去耐心。那就是為什麼儘管很多在華爾街投資的人都不是笨蛋，卻還是輸錢的原因。市場並沒有打敗他們。而是他們打敗了自己，他們雖有想法，卻無法堅持。老火雞說得很對，他也做得很對。他不但有勇氣堅持自己的觀點，也能夠很有智慧與耐性地堅持下去。

無視大勢波動，盲目地搶進搶出，就是我的致命傷。沒有任何人能抓住所有的波動，在多頭市場裡，你只能買進並守住股票，直到你相信多頭市場結束為止。要做到這點，你必須研究大勢，而非明牌或單一個股的特殊狀況。接著，你必須忘掉你的股票，徹底忘乾淨！接著你必須等到你觀察到市場反轉、甚至整個大勢開始反轉為止。你必須運用智慧與眼光才能辦到，否則我的建議實在和要你買低賣高一樣廢話。任何人應該都要謹記，千萬別試著要抓住最後一檔或第一檔。這兩檔股票是全世界最昂貴的東西。這兩檔股票八成讓全世界的股友花費了數百萬美元，足以興建橫貫美洲大陸的公路大橋。

我開始學聰明以後，也開始研究自己在富樂頓公司的操作手法。我發現一開始操作的時候我通常不會輸，也因此，我會愈玩愈大。一開始我很信任自己的判斷，直到那些老手開始給我一些意見或是我自己沉不住氣為止。如果一個人對自己沒有十足的信心，不可能在股市裡走得很遠。這就是我學到的一切——研究大盤、選定目標，然後堅持下去。我可以平心靜氣地等待，即便我知道股市即將下挫，我也不會動搖，我理解那只是暫時狀況。我曾經放空十萬股，並看出大反彈迫在眼前。我認定（我的觀點確實沒錯）大反彈確實無可避免，甚至相當必要，此外，反彈很有可能造成我帳面上將近一百萬美元的損失。但是我仍舊不動如山地看著一半的帳面利潤被洗掉，絲毫不考慮回補、或反彈時再放空的做法。我知道如果我這樣做，就會失衡，並且丟掉一個賺大錢的機會，唯有大波動才能帶來財富。

破產是讓人成長最好的方式

我或許學得很慢，但是我在錯誤中學習，在我從犯下錯誤到了解錯誤，以及從了解錯誤到判定錯誤之間，花費了大量的時間。但是同時我生活地相當愉快，並盡情享受年輕歲月，因此，我並不感到苦惱。事實上，很多時候我還是靠著自己的看盤能力贏錢，當時的市場還算適合我。比起剛到紐約時，我較少虧損、也較少虧得那麼離譜。不過這沒什麼值得說嘴的，畢竟我在兩年內就破產了三次。不過如我所言，破產是讓人成長最好的方式。

我的資金並沒有快速增加，畢竟我生活過得太過優渥。我不願意浪費自己的年華和高超品味，我也有自己的轎車，假使股票市場可以供養我，那我何必縮衣節食。股市只在星期日和假日休市，情況就是這樣。每次當我找到賠錢的原因或任何錯誤背後的緣由時，我就會將它列入危險名單，經驗成為我的資產。而增加資產最好的方式，就是千萬別縮減自己的生活花費。我當然發生過一些有趣的故事，也有些慘事，但若真的要說，恐怕三天三夜也說不完。我唯一會有深刻印象的，都是那些讓我獲得實際股票操作知識以及自我認知的交易。

第六章

靈光乍現的操作

我的直覺就是，我絕對是正確的

憑著直覺交易？

一九〇六年春天，我到大西洋城（Atlantic）度過一個短暫的假期。我把所有股票脫手，想換換環境，好好休息個幾天。當時我已經回到初次交易的哈定公司做買賣，並且相當活躍。我可以一次操作三、四千股，這數量和我二十歲在大都會證券經紀公司所做的數目相比，並沒有差距太遠。不過在空中交易所賭一點保證金的波動，和透過經紀商在紐約證券交易所裡實際買賣股票，兩者所需的保證金有顯著的差別。

你記不記得我說自己曾經在大都會放空三千五百股糖業公司時，那時心裡突然浮現了奇妙的預感，因此提早結束交易？我經常會有這種奇妙的感覺，並常常以此行事。不過很多時候我會取笑自己，按著盲目的本能衝動做決定實在很愚蠢。我常常會把這種第六感歸因於抽太多雪茄、或睡眠不足所造成的精神不濟，並且試圖忽略它，結果往往令人後悔莫及。常常我刻意忽視直覺，執意不賣，隔天市場顯得超級強勁，甚至有上漲的跡象，我鬆了一口氣，心想，果然按照直覺買賣實在太蠢了。但是隔日，股票就會嚴重下跌。我搞不懂背後原因，事實上邏輯和智慧常常和賺錢與否互相違背。其中原因恐怕不是客觀因素，而是心理因素。

只要講一個影響我深遠的例子就好。這件事就發生在一九〇六春天，當時我在大西洋城度假，有個同為哈定公司客戶的朋友與我同行。我當時無心於股市，只想好好休息。我總是可以隨性地停止買賣，除非股市異常熱絡，同時我手中持有的部位又極其龐大時，才另當別論。我記得當時是多頭市場，經濟情勢一派看好，當時市場雖然稍嫌溫吞，但是氣勢穩定，一切經濟指標都顯示還有上漲空間。

當天早上我們享用過早餐，並讀遍所有紐約市發行的早報後，開始眺望遠處景色，有隻海鷗不停地把蚌殼叼起至高空，又把它丟到又濕又硬的沙灘上，在百無聊賴之下我和朋友沿著海濱大道（Boardwalk）散步，一切都很平淡。

時間近中午，我們緩步而行，盡情打發時間，呼吸帶著海水味的空氣。哈定公司在海濱大道上設有分公司，我們每天早上都會進去晃一下，看看開盤情況。這只是我的習慣，我並沒有打算做任何交易，畢竟我從沒在那出手過。

我們發現市場極其活絡與強勁。我的朋友相當看好後勢，他手上有一筆在低點時買進的股票。閒聊之中，他說，如果能持股等待更高的價格，顯然會是更聰明的做法。我沒有聽進他說的話，也沒搭理他。我看著報價黑板，注意股價的變化起伏，幾乎所有的股票都在上漲，我瞄到聯合太平洋鐵路（Union Pacific），估算是否應該放空。我沒辦法告訴你任何確切原因，為何會直覺地想放空它，畢竟眼前並沒有任何放空該股的理由。

有種風雨欲來的感覺……

我瞪著報價黑板的最後一行，直到再也沒有任何數字為止。我只知道自己想放空聯合太平洋鐵路，雖然也找不到任何原因。我看起來八成很古怪，因為站在我身旁的朋友突然碰我一下說：「嘿！怎麼了嗎？」

「我不知道。」我回答。

「想睡覺嗎？」他問。

「沒有啊，」我說：「我沒有想睡。」

我打算放空那支股票，常常第六感可以讓我賺錢。

我走到桌子旁邊，桌上有許多本空白的委託單。我的朋友跟在旁邊。我填好委託單，以市價放空一千股聯合太平洋鐵路，並把單子交給經理。當我在填單與交單時，經理看起來很開心。但是等他看到單子內容時，笑容突然不見了，他盯著我。

「你確定嗎？」他問我。但是我只是直直地看著他。於是他衝到營業員旁。

「你在幹嘛？」我朋友問。

「我想放空這支股票。」我回答他。

「哪一支啊？」他急切地問我。畢竟如果他是多頭，那我怎麼會是空頭呢？中間一定出了問題。

「一千股聯合太平洋鐵路。」我說。

「為什麼！」他激動地問我。

我搖搖頭，說不出任何原因。他恐怕以為我有什麼內線情報，因為他把我拉到大廳一旁，讓其他閒雜人等聽不到我們的談話內容。

「你到底聽到什麼？」他問我。他看起來有點激動。聯合太平洋鐵路是他最屬意的股票之一，因其獲利性與展望都很好。他看好這支股票，不過也不介意聽聽明牌。

「什麼都沒有。」我說。

「你確定？」他顯然完全不相信我說的話。

「我真的什麼都沒聽到。」

「那你幹嘛突然要放空？」

「我不知道。」我告訴他，我說的是實話啊！

「噢，少來了，你快點從實招來。」他說。

他知道我多半是先有動機才會交易。我放空一千股聯合太平洋鐵路的股票。敢在強勁的市場走勢下放空這麼多股，一定事有蹊蹺。

「我不知道，」我重複地說：「我有種風雨欲來的感覺……」

「會發生什麼事？」

「我不知道，而且我沒辦法給你解釋。我只覺得必須放空，而且我還想再放空一千股。」

我走回營業廳，下單放空第二筆一千股。如果第一筆放空一千股是正確的決定，那就應該再加碼。

「到底有可能發生什麼事情？」朋友不想放過我，他不能決定到底要不要跟我一起放空。假使我說有內線消息、說聯合太平洋鐵路會下跌，他一定不會追究消息來源，會跟著放空，他繼續追問：「到底會發生什麼事？」

「什麼事都可能會發生。但是我不能和你保證究竟是什麼？我沒有理由，也不會算命摸水晶球，好嗎！」我告訴他。

「你一定瘋了。」他說，「你根本就是失心瘋，沒有理由的放空，你不知道自己為什麼要這麼做嗎？」

「我不知道為什麼。但是我就是要放空，」我說，「我就是打算那麼做啊。」我的預感如此強烈，以至於我又下單放空了一千股。

我似乎真的刺激到我朋友了，他抓著我的手臂說：「夠了！我們可以離開了，你是想放空整個股市嗎？」

我覺得自己放空的股數已夠了，所以任憑朋友把我拉走，也沒看最後兩千股的回報單。我想就算有再好的理由，操作到這種程度也真的夠了。更何況此時此刻股市大好，又看不見有任何異狀，在這種情況下放空這麼多股，也夠任性了。不過，我更記得，許多次不理會直覺的慘痛後果。

大盤不會一開始就告訴你事實

我告訴很多朋友第六感的精采故事。他們覺得那不是純直覺，而是富有創造力的潛意識在主導一切。這等同於藝術家總是靈光乍現的靈感。或許，我的狀況是所有無關緊要的微小細節集合成關鍵的瞬間。很可能是我那總是壞事的朋友堅持看漲的態度，讓我起了疑心，並選擇聯合太平洋鐵路作為出口，畢竟該股一直被持有者強力哄抬。我不能告訴你直覺背後的真實原因是什麼。我只知道當我走出哈定公司大西洋城分公司時，我在市場大好的狀況下放空了三千股聯合太平洋鐵路，但是我毫不擔心。

我希望能知道最後兩千股的賣價，因此午餐後我們又回到哈定公司大西洋城分公司。看到市場這麼活絡而聯合太平洋鐵路也表現良好，我感到很開心。

「我覺得你真的完了。」我朋友說。他看起來很慶幸自己沒放空任何股票。

隔日，市場依舊大好，我朋友眉開眼笑。不過我仍舊覺得自己放空是對的。當我相信自己的決定時，絕對不會因情勢而感到焦躁。我的直覺對嗎？當天下午開始，聯合太平洋鐵路不再上漲，約莫傍晚時該股開始走低，很快地，股價比我放空三千股的平均價格還低。我確信自己選對邊了，接著，我又跟隨自己的直覺再度放空兩千股。

總之，我憑直覺放空了五千股聯合太平洋鐵路。基本上這是我在哈定公司保證金額度所能放空的上限。以一個觀光客來說，我實在放空太多，也因此我放棄度假，當晚就回到紐約。我不能預測未來，只知道我最好待在離報價現場最近的地方，以便必要時迅速做出回應。

隔天，我們得知舊金山發生強震，那是不得了的災難，但是市場只下滑了數點。多頭市場正在發揮功用，而大眾尚未對單一新聞做出反應，這是意料中的事，若多頭市場很強勁，那麼縱使報紙宣稱有多頭集團正在背後炒股，市場依然不動如山。通常華爾街不會評價天災人禍所帶來的影響，畢竟市場無須這麼做，當天收盤前，價格就回升了。

我放空五千股。災難發生了，我放空的股票卻沒有下跌。我的直覺靈敏無誤，但是卻沒有帶給我帳面利潤。和我一起到大西洋城度假的朋友看到我的狀況，似乎又開心又懊惱。他告訴我：「你的靈感很準，夥伴，不過現在錢和情勢都站在多頭這邊，你幹嘛和自己作對？一定會漲的啦。」

「還需要時間好嗎？」我說。我指的是價格。我當然知道慘劇近在眼前，而且聯合太平洋鐵路遭到嚴重打擊。但是目睹華爾街的瘋狂才是最令我惱怒的事。

「對，時間，你再等下去，多頭市場就要把你的皮扒了，晾在烈日底下囉！」朋友嘲弄我。

「不然你會怎麼做？」我問朋友。「南太平洋損失慘重、虧損逼近上百萬，你還買得下去嗎？當他們付出慘痛代價時，你還想換回自己的股利嗎？你只能禱告情況沒有我們想像中那麼糟。當鐵路大規模崩毀時，你好意思買進鐵路股票嗎？你說說看嘛。」

但是我的朋友只回我：「對啊，聽起來不錯。但是我告訴你，市場和你想的不一樣。大盤不會說謊！」

「大盤不會一開始就直接了當告訴你事實。」我回他。

「聽著，之前有人在黑色星期五[1]之前告訴吉姆．費斯克（Jim Fisk），說金價包準會下跌。那人自己愈說愈起勁，最後打算把上百萬的黃金都脫手。而費斯克只是看著他說：『去啊！照著直覺趕快放空，我等著參加你的葬禮。』」

「好啊，」我說，「要是那老傢伙也跟著放空的話，早就賺翻了。你不如也放空聯合太平洋鐵路吧！」

「我不行！我沒辦法逆勢下注，我賺不了這種錢。」

無法解釋的投資第六感

隔天，當舊金山大地震的完整報告出來時，市場開始下跌，只是沒有那麼明顯。我相信沒有任何事阻擋得了股價大幅崩落，引此我又加碼放空五千股。噢，那時已經有許多人了解情勢，包括我的營業員也很樂意幫忙，我不覺得自己或他們很魯莽，我並沒有躁進。隔日，市場開始崩盤，總有人會付出代價的。當然，我已經把自己全部的運氣都押了進去。我又再度放空了一萬多股，這是我唯一的選擇。

我的直覺就是，我絕對是正確的，這是天降好運，只看我敢不敢跟隨而已。我又放空了更多。我不知道當時自己是否曾經想過，如果放空那麼多是否可能會因為極小的反彈就失去所有帳面利潤，甚至失去本金？我不記得我有沒有想過這些問題，不過即使有，八成也沒有很認真看待。我並非任性地放空。我很謹慎小心。有任何人能倒轉時間阻止大地震發生嗎？他們能在一夜之間修復毀損的巨廈高樓嗎？有可能嗎？就算有全世界的鈔票，也幫不了多少忙吧？

我並非盲目下注，也不是死空頭。我並沒有被成功沖昏了頭，也沒有以為舊金山地震會讓全美國成為焦土。真的！我並不樂見大恐慌。不過，在隔日結算時，我總共賺了二十五萬美元。這是我有史以來賺得最多的一次。事情就在短短幾日內發生。一開始，華爾街並沒有對大地震做出反應，他們說因為電報聽起來並沒有任何急迫性，但是我認為那是因為大眾需要更長的時間才能對證券市場做出反應。即便最專業的交易者也都顯得相當遲緩和短視近利。

1 美國內戰期間，美國政府發行大量沒有足夠儲備的鈔票。戰後，美國人普遍相信政府會用黃金回購這批鈔票。因此一八六九年九月，以傑伊．顧爾德（Jay Gould）與和吉姆．費斯克為首的投機者，企圖囤積黃金，炒高黃金價格。但因當時的美國總統尤里西斯．格蘭特突然宣布拋售價值四十億美元的黃金，購回戰時發行鈔票，以阻止投機行為。此舉令金市大幅下跌，並引發恐慌性拋售，跌勢迅速波及股市，投機者無不蒙受極大損失。

我沒辦法給你任何解釋，不管是科學的說法或是自以為的說明，我只能說我做了什麼決定以及所帶來的結果。雖然那幾秒鐘的直覺帶給我近二十五萬美元的利潤，但我並不打算深究這第六感究竟從何而來？對我而言，重要的是，我現在擁有更大的資本可以投注，我只需要慢慢等待正確時機到來。

氣急敗壞的一通電話

該年夏天，我前往薩拉托加溫泉（Saratoga）度假。照理來說我是來放鬆的，但我還是三不五時會關注一下股市。其實我沒有疲憊到不想關心股市，而且幾乎每一個我認識的人都在炒股，話題自然而然地圍繞著股市打轉。不過我發現，談股票和操作股票是兩碼子事。有些人講話的口氣，會讓你聯想到最可怕的老闆，以對待狗的方式對著自己的職員咆哮。

哈定公司在薩拉托加溫泉也有設點。他們在當地有頗多顧客。不過，我想他們追求的應該只是廣告效益，在旅遊勝地設立分公司，基本上就是個價值百萬美元的活招牌。我常常會閒晃過去，和股民們坐在一起。分店經理來自紐約，看起來頗討喜，他樂於幫助熟客或新手做點生意。這裡有各式各樣的明牌在流竄——賽馬、股票……當然這代表各式各樣的好處。公司知道我從來不聽信明牌，因此經理不會跑來我耳邊嘀咕，告訴我他從紐約辦公室那裡聽到什麼風聲。他只會把電報交給我說：「這是他們剛剛發來的報價。」我們之間的對話大概都是這樣。

當然，我會注意市場。對我而言，盯著黑板研判各種跡象是絕對不可或缺的步驟。我發現，我最愛的聯合太平洋鐵路似乎有要上漲的跡象，價格頗高。但是這支股票看起來像是有人在吃貨。我默默觀察了幾天，沒有任何動作。我愈是注意，愈是感覺有人在吸進這支股票，而且對方絕對不是小角色，他不但擁有大筆資金，而且很懂得操作，他的進貨手法相當高明。我默默觀察著。

我確定以後，就很自然地開始買進，價格為一六〇美元。這支股票的表現很好，因此我持續買進，每次五百股。我愈買，這支股票表現地愈強勁，但是卻不急躁，因此我很安心。以盤面看來，這支股票顯然沒有什麼理由不會大漲。

突然間，經理跑來找我，說他們接到紐約電報——問我是否在公司裡？當然他們之間有直接聯繫的管道。他們回答「在」，接著又來了一通電報說：「請他留下，哈定先生想與他通話。」

我說我會等他，接著又買了五百股聯合太平洋鐵路。我無法想像哈定先生會和我說什麼，或許跟買賣無關吧。我的保證金非常充足，遠超過買進所需的額度。過沒多久，經理就來了，告訴我哈定先生撥了長途電話給我。

「你好，艾德。」我說。

但是他說：「你瘋了嗎？你到底在搞什麼鬼？」

「你才瘋了。」我說。

「你到底在打什麼主意？」他問。

「什麼意思啊？」

「買那麼多股票幹嘛？」

「怎麼了嗎？我的保證金有問題嗎？」

「這跟保證金無關，你可以不要那麼混蛋嗎？」

「我不懂你在說什麼。」

「你為什麼要買下這麼多的聯合太平洋鐵路？」

「它在漲啊。」我說。

「漲個頭，你不知道是裡面有人在倒貨給你嗎？你太引人注目了。你的賭法跟賭馬沒兩樣了。你不要被騙了。」

「我沒有被騙。」我回答，「我根本沒有和任何人談論這支股票。」

但是他反駁我說：「你不要以為每次你想做這支股票，都會發生奇蹟。趁還有機會時趕快脫手。以這種價位做股票根本是犯罪行為，這些黑幫正狂倒股票給你。」

「盤勢看來他們正在買進。」我堅持。

「聽好，你的單子湧進來的時候，我都快心臟病發了。拜託你不要當個蠢蛋，趕快脫手，這支股票隨時可能崩盤。我只能幫到這裡了。」他掛斷電話。

哈定是個聰明的傢伙，他消息非常靈通，公正善良，又把我當成朋友。此外，我知道以他的位階，確實可以收到很多內線消息。我仰賴多年研究股票行為的經驗，以及我所看到的蛛絲馬跡，決定買進，情勢看起來真的會大漲。

我不知道自己怎麼了，但當時我看盤後認定股票應該是被特定人士吸進，並由內部炒作集團動手腳，讓盤勢無法表現真實情形。哈定聲嘶力竭地勸告我、阻止我犯錯，這點似乎打動了我，我完全不懷疑他的智慧和動機。我沒辦法告訴你為什麼我要聽他的話，總之，我照辦了。

交易者的必修課

我賣掉所有聯合太平洋鐵路股票。當然，如果做多不聰明，那麼不放空也同樣不聰明。因此我拋出所有做多的股票以後，反手放空四千股，當時的價位為一六二美元。

隔日，聯合太平洋鐵路董事宣布配股一成。一開始，華爾街沒有人相信這則消息。這聽起來實在太像走投無路的賭徒風格。所有報紙頭條都重砲轟擊董事會。

但是就在所有的華爾街專家猶豫不決時，股市沸騰了起來。聯合太平洋鐵路創下了驚人的交易量以及前所未見的高價。很多業內交易員在短短一小時內就賺進巨額財富。我記得還聽過有個蠢專家因為操作錯誤反而賺進三十五萬美元。一個禮拜之後，他辭了職位，接著他就退休到鄉間奢華養老去了。

我聽到配股一成這荒誕的消息時，立刻後悔沒有相信自己的經驗，反而聽信內線消息，真是活該倒楣。因為朋友的質疑，我把自己的準則丟在一旁，相信他公正無私，並且行動準確。

當我看到創新高價的聯合太平洋鐵路股票時，立刻對自己說：「真不該放空的。」

我所有的財產都放在哈定公司當保證金。我對這點既不高興也不懊悔。顯然，我拋棄了自己看盤的結果，讓哈定動搖了我的意志。我沒時間指責他們，畢竟傷害已經造成，爭執也於事無補。我下單回補空頭，以市價買進四千股聯合太平洋鐵路，當時股價為一六五美元。照此價格，我虧損了三點。當哈定公司的營業員替我完成回補時，分別為一七二與一七四美元。等我收到回報單時，發現哈定的好心阻止害我損失了四萬美元。對一個不敢堅守信念的人來說，這已經是很輕微的代價了！這個教訓還不算昂貴。

我並不憂慮，盤勢顯現價格應該還會上漲，這真是罕見的波動，聯合太平洋鐵路董事們的行動也出人意表。這次我決定相信自己的判斷，當我發出第一張委託單決定回補四千股的空頭部位時，就決定要繼續順著盤勢獲利，並且絕不手軟。我買進四千股，並持有這些股票直到隔日早上才出手賣掉，我不但彌補了最先虧損的四萬美元，還賺了一萬五千美元。如果哈定沒有雞婆要幫我省錢的話，我早就大賺一票了。但是他幫了我很大的忙，並給了我所有交易者都應該要上的一堂課。

我要學習的不只是拒絕明牌，而是堅決執行自己的信念。我終於學會建立自信，並擺脫舊有的交易方法。薩拉托加溫泉交易是我最後一次隨性的魯莽操作。此後，我開始鑽研基本盤勢而非個股。我在嚴苛的投機學校裡更上層樓，這一步真是漫長而艱辛啊。

第七章

股票永遠不會高到不能開始買，也永遠不會低到不能開始賣

下手之前，確認時機完全正確

做多？抑或放空？

當別人問我看多還是看空時，我從來不會吝嗇告訴他答案，但是我不會告訴他該買進或是賣出任何個股，在空頭市場裡所有的股票都會下跌，而多頭市場的股票都會上漲。當然得排除一些特殊情況，如果因為戰爭而造成的空頭市場，軍火股會是例外。但是一般人想要的答案絕非空頭或多頭市場。他希望你直接告訴他該買進或賣出。人們喜歡不勞而獲，他們厭惡工作，甚至逃避思考，要人們數算他們從地上撿起的鈔票都嫌困難。

我從來不是個懶鬼，只不過觀察個股的確遠比推敲大盤還要容易，觀察個股波動遠比大盤走勢更要輕鬆。我必須改變方式，重頭開始。

很多人總是抓不到股票交易的基本原則。我常說，在走勢看漲的市場買股是最安穩的做法。重點倒不是以便宜價格買進或高價放空，而是在適當的時機買進或賣出。當我因看空而賣出股票時，每次賣出的價格一定要比前次低。當我買進時則相反，我只在看漲時買進。我不會在走勢看低時做多，唯有在走勢看高時才該做多。

舉例來說，假使我現在想買進某支股票。我會選在一一〇美元時買進兩千股。當我買進後，價格漲到一一一美元，那代表我的操作暫時沒有問題。我已經賺到至少一點的利潤。既然我判斷沒錯，我會繼續買個兩千股。假使股價持續上漲，我會買進第三個兩千股。若價格走高到一一四美元，我就差不多該收手了。

現在我手上已經有足夠交易的基礎。目前我做多六千股，平均價格在一一一又四分之三美元，該股外盤價為一一四美元，這時我會停手不買先觀望一下，因為該股票漲了一段以後，應該會出現回檔。我想觀察市場在回檔後會如何表現。

市場極有可能會回檔到我買第三筆時的價位。假使在一段漲勢之後，股價回跌到一一二又四分之一美元再接著反彈，我就會在反彈到一一三又四分之三美元時，發出一張以市價買進四千股的單子。假使這四千股成交在一一三又四分之三美元，我就會知道中間出了問題。我會試探性地發出一張賣出一千股的單子，看看市場如何回應。但是如果我在行情一一三又四分之三美元時以市價買進四千股，結果在一一四美元的價格成交兩千股，又在一一四又二分之一美元成交五百股，其餘的股票價格一直往上走，到最後五百股時，成交在一一五又二分之一美元，這時，我就知道自己的判斷正確。那四千股的用意就是判斷我買進的時機與所買股票是否正確？當然在我下手之前，我必然已經研究過大盤，並且確定大勢利多。我從來不會太輕易或太廉價地買進股票。

老手的智慧

我記得曾經聽過「老白」迪肯・懷特（Deacon S. V. White）的故事，他是華爾街最偉大的作手之一。他是位和藹的老先生，市場淬鍊出他的智慧與勇氣。據說，他在巔峰時期曾經做過堪稱完美的交易。

故事發生在很久很久以前，當時糖業公司的股票是市場上最火熱的選項。糖業公司老闆哈維梅爾（H. O. Havemeyer）聲勢如日中天。許多老前輩跟我說，哈維梅爾和他那夥人不但出手闊綽、資本雄厚，也十分聰明，非常會炒作自家股票。他們說哈維梅爾曾經修理過無數小營業員，幾乎無人能出其右，不過，確實場內營業人員操作時總是會破壞內線人士的布局，而非帶來任何幫助。

一天，有位認識老白的人衝進辦公室興奮叫道：「老白！你之前不是說如果我有超好的內線消息，要立刻來找你，如果你用了我的消息，會分給我幾百股嗎？」他停下來喘了口氣，等待老白的回應。

老白用一貫深思熟慮的表情看著他，並說：「我不知道我有沒有跟你這樣說過，不過如果有好消息，我很樂意買單。」

「沒錯，我有很好的消息。」

「噢，不錯啊。」老白聽起來很客氣，因此那個報信者鼓起勇氣說：「謝謝，老白！」接著他走近老白身邊，以旁人無法聽聞的音量說道：「哈維梅爾正在買進糖業公司的股票。」

「真的？」老白相當鎮定地問道。

這讓報信者著急了，他很急切地說：「真的，先生，他正大筆大筆地買進。」

「老兄，你確定嗎？」老白問道。

「老白，這千真萬確。那幫內線炒作集團正瘋狂買進。我覺得跟關稅有關，通常糖業公司的普通股可以賺大錢，甚至超過特別股。這表示至少可以賺進三十點。」

「你真的這麼認為嗎？」老白的眼神穿過老氣的銀邊眼鏡望向報信者。老白看盤時都會帶著這副眼鏡。

「我這麼認為？不是啊，我不是自己想像的，我是知道這條消息！真的！老白，要是哈維梅爾那幫人像現在這樣買進糖業公司，他們至少預計賺個四十點才會停，在他們吃貨吃到滿以前，市場隨時有可能會暴漲。經紀商手裡的資本已經沒有一個月前那麼多了。」

「噢，所以他在買進糖業公司。」老白心不在焉地回應。

「什麼買進？他是在瘋狂掃貨，他眼中根本沒有價格了。」

「真的？」老白只拋下這句話。

但這足以讓報信者抓狂，他說：「真的！先生，我認為這是很有價值的訊息。而且絕對正確。」

「真的嗎？」

「對，這很有價值，你會用嗎？」

「噢，我會啊。」

「什麼時候？」報信者很懷疑地問。

「馬上。」老白立刻叫道：「法蘭克！」那是他最幹練的營業員，當時正坐在隔壁。

「我來了，先生。」法蘭克說。

「你到營業大廳放空一萬股糖業公司的股票。」

「放空！」報信者大叫。他的聲音聽起來相當心碎，連法蘭克都情不自禁地停下腳步。

「對啊。」老白溫和的說。

「但是我告訴你，哈維梅爾在買進啊！」

「我有聽到你說的，老兄。」老白鎮定地說，他轉頭對法蘭克說：「快點！法蘭克。」

法蘭克匆匆趕去下單，報信者則是滿臉通紅。

他生氣地叫道：「我來這裡是為了把最好的消息告訴你，我把你當作朋友，而且你待人公平。我希望你能根據我的消息行動。」

「我正是如此。」老白用非常平靜的語氣打斷他的話。

「可是我告訴你哈維梅爾那幫人在搶進糖業公司。」

「有，我聽到了。」

「買！買！我是說買好嗎！」報信者尖聲叫道。

「是啊，我知道你說他們在買啊。」老白一邊安慰他，一邊站在電報機旁看著報價單。

「但是你放空！」

「對，放空一萬股。」老白點點頭說：「當然是放空。」

他不再回應，專心地看著報價單，報信者走過來看他究竟在看什麼？畢竟老白可是出了名地多疑。當報信者從老白肩上窺探時，一名營業員帶著委託單進來，顯然那是法蘭克發送的回報單。老白只瞄了一眼，他已經在報價單上看到自己的交易情形。之後他馬上告訴那個營業員：「再幫我放空一萬股糖業。」

「老白，我發誓他們是真的在買！」

「哈維梅爾跟你說的嗎？」老白很客氣地問。

「當然不是！他從來不透露消息給任何人。他連幫好朋友賺一美元都不肯。但我知道消息是真的。」

「你最好克制一下，不要那麼激動，老兄。」老白舉起一隻手，他正看著報價單，報信者用苦澀的聲音說道：「要是早知道你根本不會按照我的消息行事，我就不會來浪費你的時間。不過如果你因為這檔股票大賠，我也不會幸災樂禍。老白，我只替你感到可惜，真的。如果你不介意的話，我要去別地方，好好利用這條消息了。」

「我確實有依照你的消息行動。我自忖對市場略知一二，可能我還不及你和你的朋友哈維梅爾，不過我還是算個老手吧。我正是依照經驗行事，並利用你的消息做出明智決策。我在華爾街打滾夠久了，不過如果有人說要替我感到惋惜的話，我還是很感謝他。老友，你鎮定一點。」

那個人只是看著老白，畢竟他向來崇拜老白的勇氣和判斷。

營業員又跑進來並帶給老白回報單，他看了一眼說：「現在告訴法蘭克，買進三萬股糖業公司，三萬股！」

「朋友，」老白轉過頭，和藹地向報信者解釋：「我絕對沒有懷疑你說的話，畢竟你人就在我的面前。但就算哈維梅爾親口告訴你，我還是會下一樣的決定。因為這是唯一能測試哈維梅爾那夥人是否真的在買進的方法。第一筆一萬股很快就脫手了，這個證據還不夠明確。但是第二筆一萬股又被股市吸進，價格仍舊持續上漲，從這兩萬股被吸入的狀態看來，證明確實有人準備吃進所有的流通籌碼，這時候，誰在幕後操控已經不重要。所以我回補自己的空頭部位，並且做多一萬股，就這個消息的後續發展看來，你的消息真的很好。」

「多好？」報信者問道。

「我給你我們公司持有的五百股，價格是這一萬股的平均進價。」老白說：「再會，朋友，下次請鎮靜一點。」

「老白……」報信者說：「你賣出這支股票時可以順便賣掉我的嗎？我想我還是不夠了解股市。」

這就是老白的理論，也是我為什麼從來不便宜買股的原因。當然，我會以有效的方式買進，並協助己方市場。至於賣股嗎？除非有人想收購你手上的股票，要不然怎麼賣得掉？

第一筆交易如果沒獲利，就不該操作第二筆

如果你的交易量很大，你必須時時謹記自己的規模。交易者必須研究情勢、細心計畫操作策略，並謹慎執行。交易者手中持有大筆股票，並且累積了龐大的帳面利潤，因此不能隨意賣出。你不能指望市場會一口吞下五萬股個股，五萬股和一百股可完全不一樣啊！交易者必須等到市場成熟時才行動。當他認為買盤醞釀成熟，就必須緊握住時機。因此他必須耐心等待。當時機允許時，他才可以賣股，而非任意釋出。他必須觀察並測試才能了解時機出現與否。要知道市場是否願意承接你的股票並不需要多麼高超的技巧，但是在你下手之前，除非你相信時機完全正確，千萬不要呆呆地全盤買進或殺出。請記住：股票永遠不會高到不能開始買，也永遠不會低到不能開始賣。不過在你第一筆交易之後，如果沒出現利潤，就不該操作第二筆。你必須等待和觀察，而這正是你發揮看盤解盤實力的時候，你必須算準何時應該行動。選對時機，你就成功了一半。我花了很多年才了解箇中道理。光是學會這個就花了我幾十萬美元。

我的意思並非要你持續加碼。當然，加碼可以賺到比不加碼更多的錢。不過我想說的是，假使一個人的交易極限是五百股，我會建議他不要一次全買，除非他想走投機路線，

如果他只是在豪賭，我能給他的建議就是：快住手！

假設他買進第一筆一百股並且立刻虧損，他為什麼還要繼續操作買進呢？他應該立刻知道自己錯了，至少，成功尚在遠方。

第八章

盤勢才是交易者的靠山

研究基本情勢

別跟大盤鬧彆扭

一九〇六年夏天，繼薩拉托加的聯合太平洋鐵路事件後，我比以前更加排斥小道消息和耳語，不管對方多麼友善或多麼有能力，我也不再如此重視他們的意見、推測和懷疑。事實證明我能比多數人更為準確地看盤，這絕非我自吹自擂。我也比哈定公司的許多老顧客更能擺脫投機偏見。對我來說，放空不會比做多更有吸引力，反之亦然。我唯一堅持不變的原則就是修正錯誤。

從小開始，我就能從觀察事物中找出獨特的結論。我無法從別人的指導中找到結論，因為那不是屬於我的事實，懂我的意思嗎？如果我相信某些事實，那肯定是因為事實再真切也不過。我做多股票時，是因為我判應情勢看好，許多著名的交易者都是因為自己擁有該股才看好股市。我不容許自己的持股或偏見取代嚴密思考。我的意思是，我不與大盤爭辯，千萬不要因為市場突然對你有敵意，就厭惡市場，你不會因為得了肺病就怒責肺葉吧？

我一直在進步，我了解股票投機除了看盤以外，還有更多更深刻的因素。老火雞派崔吉堅持在多頭市場保留持有部位做多是最重要的原則，這點讓我認為判定當前交易市場的性質，是最首要的操作關鍵。我開始明白唯有大波動才能帶來財富。不管大型波動背後的成因為何，都不是內線交易集團的炒作或金融專家的操盤可以全權主導的，大盤的持續唯賴基本的情勢。不管誰反對大盤，只要背後推動的力量還在，市場就會快速地將波動推到盡頭。

薩拉托加事件後，我開始明瞭——或是說更成熟的觀察到，由於股市主要是跟著潮流波動，因此研究個股的操作方法或行為並非必要。此外，若交易者以潮流波動為主要衡量基準，那麼他在交易上就不會受到限制，他可以買賣所有的股票。對某些股票來講，賣出的數量超過總股數的特定比例後，持有空頭部位就變得危險，而所謂的比例則是要看該股由誰持有、如何持有以及在哪持有所決定。但是如果他資金夠雄厚的話，他可以賣出一百萬股所有掛牌的股票，也不必擔心會被軋空，早年內線人士時常利用飆股或軋空行情製造恐慌，從市場賺進大筆、大筆的鈔票。

我們應該在多頭市場看多，在空頭市場看空，聽起來像是廢話對吧？但是唯有在深深了解此原則的意涵後才能體悟到，這麼做意味著預測可能性。我花了很長的時間，才學會依此進退。但是，我必須幫自己說點話，畢竟那時我還沒有足夠的資金，不能以此方式投機。如果你操作的金額很大，大波動代表賺大錢，想要操作大的部位，你就必須在經紀商那裡存很多錢。

我總是必須——或者覺得自己必須從股市裡賺取日常生活花費。這點阻礙我提高資金操作根據波動交易的方法，雖然此法利潤較高，但是較為耗時，也因此交易成本變得更為昂貴。

回到股市的第一課

總之現在我的自信心更強大了，而經紀商也不再貶低我為幸運的「投機小子」。他們雖然賺走我很多手續費，但是我現在可能會變成他們的重要貴賓，這點遠比實際的交易量更為重要。對任何經紀商來說，賺錢的顧客永遠是最重要的資產。

當我開始不再以研究盤勢為首要任務後，我也不再關心個股的每日起伏，自此開始我勢必得從不同的角度，觀察股票市場。我開始回到股市第一課：研究報價，我捨棄了價格的起伏，轉回研究基本情勢。

一直以來，我每天都會研究股票訊息，每個交易者都會這麼做吧，不過有很多人在意的訊息都是小道消息、故意放出的風聲或是個人的專斷意見。著名的金融專家通常不能讓我心服口服，財經記者的觀點常和我背道而馳，我需要列舉事實，從中得到結論，但這些對他們而言卻毫無重要性。我們對時間的觀點也不盡相同，對我而言，分析過去一週的情勢絕對沒有比預測未來一週來得重要。

多年以來，我一直因為年輕、資金有限與經驗不足等等原因，而慘遭重挫。但是當我有所領悟時，心裡便感到輕鬆踏實。我的嶄新態度讓我重新了解，為何之前想在紐約賺錢卻都鎩羽而歸的真正原因。現在，當我手上有足夠的資源、經驗與信心後，我就會迫切地想要嘗試自己的新發現，但那往往就像你一直想試新鑰匙，卻沒有發現門上另有一個密碼鎖！這種疏忽常被忽略，然而每當我犯下一個錯誤，都得付出巨額代價。

我研究了一九〇六年的情勢，認為資金走勢看壞。幾乎世界上所有的資產都呈現虧損。所有人都感受到經濟壓力，也對旁人愛莫能助。所謂的經濟險境，並非像是拿一萬美元的房屋去交換八千美元的賽馬，而是更慘，好比房屋被熊熊大火燒毀，所有馬匹都因為鐵路車禍而橫死一樣。布爾戰爭（Boer War）將所有資產化成砲渣與灰燼，千百萬美元用來餵養駐紮在南非的無用軍隊。此外，舊金山的地震與大火以及其他天災也打趴了所有的製造業者、農民、商人、勞工階級以及百萬富翁。鐵路業損失慘重。我認為，大崩跌勢必不可擋。因此，我們唯一可以做的事情就是——放空股票。

別讓個人偏見與慣性左右交易

我告訴過你，當我決定交易方向以後，都會先測試市場。現在我打算徹底放空，因為未來無疑將會是個空頭市場，我有信心會賺到有生以來最豐厚的報酬。

市場下跌然後又回升，市場微微下跌後持續地上漲。我的帳面利潤人間蒸發了，債務則愈來愈沉重。某天，情勢看起來似乎要將所有空頭趕盡殺絕，所有人都將無法生還時，我再也無法忍耐，只好出手回補。或許這樣也好，要是我沒有回補，我恐怕連一張明信片都買不起了。我損失慘重，但是只要我還活著，明天就可以繼續再戰。

我犯了錯，但是究竟是哪裡錯了？我在空頭市場看淡後市，這應該滿高招的吧？放空也應該沒有錯。我只是太快放空，這讓我付出慘烈代價。我的觀點正確，只是操作方式出了差錯。不過，每過一天，市場就更接近不可避免的崩盤。所以我一直等待，等反彈衰竭；待反彈停滯時，我運用那已經少得可憐的保證金所能允許的額度，盡全力放空。這次我對了，但奇蹟僅僅維持一天，因為隔日就出現另一波反彈，我又被狠狠地教訓了一頓。因此我繼續研讀盤勢，回補空倉，繼續等待。等時機來臨時，我又放空，這次股價一如預期下跌，接著又激烈地反彈。

看來市場逼迫我非得使用以前在空中交易所慣用的老招不可。這是我第一次根據規模龐大的預測行動，而非僅僅關注一、兩支個股。我認為如果我硬撐著，一定可以扳回一城。當然，當時我還沒有發展出自己的那套漸進加碼的模式；如同我前面所述，我應該在下跌市場中，逐步加碼空頭的部位，如此一來可以避免損失過多保證金。我會犯錯，但不會遍體鱗傷。

你應該可以感覺到，我已經抓到某些重點，但是還無法運用得宜。我的觀察仍有些許缺陷，因為這些觀察不但沒有幫到我，反而帶來虧損。

我總是發現，只要修正錯誤就能獲得利潤回報。因此，我發現在空頭市場盡可能不要失去空頭部位，這點確實毫無疑問。不過你仍舊應該時時鑽研盤勢，判定進場操作的時機。如果你一開始就選對邊，你的帳面利潤應當不會遭受嚴重虧損，接著，你就能夠優雅地堅持下去。

當然，直到今天，我對自己看盤的精準度更有信心了，個人偏見或慣性已經無法再左右我，我有更多資源可以確認自己的看法，並能檢視我的觀點是否無誤。但是一九〇六年時，強烈的反彈讓我徹底地賠光了所有保證金。

判斷無誤，卻破產了！

我快二十七歲了，操盤資歷已達十二年之久。但是，當我第一次聽憑危機感操作交易時，我發現自己離真實狀況好遠。從我看見暴風雨即將來臨前的黑雲密布，一直到大崩盤獲利之間的距離，實在比我所預想過的還要遙遠，使我不禁開始懷疑究竟自己真的觀察到什麼？市場充斥著警訊，短期利率快速上升，但是一些金融鉅子仍舊餵養報社記者過度樂觀的看法，然而，轉眼間到來的股價反彈，證明了悲觀主義者的錯誤觀點。我看淡後市是否是個錯誤？或者只是暫時性的錯誤？或許我不該太早放空嗎？

我判定自己動作開始得太早，不過這也無可厚非。接著股市下跌，我認為機會終於到來，我竭盡所能地放空，但股價又反彈到波段高點。

我輸得一敗塗地。

這就是我的遭遇——正確卻破產了！

這真是我碰過最荒唐的交易。事情發生像是這樣：我看著前方並預期將有大筆鈔票進帳。鈔票堆中央有個告示牌清楚寫著：「請自行取用！」鈔票旁邊還有台大貨車，車身上面漆著「李文斯頓運輸公司」，我手上拿著全新的鏟子，四下無人，因此我可以盡情地撈錢，這就是率先找到金礦的好處吧？如果其他人稍微注意一下，或許就會看到大筆財富，不過碰巧他們正在關注棒球賽、開車兜風或是買賣房地產，而我則是專注地看著這筆金礦。這是我第一次感覺到將有極為可觀的財富到來，我很自然地衝向錢堆。在我抵達之前，風向倏地轉變，我跌坐在地，眼前金堆依舊，但我卻失去了手中的鏟子，貨車也消失在視線之外。太早衝刺的代價竟然如此沉重！我太急切地想要向自己證明那些鈔票不是幻影。我目睹這一切，我也知道自己看到了。我滿腦子都是自己即將嘗到的甜頭，卻沒注意到腳下踉蹌，早知道我該慢慢逼近目標而非全力衝刺。

這就是事情的始末。我完全沒注意到時機是否正確，就毫無保留地放空。我應當運用看盤能力觀察空頭市場的最初表現，但是我什麼都沒做。透過這樣的經驗讓我了解到：即使一個人在空頭市場的初始就正確地看淡後勢，最好也要等到引擎確定不會爆走的時候，再開始大量放空。

那些年來，我在哈定公司交易了成千上萬張股票。公司非常信任我，我們的關係妙不可言。我認為他們相信我可以在短期間內恢復判斷力，而且會補回虧損的部分。他們從我的買賣中賺了不少錢，而前景更是無可限量。也因此，只要我的信用無虞，就可以在那邊盡情地買賣。

連續的重擊多少摧毀了我的顏面與自信，我開始變得更加小心謹慎，畢竟我確實感覺大崩盤近在眼前。我唯一能做的就是等待、觀察，這是股市暴跌前的必要功課。這絕非逞強或死要面子。我只是必須確定下一次絕不犯錯。若要是有人能不犯錯，恐怕全世界都在其股掌間。但是犯錯才能帶給我們真正可貴的經驗。

放空股票不需要任何勇氣

有一次我在一個美好的清晨往市區去，覺得自己已經拾回自信。這次的情況準確無疑。我在所有報紙的金融版看到一則廣告，這則廣告等同宣告廝殺的開始，以前我從未收到如此強烈的暗示。廣告內容為北太平洋和大北方（Great Northern）兩條鐵路合發新股，為了方便股東行事，股款將以分期付款的方式支付。這可說是華爾街有史以來的創舉。顯然這是強烈的惡兆。

多年來，大北方特別股皆以利多招攬客戶，現在又召告天下自己將切開香甜多汁的利多大西瓜，並說大西瓜含權，幸運的股東們可以用票面價格輕鬆認購大北方鐵路，由於市價遠遠高於票面價格，因此此舉無疑是利多放送。但是當前的貨幣市場如此緊繃，連握有重權的國家銀行都不能保證股東付得出現金購買廉價股。

而大北方特別股的市價約近三三〇美元！

我一到公司就對哈定先生說：「放空的時候到了。這才是我該動手的時刻。你有看到那則廣告嗎？」

他已經看過。我告訴他銀行家的宣告所代表的意涵。但是他並不認為大崩盤已然逼近。他認為我們最好繼續等待，再掛出更大筆的空單，因為市場通常會先有個大反彈。如果我願意等，雖然價格恐怕會較低，但是操作起來也較有保障。

「艾德，」我對他說：「進場的時機愈慢，其後的崩盤就會拖得更久。這則廣告等於是銀行家以人格擔保的承諾。他們害怕的東西正是我所渴望的。這就是空頭列車所開的第一槍，有這廣告就足夠了。如果我有一千萬美元，我會毫不猶豫地押下去。」

我費了一番唇舌理論。他認為單靠一則廣告所做的推論不夠客觀。但是對我而言，這就夠了，只是辦公室裡的其他人並不同意。我放空了一些股票，只是數目實在過小。

數日後，聖保羅鐵路很仁慈地宣布即將發行新證券，我忘記是股票還是新股認購權利證書了，不過這不重要，重要的是我注意到聖保羅鐵路的繳款日訂在大北方鐵路與北方太平洋鐵路的繳款日之前，而後兩者的繳款日是先前就已公布的。聖保羅的手段很明顯，這如同他們向大眾宣告自己正準備打倒另外兩間公司，並搶先爭取華爾街僅存的一點點流動資金。聖保羅鐵路的銀行家顯然很懼怕市場上沒有足夠三家公司的資金，此外，他們也完全不客氣，他們可沒說：「你先請，我的兄弟！」如果資金已經稀少的可憐，銀行家當然心知肚明，再下去會發生什麼事？鐵路公司向來需錢孔急，而資金短缺會導致什麼後果呢？

放空！當然是放空。當大眾的眼睛緊盯住股市時，他們只記得眼前這一週。但是真正的股票作手可以盯住一整年。這就是層次高低之所在。

對我來說，已經不必再懷疑和猶豫了。我立馬下定決心，在當天早上開始使用日後所遵循的投資方式，攻克這一場華爾街戰役。我告訴哈定先生我的想法與決定，他沒有阻止我以三三〇美元的價格放空大北方鐵路特別股，也沒有反對我以高價放空其他股票。我從自己早年的昂貴錯誤中得到好處，能夠精明地放空。

我很快地恢復自己的信用與名聲。不管這是我努力掙得的，或是純粹幸運，證券商向來不計前嫌。不過，這次我以冷靜無比的判斷力主導交易，而非看盤能力或神祕第六感，我清楚分析所有影響股市的狀況。我用預判未來無可避免的狀況，取代猜測。放空股票不需要任何勇氣，除了股價下跌以外，我根本不認為會有任何其他的狀況，我必須據此行動，對吧？不然還有其他方法嗎？

放空無關道德……

股市顯得相當疲軟。不久後就出現反彈，所有人都來警告我，說跌勢已經到了盡頭；大戶都知道融券餘額相當驚人，因此決定把空頭軋到極致。如此一來，會讓我們這批空頭戶吐出幾百萬美元。他們說得沒錯，大戶向來心狠手辣。我總是感謝向我通風報信的人，也不會和他們爭論，因為那樣會顯得我不感激對方的警告。

那位跟我一起到大西洋城的朋友心情跌落谷底。他目睹我在舊金山大地震之後的第六感。他覺得難以置信，我竟然聽憑第六感驅使放空聯合太平洋鐵路，還賺了二十五萬美元。他甚至說這是神明庇佑，讓我在他明明看多的時候放空股票。他也可以理解我在薩拉托加的第二次聯合太平洋鐵路交易，因為只要和個股買賣有關，任何關於個股的消息都會提早影響股價波動，不管是上漲或下跌。但是他不能理解為何所有人都預測股票會下跌，到底這種消息對誰會有好處？為什麼有人可以告訴別人該怎麼做？

我想起老火雞最常掛在嘴邊的口頭禪：「這是多頭市場，你知道的。」聽起來這像是所有專家都能心領神會的忠告，事實上還真的沒錯。但是奇怪的是，為什麼大家承受了暴跌十五點或二十點的巨大損失後，仍舊守著市場不走，甚至歡喜三點的反彈，而且還確信市場已觸底，即將展開回升行情。

有一天，朋友來找我問道：「你回補了嗎？」

「為什麼要回補？」

「當然是因為那個全世界最棒的原因。」

「什麼啊？」

「賺錢啊。股價已經觸底，跌下去的一定會漲回來，難道我說錯了嗎？」

「對，」我回答道，「首先股價會觸底，然後漲上來，但是這不會立刻發生。股票會沉寂許多天，而且現在還不是打撈屍體的時候。他們還沒死透呢。」

一個老手聽到我說的話。他是那種總是會想得太多的人。他說有一次威廉・崔佛斯（William R. Travers）看空，碰到一名看多的朋友，他們交換了對股市的看法。這朋友說：「崔佛斯先生，現在股市根本堅不可破，你怎麼可能看淡後市呢？」崔佛斯回答：「股市早已槁木死灰了，你看不到嗎？」有一次崔佛斯到某公司要求要看帳本，職員問他說：「請問你持有我們公司的股份嗎？」他回答道：「我需要跟你說，我正在放空你們家兩萬股嗎？」

反彈愈來愈無力。我盡所可能地放空。每當我放空幾千股大北方鐵路特別股，股價就會下跌幾點。我覺得市場上應該還有些疲弱的股票，因此再放空了一些，所有的股票一致下跌，唯一的意外，就是里丁（Reading）這家位於費城的鐵路公司。

炒股集團撐腰的股票

當每支股票都跌入谷底的時候，里丁公司卻像直布羅陀巨岩一般穩立不動。所有人都說這支股票應該早被人掃光、囤積起來了。情況看起來確實如此。別人常常說放空里丁公司根本是自殺行為。交易所裡也有些人和我一樣看淡所有股票。但是當有人暗示要放空里丁公司的時候，所有人都會緊張到窒息。我自己放空了一些里丁公司股票，而且穩穩地守住空頭部位。同時我開始尋找打擊其他疲弱股票的機會，而非攻擊那些受到特殊保護的股票。我透過看盤尋找更容易賺錢的股票。

我聽過很多關於里丁多頭炒股集團的消息，這個集團勢力龐大。基本上，他們手上有很多低價股，因此他們的平均持股成本遠低於現行市價。此外，集團的主要成員和銀行有特殊關係，他們利用銀行資金，持有龐大數量的里丁公司股票。只要股價居高不下，和銀行之間維持良好關係就不是難事。集團中某成員的帳面利潤超過三百萬美元，所以足以容許若干程度的跌幅，而不會遭受任何經濟損傷。也因此這支股票價格居高不下，還可以與空頭抗衡。每隔一陣子，場內交易員就會痴痴地看著股價，用一、兩千股去試試水溫。不過他們根本動不了里丁公司的股價，所以只好改為回補空頭部位，找其他更容易賺錢的標的。我每次看到這支股票都會放空一些，放空的量則是按照操作原則行事，而非個人喜好。

早年，里丁公司的強勢可能會騙過我。盤勢大剌剌地擺在眼前，告訴我別管這支股票！但是我的理智並不這麼認為。我預測股市會全面崩跌，沒有任何僥倖者，就算背後有炒股集團撐腰的股票也難免於其外。

堅實的盟友——盤勢

我總是獨來獨往。從空中交易所開始，我就是孤狼作手。炒股運用的是我的理智，我必須保持獨立思考與觀察。但是，在市場開始照著我的預測方向走時，我有生以來第一次感覺到自己身屬一個龐大的陣營；全世界最強勁而真實的朋友，就是基本盤勢。盤勢力挺我到底。或許他們無法以最快速度動員，但是只要我耐心等待，盤勢總是我的靠山。我不再拿看盤技巧或第六感來瞎碰運氣，事件背後的邏輯才是能贏錢的籌碼。

重要的是判斷準確，並果決行動。當我的盟友——盤勢說「下跌」時，里丁公司完全置身在外，這對我們來說相當沒有面子。看到里丁公司的股價毫髮無損、不漲不跌，實在惹惱我了。炒作集團擁有很多股票，但是當資金緊繃的情形惡化時，集團將無法繼續持有。總有一天，即便身為銀行家的朋友也會和大眾一樣淒慘。這支股票必須和所有股票共進退。如果里丁公司的股票不下跌，就等於否定了我與我的理論，否定了事實與邏輯。

我認為這支股票的價格能夠堅挺不動，是因為華爾街不敢賣出。因此有一天我同時給兩名營業員賣出四千股的委託單。噢，你該看看這支被大肆壟斷、沒有人敢自殺式放空的股票，在這些突如其來的空單襲擊下，如何直線暴跌。我又多放空了幾千股，當我開始放空時，價格是一一一美元。短短數分鐘，我用九二美元的價格，把所有空頭部位回補到位。

這件事之後，我的生活美妙無比。一九〇七年二月，我回補所有空頭部位。大北方鐵路特別股下跌了六、七十點，其他股票的下跌程度也不相上下。我荷包滿滿，但是全數回補的原因，是因為我預期股價會有相當程度的回升。儘管如此，我並沒有打算完全改變操作策略。我把在空中交易所賺到的第一個一萬美元虧掉的原因，是因為我總是頻繁地進出，不管時機是否正確。不過，我不會重蹈覆轍。而且別忘了，不久前我才因為太早看出這次崩跌，又太快放空，導致自己輸個精光。現在我因判斷正確而獲得龐大的利潤，我要讓獲利入袋，好好享受操盤正確的爽快。以前股價反彈曾經讓我大敗一場，現在，我不允許反彈再把我洗出場。我沒有閒下來，立刻動身前往佛羅里達州棕櫚灘海岸（Palm Beach）。我喜歡釣魚，也需要度假，我可以在佛羅里達州好好享受美好時光。何況，現在華爾街和棕櫚灘也有電報可聯繫了。

第九章

賺大錢的方法

在正確的時機，完全正確

繼續放空……

我在佛羅里達州外海旅行，釣魚讓人愉悅。我已經把股票脫手，心情輕鬆、生活愉快。有一天我在棕櫚灘外海，有些朋友搭著汽艇來到我的船上。其中一個人帶了一份報紙。我好久沒有看報紙，也根本不想看。我對報紙上刊載的消息根本沒有興趣，但我還是瞄了報紙一眼，看到股市強勢反彈，大漲十點以上。

我對朋友說，我得和他們一起上岸。偶爾的反彈很合理，不過空頭市場還沒有結束，現在不管是華爾街、愚蠢的投機客或可悲的多頭客，都打算不顧貨幣情勢，拉抬價格到離譜的程度，或是縱容其他人那麼做。對我來說，這樣實在太超過了。我必須一探究竟，我不知道自己是否採取行動，但是我得看一看報價黑板才行。

哈定公司在棕櫚灘設有分店，我一走進去就看見許多熟面孔。大多數的人都一派樂觀。他們都是因應盤勢、抄短線的投機客。這種交易者對長遠未來不感興趣，畢竟他們的操作方式與大局無關。我曾經描述過自己如何在紐約成為眾人皆知的「投機小子」的故事。當然，大家總是過度誇張地形容贏家的利潤與操作規模。在這個分公司的人都知道我曾經在紐約放空大賺一票，他們現在也期望我再次放空。他們認為反彈會持續好一陣子，不過奇怪的是，他們把對抗反彈視為我的責任。

原本南下佛羅里達州是為了海釣。前一陣子我承受極大的心理壓力，十分需要度假放鬆。但是當我看到股價反彈地如此誇張時，就立刻把度假拋諸腦後。上岸前我還沒有任何確切計畫，但是現在我深信自己必須再度放空，我必須再次運用鈔票來證明自己的觀點無誤。放空整個股市應該是全然適當、謹慎、有利可圖，甚至是符合愛國主義的表現。

膽小鬼總是避免股價創新高時買進

我在報價黑板上注意到的第一支股票，是超越三〇〇美元的安納康達公司（Anaconda）。這支股票旁若無人地往上攀升，背後顯然有炒股集團在撐腰。我自己有一個理論，那就是當個股第一次突破一〇〇美元、二〇〇美元或三〇〇美元時，股價不會在整數關卡停住，而是會再往上走一小段。所以如果你在股票突破重要關卡時買進，幾乎可以確定利潤即將到手。膽小的人總是避免在股價創新高時買進。但是老經驗告訴我，事不宜遲。

一般股票的面值為一〇〇美元，安納康達股票的面值只有二五美元，意思就是，該股四百股等同於平常股票的一百股。我認為安納康達股票突破三〇〇美元後，應該會持續上漲，大約會漲到三四〇美元左右。

請記住，我確實看淡後市，但是我也不排斥看盤交易。如果安納康達公司按照我的估算繼續波動，速度應該會相當快。而我總是熱愛快速波動。我當然不怕等待也不怕坐冷板凳，只是天性偏好速戰速決，而安納康達公司股票看起來正合我意。我買該股的原因是其股價正好突破三〇〇美元，而我總是熱切地想證實自己的觀點。

這時盤勢顯示買盤大過賣盤，也因此大盤應該會繼續小漲一段時日。我最好在放空之前先觀望一下，以策安全。不過我並不排斥在等待時幫自己賺一點零用錢。我可以很快地從安納康達股票賺進三十點。我打算看空整個股市，卻獨獨看多這支股票！因此，我買進三萬兩千股安納康達股票，等於是八千股整股。這支股票是一支很好的小型投機股，不過我的重點是，一點點的利潤將有助於增加我未來放空的保證金。

隔天，電報因為美國北部的暴風雨而斷線了。我在哈定公司等待消息。大家都在嚼舌根，臆測各種可能性。當投機客不能買賣時，他們就只剩一張嘴。當天我們唯一獲得的消息是：安納康達股票，二九二美元。

有一個我在紐約認識的營業員剛好在我身邊。他知道我做多八千股整股，我猜想他也做了一些。因為當我們得知報價時，他顯得相當吃驚。他不能判斷該股是否又跌了十點。

照安納康達公司的漲幅看來，跌個二十點也無須意外。雖然我安慰他說：「別擔心，約翰，明天就會沒事的。」我的確有這種預感。但是他對著我搖頭。他心裡八成覺得我什麼狀況都不懂。因此我笑笑，繼續在公司裡等待更新的報價。可惜的是，那是我們唯一得到的報價：「安納康達公司，二九二美元」。這表示我有近十萬美元的帳面虧損，我想要速戰速決，卻被打得落花流水。

隔天，電報系統修復了，報價也開始正常運作。安納康達公司以二九八美元開盤，接著漲到三〇二又四分之三美元的價格，然後該股又很快地走軟，其他股票也顯示出疲態，因此我下定決心，如果安納康達股票回到三〇一美元，我就會判定整個盤勢行為只是虛晃一招。在正常的漲勢中，安納康達股票應該毫不保留地直奔三一〇美元。如果股價反常回檔，就表示該股的先前行情騙了我。我做錯了。一個人犯錯的時候，唯一該做的事就是：改正錯誤。我買了八千股整股，期望上漲三十點、四十點。這不是我的第一次錯誤，當然，也不會是最後一次。

果然安納康達股跌回三〇一美元。我一看到這價格，就默默地走到電報員身邊，他們的線路直通紐約總公司。我告訴他：「賣掉我手上所有的安納康達八千股。」我刻意壓低音量，希望不被任何人察覺。

他驚恐地抬頭看我，但是我點點頭向他確認：「全部賣掉！」

「是！是！李文斯頓先生，你是要以市價掛出？」他的表情好似自己也因為某個蠢營業員而輸了幾百萬美元的樣子。但是我只回他：「賣就對了！不要和我囉嗦這個！」

想脫手時就該不顧一切

布萊克家族的兩個兄弟吉姆和奧利也在公司，不過他們離得很遠，聽不見我們交談。他們兩人來自芝加哥，交易手筆很大，主要關注的項目是小麥期貨，同時也是紐約證券交易所的大戶。他們很有錢，用揮金如土來形容還滿貼切的。

我離開電報員，回到黑板前。奧利和我相視而笑。

「李文斯頓，你會後悔的。」他說。

我停下來問他：「你說什麼？」

「明天你就會出手買回。」他說。

「買回什麼？」除了電報員以外，我沒有告訴任何人自己賣了什麼。

「安納康達，」他說，「你會用三二〇美元的價格買回，李文斯頓。你的操作顯然大有問題。」接著他又給我一個微笑。

「哪裡不漂亮了？」我裝作很疑惑的樣子。

「用市價賣出八千股安納康達，事實上，你一直打算這麼做。」奧利這麼說。

我知道他很有手腕，也握有許多內線消息。但是他怎麼會知道我的交易內容，這點我百思不解。我不認為公司出賣我。

「奧利，你怎麼知道的？」我問他。

他笑著回答：「查理．克拉茲爾（Charlie Kratzer）說的。」他指的是電報員。

「他根本沒離開座位啊。」我說。

「我是聽不到你們在耳語什麼啦！」他呵呵笑，「但是我聽得懂你發到紐約的電報。很多年以前我因為電報訊息錯誤而慘遭失敗時，我就學會打電報了。從那時候開始，如果我和你一樣用口頭下單的話，我會希望自己能確定電報的內容正確無誤。我必須確定電報是用我的名義買賣。總之，你會後悔賣掉安納康達。他會漲到五〇〇元。」

「這次不可能噢。」我說。

他聽到我說的，但只回了我：「你好像太有自信了。」

「不是我，是報價單好嗎？」我說。雖然現場沒有報價單，不過意思到了就好。

「我聽過有一些投機客，」他說，「他們看報價單看的不是價格，反而像看火車時刻表一樣，他們就算股票到站和離站的時間。反正他們都住在精神病院裡，有重重軟墊保護，應該傷害不了自己。」

我沒有回半句話，因為這時小弟拿了一張便條紙給我。他們以二九九又四分之三美元的價格賣出五千股整股。我知道我們的報價比市價稍微落後。當我下單給棕櫚灘的營業員賣出時，黑板報價為三〇一美元。我非常確定當時紐約證券交易所的價格應該更低，因此假如有人願意用二九六美元以上的價格收我的股票，我會痛哭流涕。這種情形證明了我從不限價交易是正確的。假使我限價以三〇〇美元賣出會有什麼情形？我八成永遠都脫不了手。絕對脫不了手的！想脫手的時候就要不顧一切。

我買進的成本大約為三〇〇美元。接著，他們持續用二九九又四分之三美元替我賣出五百股，我指的當然都是整股。接下來，他們用二九九又八分之五美元的價格替我賣出一千股、二九九又二分之一美元賣出一百股、再用二九九又八分之三美元賣出兩百股，另外用二九九又四分之一美元賣出兩百股，最後一筆一千股，以二九八又四分之三美元的價格賣出。賣出最後一百股的時候，哈定公司最厲害的營業員花了整整十五分鐘才脫手。他們真的不希望重重地打壓股價。

想賺錢？你得邊做邊學

當我收到最後一筆回報單時，我才做了我上岸後真正想做的一件事，那就是放空。我一定得放空，當市場經過詭異的反彈後，唯一渴望的就是放空。為什麼？所有人似乎又開始看漲。然而，盤勢讓我感覺反彈已經到了盡頭，放空安全無比，無須考慮。

隔天，安納康達的開盤價低於二九六美元。奧利一早就到交易所，他正期待股票進一步反彈，並打算在股價突破三二〇美元時躬逢其盛。我不知道他做多多少股，也不知道他是否真的做多。但是當開盤價揭曉時，他失去了笑容。基本上，他一整天都垮著臉，這支股票一直跌。我收到回報單時人在棕櫚灘，回報單說明了，市場根本就不存在。

當然，這已經足夠證明一切。我的帳面利潤不斷提醒我，我的判斷精準無比，幾乎每一小時，利潤不停進帳。我當然持續放空，最後放空各種股票！這是空頭市場不是嗎？所有的股票都會下跌。隔天是星期五，華盛頓誕辰紀念日。我不能繼續耗在佛羅里達州釣魚，因為我放空的規模空前龐大。紐約需要我。而誰最需要我呢？當然就是我自己。棕櫚灘根本天高皇帝遠。光是電報來回的時間就夠我受的了。

我離開棕櫚灘前往紐約。星期一時，我必須在聖奧古斯丁（St. Augustine）等待轉車三小時。那裡有間證券經紀公司，我當然不放過等待轉車的時間，立刻前往交易所觀看盤勢。從上一個交易日到現在，安納康達股票又下跌了好幾點。事實上，跌勢如潮水般洶湧，直到那年秋天的大崩盤為止。

我回到紐約，放空了整整四個月。市場和以前一樣不時反彈，我不斷回補，繼續放空。嚴格來講，我並沒有穩操勝算，別忘了我曾在舊金山地震大崩盤時賺了三十萬美元，最後又慘賠輸光。判斷正確不見得有用，一樣會賠錢，這使得現在的我趨於保守，一個人失意久了，多半會想回到正軌，即便短時間內還無法抵達巔峰，但想賺錢就得好好賺才行。賺大錢的方法就是：在正確的時機，完全正確。以股票市場來說，想賺錢就得同時搞懂理論與實務。投機客不能只懂得當學生，他得一邊投機一邊學習。

身為交易者的決斷準則

我表現得很出色，不過現在我可以看出當時的戰略有多粗糙。夏季來臨時，股市變得很沉悶。顯然一直到深秋以前，都不會有可觀的股票買賣浮上檯面。我所有的朋友都已經動身前往歐洲度假，或者正準備收行李。我也開始計畫歐洲之旅，因此把手上所有股票出清。當我搭船準備前往歐洲時，淨賺的錢約莫超過七十五萬美元。我想我的獲利還算平穩。

我在法國東南部的艾克斯雷百恩（Aix-les-Bains）徹底放鬆。我好不容易才存夠錢好好度假，身邊圍繞著朋友，口袋有著大把鈔票，所有人都想好好玩樂，艾克斯雷百恩正是這樣一個好地方。華爾街遠在天邊，我根本不會想起股市的一切，也因此艾克斯雷百恩比任何一個美國的度假聖地要來得棒。我不必再聽到任何有關股市的討論，也不需要交易。手上的錢足夠我過好長一段日子。此外，我知道回去以後該怎麼賺大錢，那將比我在歐洲一整個夏天花的錢還要多更多。

有一天我在《巴黎先鋒報》讀到一則發自紐約的電訊，煉鐵公司（Smelters）宣布發放額外的股利。有人炒高了這支股票的價格，而且市場的反彈異常激烈。對於人在艾克斯雷百恩的我來說，這則消息徹底改變了一切，它意味著多頭集團仍然頑強的與大勢抵抗，基本上看來，他們根本是在和常識和誠信作對，因為他們明知後果，卻還是惡搞、炒高市場，企圖在慘劇來臨以前把股票倒出來。他們或許不相信危機的嚴重程度，甚至也不像我一樣，相信災難迫在眉梢。華爾街的大戶和政客與普通的笨蛋一樣，常常會一廂情願。這違反了我的原則。對投機客來說，這種態度太要命了。或許，只有負責印鈔票和努力想推銷新公司業務的人能如此不切實際地沉溺在自我迷醉裡。

在此次空頭市場中，所有的多頭炒作注定都會慘遭殲滅。我一看到這則電訊，就知道只有一件事能做，那就是放空煉鐵公司。為什麼呢？在瀕臨銀根極度緊縮的恐慌中，煉鐵公司卻提高配股比率，這些內線人士好比跪求我放空一樣。這種事情就像小時候的玩伴向你挑戰一樣，令人生氣。他們簡直就是挑釁，要我放空這支股票。

我發電報準備放空煉鐵公司，還建議我在紐約當地的朋友也放空。當我從經紀商那裡收到回報單的時候，看到他們賣出的價格比我在《巴黎先鋒報》看到的價格低了六點。這足已透露真相。

我原本計畫當月月底回到巴黎，並於三週後搭船回紐約，但是我一收到經紀商拍來的回報單，立馬奔回巴黎。當我抵達巴黎的當天，即刻打電話給船公司，並預訂了隔天前往紐約的快船船位，刻不容緩。

情形就是這樣，我人已回到紐約，比我的計畫提早了一個月，因為紐約是最適合放空股市的地方。我擁有超過五十萬美元的現金可以當作保證金。我回來不是因為看淡後勢，而是因為我的超強邏輯。

我放空更多股票。隨著銀根愈來愈緊，短期利率愈走愈高，股價則愈來愈低。我早已預期到此般情況。起初我的預測讓我破產。但是現在，我運用我的觀點並獲得利潤。不過真正讓我感到如釋重負的，是身為一個交易者，我終於找到自己的決斷準則。簡單來講，我已經學會如何為自己賺錢。我不會再盲目投錢或鑽研解盤技巧，相反地，我更為重視自己的深入研究與邏輯判斷，我也發現沒有人能避免犯下可怕的錯誤。總之，每個人都要為自己的愚蠢行為付出代價，股票交易所的會計部門絕對不會輕易地放過你。

我的經紀商賺得頗多，而我個人的操盤也相當成功，並成為大家的話題。當然旁人的耳語不免浮誇，許多人認為我的放空讓許多支股票徹底崩跌，常有陌生人跑來向我道賀，他們都豔羨我賺進大筆收入，卻忘記了我先前表示看淡市場時，他們稱我為瘋癲的空頭，還認定我是個愛抱怨的股市輸家。他們認為我預測銀根困難這點，根本算不了什麼。對他們來說，股票經紀商的會計隨手兩三畫就讓我賺進一大筆錢，這才是他們關心的重點。

朋友曾經向我提到，很多交易所裡都有人談論哈定公司投機小子的名言，說我對試圖拉高多檔股票的多頭集團，發出強勢的威脅。多頭集團總是企圖在市場走低時，拉高股票價格。直到今天，他們還津津樂道我幾次的摜壓操作。

九月下旬之後，貨幣市場已經對全球發出嚴厲的警訊。但是所有人都是奇蹟的信徒，不肯賣出手中剩下的投機股。一位營業員告訴我一個發生在十月第一週的故事，讓我對自己的小家子氣感到很羞愧。

華爾街在這一刻破產了！

你應該記得，營業大廳的資金調度站（Money Post）可以借貸資金。當證券經紀商收到銀行通知，要求償付短期貸款時，約可估算需要再借多少資金。就可貸資金而言，銀行當然知道自己可以調度的額度。銀行的資金主要由幾間經紀商負責處理，他們的重點業務就是做短期放款；每日近中午的時候，銀行會公布當日的最新利率。通常此利率代表到當時為止的放款平均利率。通常放款業務以公開競價的方式交易，因此所有人都可以知道交易情勢如何。從中午一直到下午兩點之間，通常不會有太多貸款業務，但是在交割時間，也就是下午兩點十五分過後，經紀商就會確切知道當日的現金狀況，並可以到資金調度站將多餘款項借給他人，或借自己所需款項。此類交易多半以公開方式進行。

十月初時，我剛剛提到的那個營業員來找我，告訴我經紀商的狀況非常緊急，當他們有錢可貸時，卻反常地不會出現在資金調度站裡。原因是某些很有勢力的經紀商正虎視眈眈地準備搶光所有資金。當然，任何公開行使放款業務的公司都不會拒絕借錢給這些經紀商，畢竟他們財務健全，抵押品也相當良好。但是問題在於當這些公司取得活期資金，放貸者將很難取回。借方可以表示無法清償，而無論貸方願意與否，都只能選擇展延借款。因此任何一間證券交易所的會員若有資金可以貸給同業，通常會派人到營業大廳去，而非調度站。他們會低聲和同業說：「要一百嗎？」意思就是你是否需要借十萬美元嗎？（以一千美元為單位，十萬美元等於一百個一千美元。）代理銀行的資金經紀商會使用同樣的招數，而資金調度站則顯得無人聞問，很可怕吧？

他也告訴我十月的時候，證券交易所會開始讓借方自行決定利率。而利率則在年率一〇〇％至一五〇％間擺動。我猜想貸方讓借方決定利率，為的是不讓自己看起來像個高利貸公司，但是他們賺進的利潤絕對豐厚。他用公平的手段競爭，付別人願意付的利率。他需要的是錢，而且拿到後心滿意足地舔舔舌頭。

情況愈來愈糟，最後，審判日終於來到。我永遠不會忘記一九〇七年十月二十四日這天，所有樂觀派、執迷不悟堅持多頭的人、以及擁有巨額持股卻害怕小額虧損的人，都在完全沒有施打麻醉藥的情況下，被進行割除手術。

一開始消息自借方傳來，當時借方們表示願意付出比貸方認定還要高的利率。市場上極缺資金，借方遠比平常多了數倍之譜。到了那天下午交割時間時，資金調度站旁八成擠滿了上百個經紀人，所有人都希望能貸到自家公司急需的現金。如果資金不足的話，他們就必須賣出用保證金融資買進的股票，以不計價格的方式在市場上拋售，而市場上的買主更是少得可憐，眼前根本毫無資金流動的跡象。

我朋友的合夥人和我一樣看淡後勢。他們的公司不必借錢，但是我的朋友，那個我先前提過的經紀商，第一次看到資金調度站擠滿了憔悴不堪的人。他跑來找我。他知道我強力放空整個股市。

他說：「天啊，拉利，我不知道發生了什麼事情，這真的是前所未見。這樣下去不行的。一定要有些讓步。我覺得現在所有人都破產了。你根本賣不出股票，現在市場上沒有人有錢了。」

「你是什麼意思？」我問。

他不正面回答，「你有沒有聽過一個把老鼠放在玻璃罩的實驗？當他們開始把空氣從玻璃罩抽出來的時候，可憐的老鼠呼吸愈來愈緊促，兩側的肋骨像激烈抽動的風箱般起伏，拚命想從愈來愈稀薄的空氣中，吸到足夠的氧氣。你眼睜睜看著老鼠窒息，兩顆眼球幾乎要從眼框中爆炸，老鼠不斷地換氣，慢慢走向死亡。噢，資金調度站的人讓我回想起老鼠實驗的景象！市場上沒有任何錢，你也賣不出股票，因為沒有人想買。要是你在乎我的意見，我會說，整個華爾街就在這一刻都破產！」

他迫使我思考。我確實知道這麼做會造成崩跌，但我得承認，我沒想到會造成歷史性的大恐慌。如果恐慌繼續下去的話，對大家都沒好處。

最後，情勢很明顯，調度站已經沒有現金了，接著，地獄敞開大門。

那天稍晚，我聽說當證券交易所主席湯瑪斯先生（R. H. Thomas）知道華爾街的每一間經紀公司都陷入愁雲慘霧後，他即刻行動尋找救援。他去拜訪美國最富有的國家城市銀行（National City Bank，花旗銀行前身）董事長詹姆斯．史蒂曼（James Stillman）。國家城市銀行據稱從來沒有以超過六％的利率放款。

摩根先生的救援

史蒂曼聽了證券交易所主席的話後說：「湯瑪斯先生，我們得去和摩根先生談談這件事。」

兩人為解決美國金融史上最嚴重的恐慌，決定去摩根信託銀行（J. P. Morgan & Co.）見摩根先生。當湯瑪斯將事情來龍去脈告知摩根後，摩根先生立刻說：「回交易所去，告訴他們錢會進來。」

「從哪裡？」

「銀行啊。」

當時，眾人對摩根先生信心十足，因此湯瑪斯還沒問清楚細節，就趕回證券交易所大廳，向垂垂已死的證交所會員們宣布喜訊。

接著，在下午兩點半以前，摩根先生派出范恩艾德博公司（Van Emburgh & Atterbury）的艾德博（John T. Atterbury）來到現場。眾所周知他與摩根信託銀行關係密切。朋友說，這位資深的經紀人迅速走到資金調度站，以宣道會告誡者的開場方式緩緩舉起手來。群眾起初因為湯瑪斯總裁的宣布而略顯鎮定，但此時因深怕紓困計畫有任何變動，帶來巨大災禍，因此顯得呆若木雞。當艾德博舉起手來時，所有人屏息以待。

艾德博先生打破一片死寂，他說：「我獲得授權，借予諸位一千萬美元。放輕鬆點！所有人都可以獲得現金。」

接著他開始動作。他沒有把放款人姓名告訴每一個借款者，只是記下借款者的名字和借款金額，然後告訴對方說：「會有人告訴你在哪裡拿錢。」他的意思是能夠借款的銀行。

兩天後，我聽說摩根先生只是放話給信心崩盤的紐約銀行家，說他們必得提供證券交易所需要的資金。

「但是我們早就沒有現金、早就放款到極限了。」銀行家忿忿不平地表示。

「你們有準備金吧。」摩根先生嚴厲地回覆。

「但是我們的準備金已經低於法定限制了。」銀行家沉痛表示。

「拿來用！準備金就是為了這一刻存在的啊！」

接著銀行家們乖乖聽命，動用了約兩千萬美元的準備金，挽救了股票市場災難。銀行恐慌延遲到下週才發生。摩根真是個勇者，銀行則一直到今天還沒多少長進。

這就是我股票作手生涯以來，印象最深刻的一日。當天，我的銀行入帳超過一百萬美元。這也是我第一次成功地執行交易策略。我的預測已然發生，但是更重要的是：我完成了自己的瘋狂夢想。我當了一天的國王！

當然我會好好解釋來龍去脈。我在紐約的幾年裡，常常思忖為什麼我不能像十五歲時在空中交易所一般，暢行紐約證券交易所，並且取得勝利。我知道我總會找到錯誤癥結，並且終結錯誤。到時候我不但能擁有正確的決斷力，還能擁有足以驗證自己判斷的知識。如此一來，代表我掌握了實權。

請別誤會我的意思。我並沒有擁抱縱欲無度的誇張夢想。我只希望從前在富樂頓公司和哈定公司操作時讓我慘敗的股票市場，有一天能臣服於我。我篤定這一天一定會到來。結果我的夢想成真了，就在一九〇七年的十月二十四日。

為什麼我會這麼說？當天早晨，一位時常幫我下大筆訂單的營業員，恰巧和華爾街最有名的銀行合夥人同車，這位營業員知道我大量放空。我的這位朋友將我的交易規模告訴這位銀行家，當時我已經把全部身家押上去了，畢竟，唯有實際的利潤收入才能證明我的判斷準確。

或許這位營業員言過其實，好讓我的故事聽起來更栩栩如生。也或許有很多人默默崇拜我也說不定。總之，那位銀行家遠比我清楚當時情況有多危急。我的朋友跟我說：「我告訴他你說只要再推進一、兩次，當賣壓開始時，市場將陷入愁雲慘霧，他聽得好入神。我說完後，他表示希望我當天稍晚能幫他做點事。」

鈔票無法估量的成功

當證券交易商發現不管用什麼價格都找不到現金時，我的機會來了。我派營業員到不同的人群裡。為什麼呢？當時聯合太平洋鐵路沒有任何一張的買單，任何價格的買單都沒有噢！你仔細想想這個狀況！事實上，所有的股票情況都一樣。沒有任何人有錢買股票，買家徹底消失了。

我的帳面利潤大到不可思議，只要我進一步摜壓股票，賣出聯合太平洋鐵路與其他五、六家紅利可觀的股票的話，只要每支股票賣個一萬股，就足以血洗整個股市。我認為恐慌將會排山倒海，證券交易所的董事會可能會考慮關閉交易所，就像一九一四年八月世界大戰爆發時一樣。

如此一來，我的帳面利潤會以更驚人的方式累積，當然這也可能表示我無法將利潤轉為鈔票。但是，這不是我唯一考量的。我在意的是，如果美國經濟進一步崩盤，將會阻延我所預期的經濟復甦，我們恐怕無法在大失血之後扭轉經濟情勢。國家恐慌將帶來毀滅性的後果。

我下定決心，既然放空既不聰明，又會帶來慘重損傷，那麼繼續下去就失去了意義。因此，我轉而買進。

我的經紀商很快地開始替我買進，順道一提，當我以最低價買入時，那位銀行家把我的朋友叫去。

「我找你來，」他說，「是因為我希望你可以趕緊告訴李文斯頓，拜託他今天不要再賣出任何股票，市場已經無法承受任何壓力。情況真的如此，要扭轉毀滅性的大恐慌實在非常困難。請你的朋友發揮愛國心，這是個人飢己飢、人溺己溺的時刻。拜託請趕快回報我他的答覆。」

我朋友把消息捎回來。他是個很老練的人。我猜他應該心想，既然我早已準備擊垮股市，那麼他的請求正如同要求我放掉那到手的一千萬美元。他知道我向來對一些大戶非常反感，他們總是盡全力傾倒股票給大眾，而所有人都知道將有什麼事情發生。

事實上，大戶們慘不忍睹。我在最低點時買進許多股票，股票來源都是金融界的名門大戶。我當時還不知道這點，不過這並不重要。實際上，我補回了所有的空頭部位，而且我篤信自己有機會以低價買進，同時協助股價完成急需的回升，只要沒有人攢壓股市的話。

因此，我告訴我的朋友說：「回去告訴布蘭克先生，我同意他們的想法，而且早在他們派你來見我之前，我就明瞭情況的嚴重程度。我今天不但不會再賣任何股票，反而會進場盡可能地買進。」我遵守諾言，買了十萬股做多。接下來的九個月裡，我也沒有放空任何股票。

這就是為什麼我和朋友說，自己已經美夢成真了，我成了一瞬的國王。當天股市在某段時間裡確實完全任人宰割。我並沒有認為自己很偉大，事實上，當我被指責打壓股市、我的操作又被華爾街誇大時，心裡確實有著難以言喻的感受。

我毫髮無傷地脫身而出。報紙說投機小子拉利·李文斯頓淨賺幾百萬美元。當天收盤時，我的身家超過一百萬美元。但是鈔票無法估量我的成功，我想要的是無形之物：我判斷正確了，我照著自己的計畫往前邁進。我學到要賺大錢所需要的功課，並脫離了賭徒的層次。我終於學會如何聰明地做大規模交易。這是我一生中最難忘的日子。

第十章

投機是違反自然原則的生意

懷抱希望時，應該感到懼怕

鈔票不會讓交易者滿足

研究錯誤的失敗經驗與溫習成功法則同等重要，不過任何人都會想避免犯錯的痛苦吧！當你嘗過一次痛苦的失敗後，你不會想再經歷第二次，而且所有的股市錯誤都會傷害著你最愛惜的兩樣東西——自尊與鈔票。不過，很特別的是，有時候股票作手會明知故犯，他們會在犯錯後問自己為什麼犯錯？當殘酷的懲罰結束後，他會冷靜思考很長一段時間，並且可能會發現自己如何犯錯以及何時犯錯，但他可能還是不知道原因，接著他只能痛罵自己，並待塵埃落定。

當然，如果有人既聰明又幸運，那麼他將不會再次犯下同樣的錯誤。話雖如此，他很可能會犯下和第一個錯誤非常類似的其他錯誤。畢竟錯誤的形式有千百萬種，當你想要下手時，失敗總是一觸即發。

你是否想聽聽我第一個價值百萬美元的錯誤呢？事情發生在一九〇七年十月的大崩盤之後，那時我第一次成為百萬富翁。對我來說，擁有百萬美元，不過意味著擁有了更多的保證金。鈔票不會讓交易者滿足，畢竟不管有錢沒錢，盤勢都可能讓你滅頂。對百萬富翁來說，當他判斷正確時，鈔票也不過是附屬品。虧錢還不是最讓我痛心的事。只要我認賠，虧損向來不是大事。相反地，不承認錯誤才是最傷荷包與破壞邏輯的事。你應該記得狄克森．華德（Dickson Watts）曾說過一個故事[1]。他說有一個人極度緊張和焦慮，因此朋友問他到底怎麼了？

「我睡不著。」緊張的人回答。

「為什麼睡不著？」朋友問道。

「我手上有太多棉花，我擔心得翻來覆去、徹夜難眠。到底該怎麼辦啊？」

「那就賣到你睡得著為止啊。」朋友說。

人總是能很快地適應狀況，並因此失去洞察力。基本上他會很快地忘記成為百萬富翁前的日子。他只會記得以前種種不能實現的事情，現在都可以成真了。對一般年輕人來說，由簡入奢易，是絕難推翻的本性；由奢入儉難，更是千古不變的真理。我想，原因就在於鈔票會自行創造需求，甚至會鼓勵擁有者盡情消費。通常，只要一個人在股市賺到大筆鈔票，他很快就會忘記節儉這種美德。但是，如果輸光了錢，要恢復簡單的生活還真不容易啊！

---

1 狄克森．華德最著名的著作為《投機藝術與生活智慧》（*Speculation as a Fine and Thoughts on Life*），其中有一句名言：「當有疑慮時，什麼都不要做。不要在信念不成熟的情況下進入市場。」

看盤可不是摸水晶球

一九〇七年十月開始，我回補空頭部位並選擇做多後，決定暫時好好享樂。我買了艘遊艇，計畫到南部海域旅行。我熱愛釣魚，而且早就期待好好放個長假。我很渴望假期，也希望能說走就走，但是市場沒有打算放人。

我總是同時做商品和股票交易。我年輕時自空中交易所發跡，並有多年研究各種商品市場的經驗，股市向來是我的囊中之物。但事實上我寧可做商品交易而非股票。畢竟，商品交易的合法性遠大於股票，也較有商業冒險的味道。進行商品交易必須具備商業貿易邏輯。你可以使用假設理論贊成或反對商品市場的某種趨勢，但是其成功都僅只是曇花一現，因為到最後事實終究會戰勝一切，而交易者會因其研究與觀察得到紅利，就如同其他商業領域一般。交易者可以觀察並衡量局勢，而所有人的資訊將是完全相同的，他無須提防任何內線集團。以棉花、小麥或玉米市場為例，董事會不會突然通過配股配息。長期而言，商品價格只受一種因素主導，那就是供需經濟法則。商品交易者的工作在於取得與供需有關的當下與未來的資訊。他不需和股票交易者一樣，同時猜測十多種可能性，對我而言，商品交易具有相當高的吸引力。

當然，所有的投機市場都有著相似的特性。盤勢的訊息也是一樣的。只要是用心觀察市場的人應該都會了解這點。如果他可以判斷情勢並且試圖解答問題，他應該會獲得確切的答案。不過，總是有人嫌麻煩，不但根本懶得問問題，也對答案不屑一顧。大多數的美國人生性多疑，而且不管到哪都一樣，唯一的例外則是經紀商的辦公室。當他們觀看股票或商品盤勢時，美國人完全拋棄了平時的高度警覺性與智慧，就縱身投入亟需研究精神的投機市場。美國人隨隨便便就敢拿出一半的家產在股市冒險，其思考的時間可能還比不上買部中價位的汽車來得多。

看盤其實沒有表面上顯示得那麼複雜，當然經驗是很重要的，不過最重要的還是將基本原則謹記在心。看盤和看水晶球不一樣，盤勢不會告訴你下週四下午一點三十五分時你會賺進多少現金。看盤的主要目的在於確認如何交易？何時交易？以及應該買或賣？不管是股票、棉花、小麥、玉米或燕麥，這道理百分之百正確。

價格會走最簡單的路

你先觀察市場，注意大盤所記錄的價格走勢，心中選定目標和方向後，判斷價格趨勢。我們知道價格會依據所遇到的阻力上漲或下跌。以最簡明的方式描述的話，那就是價格和任何事物都一樣，會沿著阻力最小的路徑移動。價格會走最簡單的路，假使上漲的阻力比下跌的阻力小，價格就會上漲，反之亦然。

市場適度的發展後，任何人應該都可以判定是多頭市場還是空頭市場。任何有清楚的頭腦與精準眼光的人，都可以很快地認清情勢。對一個投機者來說，硬是把理論套在現實生活裡，絕對不是明智之舉。投機者應當知道目前市場是空頭還是多頭市場，並以此選擇買進或賣出。事實上，在開始行動以前，投機者最需要知道的就是該買進還是賣出。

現在我們假設市場和平常一樣，處於兩大波動之間，並在十點之內的範圍起伏，最高可以到達一三〇美元，最低則到一二〇美元。當價格處於底部時，市場可能顯得疲軟，當價格上升八點或十點的時候，市況則會顯得相當強勁。投機者絕對不能憑藉著表面現象進行交易，他必須等到大盤告訴他時機成熟時，才開始交易。事實上，很多人只因為價格便宜而買進股票，或因為價格高漲不下而賣出股票，這種做法讓許多人損失了上百萬美元。投機者不是投資者，他的目標不是依靠超高利率讓資金得到穩定報酬，相反地，他依賴投機標的的價格上漲或下跌而獲利。對投機者而言，重要的是找到阻力最小的投機路線，他必須等待時機醞釀成熟並發出訊號時，再行動作。

對投機者而言，看盤的目的只是在於了解：一三〇美元時的賣壓比買盤強勁，並推測回檔是理所當然的結果。當賣壓超過買盤時，看盤功力粗淺的人可能斷定價格不會在一五〇美元前停頓，於是他開始買進。但是在回檔開始、持續或賣壓造成小跌時，他們會立刻拋光持股，看淡後市。當價格到達一二〇美元，跌勢遇到較強大的阻力，買盤勝過賣盤時，反彈就會出現，空頭回補。普通人就是這樣一直被股市狠狠刮耳光，你不得不感嘆怎麼有人那麼不怕死，永遠都學不乖。

後來，假使某事件增強了上漲或下跌的走勢，最大阻力點往高處或低處移動，也就是說，在一三〇美元時買盤首次比賣盤強大，或是在一二〇美元時賣盤勝過買盤。價格突破了舊的障礙或波動極限，繼續往前邁進。通常在一二〇美元時，因為盤勢極為脆弱，總有許多交易者頻頻放空；或在一三〇美元時，因為大盤看起來相當強勁，很多交易者會趕著買進做多，不久後，待市場開始對他們不利時，他們只能被迫改變方向或被迫軋平。不管怎樣，他們幫助市場建立了阻力最小的價格路線。因此，聰明的交易者會耐心等待，以便決定路線走向，並運用基本交易情勢，以及走錯路線的交易者的交易動能。通常這種方式的修正會把價格推往阻力最小的路徑。

我想說的是，雖然我不會把這當作數學上的必然性，或是當成投機者聖經，但是每當我判斷出阻力最小的路徑時，意外事件總是會順著我所預測的市場方向走。你記得我說在薩拉托加所發生的聯合太平洋鐵路事件嗎？我做多是因為我發現上漲應該是阻力最小的路徑。我應該堅持做多，而不是讓經紀商對著我指指點點，說什麼內線集團正在拋售股票，董事會的葫蘆裡到底是賣著什麼藥，我實在無從知道也無須知道。但我知道大盤顯示會上漲。接著，配股比例突然被拉高，股價大漲了三十點。一六四美元的股價確實非常高，但是如同先前所說，永遠都沒有價格太高而不該買的股票，也沒有價格太低不該賣的股票。價格本身和我判斷阻力最小的路徑之間根本毫無關聯。

小心人性……

如果你遵照我的方法交易，你會發現股市收盤和隔天開盤之間發生的任何重要事件，都會配合阻力最小的路線前進。早在消息發布以前，情勢早已成定局。在多頭市場中，利空消息總是會被忽略，利多的消息則是會被誇大，反之亦然。世界大戰爆發以前，股市相當疲軟。接著，德國公布潛艇政策[2]。當時我放空十五萬股，不是因為我提前知道潛艇政策，而是因為我沿著阻力最小的路線操作。就我的操作而言，德國的公告好比晴天霹靂。

當然當天我獲利後，順勢回補了所有的空頭部分。

我認為，你只要看盤、確立停損點，接著就依照你所認為的阻力最小路徑前進即可。聽起來似乎很簡單。但是在實際狀況中，你必須小心防備許多可能性，最重要的是——小心人性。這就是我說為什麼基本情勢和那些判斷錯誤的人，總是在幫助那些聰明的投機客。在多頭市場中，利空消息總是被忽視。這就是人性，不要感到詫異。很多人會說，因為某地區的氣候惡劣、某些農民的狀況危急，因此不看好小麥作物。但是等到作物收成完畢，所有小麥產區的農夫將作物送到穀倉時，多頭客才驚覺損害程度竟是如此輕微。他們發現自己幫了空頭客一個大忙。

當投機客進入商品市場時，他不能被主見所操控。他必須擁有完全開放的思考方式和彈性，並且絕對不能忽視大盤所透露的訊息，不管你對作物狀況或可能的需求有何看法都一樣。我記得有次自己錯過了入場時機，因為我當時企圖等待市場給我的信號。我自認掌握情勢，因此覺得不必等待阻力最小的路線自行確立，甚至還覺得自己可以建立這個路線，我以為只要一點點小動作就足以讓路徑成形了！

2 一九一五年二月，德皇宣布不列顛群島周圍為一級戰區，下令他的艦長直接攻擊民用商船，這件事自然重創全世界的金融市場，李佛摩當時在疲弱的市場中大量放空，因而賺了不少錢。

當時我看好棉花，我對此深信不疑，那時價格在每磅一二美分上下徘徊，並以小幅度起伏，價格就在兩股波動間移動。我知道自己應該要等待，但是我居然突發奇想，認為我如果略微推動一下，價格應該可以突破上檔關卡。

我買進了五萬包棉花。果然，價格上漲了。當我停止買進時，價格也停止上漲。接著又退到我買進時的價位。當我退出時，價格也不再下跌。我認為自己已經更接近起始點了，所以我打算再次行動。我進場操作，同樣狀況再度發生。我把價格飆高，但當我停止買進時，價格又立刻回跌。我進行了四、五次，最後終於鬱悶地放棄，虧了將近二十萬美元，才收手不幹。不久之後，棉花開始上漲，漲勢兇猛，直到我覺得可以大賺一筆的價格才戛然而止。而我早已置身其外。

所有的交易者都有這種經驗，我歸納出以下法則：對狹幅波動的市場而言，價格的起伏實在微不足道，當價格狹幅盤旋的時候，預測下一個大波動是漲或跌根本毫無意義。交易者唯一能做的就是觀察市場、解讀大盤、判定狹幅盤旋的價格之上下限，並且下定決心，就算價格突破限制，你也不會動手。投機客的目的是從市場賺錢，而非向大盤爭辯孰是孰非。請不要和大盤理論，或是徵求大盤的理由和解釋。事後替股市解剖驗屍也沒有人會分給你股利。

觀察價格行為

不久以前，我和一群朋友在派對上玩樂。他們開始聊起小麥。其中有些人看好、有些人看壞，最後他們詢問我的意見。噢，我可是有花時間研究小麥的。我知道他們對情勢分析或統計數字都沒興趣。所以我說：「如果你們想靠小麥賺錢，我知道最好的方法。」

大家爭先恐後地點頭，因此我說：「如果你想靠小麥賺錢，那就得好好觀察、等待。當價格超過一．二〇美元時，你會得到很好的利潤。」

「現在不能買嗎？現在一．一四美元？」其中一個派對男問道。

「但我不能確定現在價格是不是會往上走。」

「那為什麼要在一．二〇美元時買進？這價格不會太高嗎？」

「你想要的是盲賭，獲得龐大的利潤，還是希望聰明地投機，得到較小但是可能性相對較大的利潤呢？」

所有人都說希望得到較小但比較穩當的利潤。因此我說：「那就照我說的做。只要一超過一．二〇美元，你就買。」

如我告訴你的，我研究小麥不是一、兩天的事了。幾個月以來，小麥價格徘徊在一．

一〇美元和一・二〇美元之間，並且沒有呈現特定走勢。有一天小麥收盤價格超過一・一九美元，我立刻準備好交易。果然，隔天以一・二〇五美元開盤，我立刻買進。小麥持續上漲到一・二一美元、一・二二美元再漲到一・二五美元，我一路加碼。

我不能告訴你當時究竟發生了什麼事。我無法解釋小麥的狹幅波動背後究竟有何作用力。我其實不知道所謂的突破是向上突破一・二〇美元的限制還是跌破一・一〇美元。不過我認為應該會上漲，因為全世界的小麥產量不足以使之大跌。

事實上，歐洲一直悄悄地在買進，很多交易者在一・一九美元的價位放空。由於歐洲人的買進以及其他不明原因，小麥從市場上消失了，並形成最後的大波動。價格突破一・二〇美元的關卡。這就是我所認定的目標。我知道當小麥價格能突破一・二〇美元，是因為漲勢終於累積了足夠的力道，一舉推動價位突破上限，並連帶造成反應。換句話說，突破一・二〇美元代表小麥價格阻力最小的路徑已然確立。之後，情勢大變。

我記得當天是美國假日，所有的市場都休市。在加拿大的溫尼伯，小麥以每英斗上漲六美分開盤。隔天美國市場開盤時，每英斗上漲六美分。價格真的就是沿著阻力最小的路徑前進而已。

我告訴你的，正是以研究盤勢為基礎的個人交易模式精粹。我試圖了解價格最可能移動的方向。我也用各種測試檢討自己的交易，以便決定未來的關鍵一刻。在我開始操盤之後，我就以觀察價格行為來進行修正。

簡單的投機數學問題

我總是高價買股做多，並低價賣股做空，不然就乾脆不放空，這手法讓許多老手感到詫異。任何交易者只要堅持投機原則——等待阻力最小的路徑自行確立，並等到大盤表示上漲時才開始買進，或是等到大盤要下跌時才開始放空，並一路加碼，那麼賺錢是輕而易舉之事。假使某交易者先買了全部持股的五分之一，如果這部分沒有出現利潤，那就千萬別再增加持股，因為這代表他一開始就判斷錯誤，或至少以目前而言是錯誤的。任何時候，錯誤都不會帶給你利潤。當大盤說上漲時，不見得是說謊，因為大盤或許預告「即將」上漲。

棉花市場對我而言好比如魚得水。我有一套自已的棉花理論，而且恪守無誤。假設我預定自己要到手四萬到五萬包棉花。我會像我告訴你的那樣研究盤勢，觀察買進或賣出的時機。假設多頭走勢顯示阻力較小，我會買進一萬包。當我買完時，如果市場比我最初買進的價格上漲十點，我會再購入一萬包。同樣的，假使隨後我得到了二十點的利潤，或是每包一美元的利潤，我會再購入兩萬包。但是如果在我買第一萬包或第二萬包時，出現虧損，我會立刻賣光。那代表我估計錯誤，或許我只是暫時性地出錯，但是我也說過，只要有錯誤，利潤就會和你說掰掰。

我堅守原則，也因此每次棉花有巨大波動時，我都有持份。在我累積手中持有的棉花時，我可能會損失五萬或六萬美元，用以測試市場，這測試費用看起來很驚人吧？其實不然，在真正的波動開始後，我要花多久時間才能賺回我投入的五萬美元呢？一瞬間就夠了！當你在正確的時刻做正確的決定時，一定會有豐厚的回報。

我想我在前面也解釋過個人的投機系統。這是很簡單的投機數學問題，你只要確定自己在勝利的時候押大資金，並在預計虧損時以小錢做試探性的賭注就可以了。如果任何投機客照著我的方法行事，他將能穩當獲利，甚至以極大的賭注獲利。

多數的職業交易者都會依自己的經驗創造出一套符合自身投機態度與需求的法則。我記得曾經在棕櫚灘碰見一位老紳士，他的名字已然模糊，只記得他曾在內戰時期在華爾街待了數年。有人和我說這位老紳士是超級守財奴，他經歷過無數股市內激烈的擺盪與大蕭條，而他老是說華爾街從來沒有新鮮事。

這位老先生有很多問題要問我，當我解釋完自己的交易手法以後，他點點頭說：「對！對！你做得對！你的加碼方式與思考方式完全適用於你個人的投機系統。對你而言這麼做很簡單，因為你不在乎下注的金錢。你讓我想到派特·赫恩（Pat Hearne），你知道他嗎？他是很出名的賭客，在我們這裡開戶過。這傢伙既聰明又大膽。他在股市叱吒風雲，老是有人想向他討教個幾招，但是他死都不鬆口。要是有人要他直接給些操盤建議，他會用他最愛的馬場名言：『下注才算數！』他都在我們這裡交易。赫恩總挑選熱門股，一次買一百股，如果股價上漲一%，他會再買一百股。如果再往上漲一些，他會再買一百股。如此這般。他曾經說過，他玩股票不是為了想幫別人賺錢。因此他會以最後進價扣減一點作為停損點。當價格飛快上漲時，他會把停損跟著往上移。遇到一%的回檔時，他就停損出場。他認為不管是從帳面利潤或是原始保證金來看，他都不希望虧損超過一點，虧損對他而言，沒有任何意義。」

「你知道，專業賭徒不做長線，他們只想數鈔票。當然時機成熟時做長線也是個好選擇。赫恩從來不追求明牌，也不期望抓住一週狂漲二十點的熱門股，他只需要穩定收入來源，好好過日子就夠了。當然，全華爾街只有赫恩一個人把股票當作牌九或輪盤之類的機率遊戲。不過他思路清晰，並且固執地堅守此賭博方法。」

「赫恩過世後，有個以前常和他一起來交易的人，也使用赫恩的方式買賣拉卡灣納鐵路（Lackwanna）的股票，賺進超過十萬美元。接著他以手上的巨大利潤轉操作其他股票，當時他認為應該不必再堅持赫恩法則。回檔出現時，他不但沒有停損，反而讓虧損和利潤一樣愈滾愈大。當然，他輸掉了所有的錢。最後退場時還欠我們好幾千美元。」

「他硬撐了兩、三年。雖然輸光了所有的錢，但他還是很投入，不過只要他可以保持冷靜，我們還是歡迎他待在號子裡。我記得他很爽快地坦誠，自己沒有遵守赫恩法則這件事有多愚蠢。有一天他很興奮地跑來找我，央求我讓他在號子裡放空。他是個滿討人喜歡的傢伙，也是個好客戶，所以我告訴他，願意以個人名義替他擔保，讓他放空一百股。」

「他放空一百股休爾湖（Lake Shore）。當時是一八七五年，比爾・崔佛斯（Bill Travers）正大力摜壓股市。這位叫羅伯茲（Roberts）的老兄選擇在正確時機放空休爾湖股票，並照著他在美好時代慣用的手法，一路加碼賣出。但接著，他又放棄了赫恩法則，改為讓感覺主導一切。」

「羅伯茲在四天內成功加碼放空，帳戶裡增加了一萬五千美元的利潤。我注意到他沒有加注停損委託，因此提醒他。他告訴我崩盤還沒全然開展，他不想讓一點的回檔洗掉利潤，此時為八月左右。結果還沒到九月中，他就開口向我借十塊錢買嬰兒車，這是他的第四個小孩。他放棄遵守成功的法則，這就是多數人的問題。」老紳士搖頭嘆氣。

他說得很有道理。有時候，我覺得投機確實是違反自然原則的生意，因為所有的投機客都得力抗自身的天性。所有人的致命弱點都正巧指向投機失敗。而那些或許根本算不上是弱點的天性，很可能根本不會影響他的社交生活或其他事業，唯獨會害他在股票市場或商品市場裡失足遇險。

投機客的敵人正是心魔

投機客的敵人正是心魔。人性總是摻雜了恐懼與希望。如果市場走向離你遠去，你自然會希望今天就是最後一天，而讓你損失慘重的濃烈希望感，正是開國功臣和開疆闢土的勇士所具備的心理狀態。當市場順從你的意思時，你會害怕明天就會失去所有利潤。因此你選擇退場，你退得太快了！恐懼讓你失去原本應該屬於你的財富。

成功的交易者必須違逆恐懼和希望兩種本能。他必須逆反所謂的衝動本能。當他懷抱希望時，應該感到懼怕，在他感到害怕時，實應感到希望無窮。他必須害怕自己的虧損會愈滾愈大，並希望利潤會立刻膨脹增值。遵照天性在股市裡打滾，實在是最要不得的事。

我十四歲時開始進入股票世界。這也是我唯一的專業。我想，我知道自己在做什麼。在為期三十年頻繁的進出場交易後，我的結論是，不管手上只有一毛錢還是上百萬美元，你都只可能打敗單一個股或類股，但絕不要妄想打敗整個市場！一個人或許可以靠棉花或穀物等個別股賺錢，但是沒有人可以打敗棉花市場或穀物市場。這就和賽馬一樣，一個人或許可以打贏一場馬賽，但他不可能打倒賽馬遊戲。

我真希望可以知道如何讓我的法則變得更簡明與聽起來更有力。儘管許多人抱持著和我相反的意見，我也毫不在乎。我知道自己的觀點正確無誤。

第十一章

市場裡沒有敵人，也沒有朋友

專業投機者的觀點

養成專業思考模式

現在讓我們回到一九〇七年十月，那年我買了一艘遊艇，計畫前往南部海域展開遠航。我希望能駕著自己的遊艇，自由自在隨意旅行。股市帶給我大豐收。現在，我做好一切準備要離開紐約，不過玉米市場輾轉把我留了下來。

讓我解釋一下，在那次銀根恐慌，讓我賺到人生中第一筆一百萬美元之前，我就開始在芝加哥做穀物生意。我花了很長的時間研究穀物市場，當時我不但看淡股市也看淡玉米和小麥。

當時玉米和小麥正開始下跌，但是在小麥不斷下跌時，芝加哥最大的作手——我們暫稱他為史塔頓（Stratton），突然決定要壟斷玉米。我出清股票，準備開遊艇到南部時，赫然發現小麥讓我賺進驚人的款項。但是玉米的情況卻相反，史塔頓拉高了價格，造成我嚴重虧損。

我知道美國國內擁有的玉米數量遠比價格顯示的要多許多，供需法則永遠都適用。不過玉米的需求量主要來自史塔頓公司，而供應量則因為運輸壅塞而遲遲沒有增加。我記得自己還期待能天降奇蹟，來一場寒流將泥濘不堪的道路封凍，可以讓農民及時將玉米送往市場。但事願違。

我的情況正是如此，本來計畫好的歡樂遊艇之旅，卻莫名其妙地被玉米市場給絆住，令人坐立難安的玉米虧損讓我無法放心。當然史塔頓很關切空頭部位，他知道我已經在他的陷阱裡頭，而我也心知肚明。但是如我所言，我希望老天爺能給我個奇蹟，不過事與願違，我最好想辦法自己爬出泥淖。

我軋平小麥，得到很好的報酬。但是玉米的問題實在太過棘手。如果我有機會以當時行情補回自己的一千萬英斗玉米，我應該會欣喜若狂，即便這樣會造成損失。但是，在我一開始買進玉米時，史塔頓就已全副武裝好準備要軋空我。有誰喜歡因為自己的買單，而把價格愈抬愈高呢？難不成有任何人樂於為自己割喉？

玉米的打擊很強烈，但是我想去釣魚的渴望也是奔騰澎湃，怎麼辦呢？我急中生智，想出解套方法。我必須展開戰略性撤退，回補我放空的一千萬英斗玉米，同時壓低損失。

正巧，當時史塔頓也出手操作燕麥，同時還很成功地壟斷了燕麥市場。我的心思始終沒離開過穀物市況，包括所有收成新聞與交易廳的小道消息。原本，我只能乖乖按照史塔頓給的價格購入我所需的玉米，不過當我聽說史塔頓與鐵盔集團（Armour）敵對的小道消息時，我想到芝加哥的交易者說不定可以助我一臂之力。他們能做的，就是賣給我史塔頓死都不肯釋出的玉米。如此一來，問題就迎刃而解了。

首先，我發了幾張委託單，以八分之一美分的價差循序往下買進，每張單子買進五十萬英斗玉米。當單子發出去以後，我再向四家經紀商個別發出以市價放空五十萬英斗燕麥的委託單。我認為這些委託單將迅速地打開燕麥價格。我思忖交易者的心態，他們肯定以為鐵盔集團已經準備好對幹史塔頓。當他們看到有人摜壓燕麥之後，一定會合理判定下一個目標將會是玉米。交易者會出手賣掉玉米，假使他們成功終結玉米壟斷的狀態，那我就會大賺一筆。

我果然猜中了芝加哥交易者的心態。當他們看到來自各方的燕麥賣單讓價格鬆動以後，立刻動手打壓玉米，瘋狂地賣出。我在短短十分鐘之內，買到六百萬英斗的玉米。當我發現他們的賣單停止時，我很爽快地再以市價買進另外四百萬英斗。當然，價格立刻開始上漲，而我的操作結果讓我完全回補了一千萬英斗玉米，其價格只比芝加哥交易者蜂擁拋售之前的行情，差距不到〇．五美分。我放空二十萬英斗的燕麥，暗示交易者賣出玉米，當我回補燕麥空單時，只虧損了三千美元，這是相當廉價的空頭小誘餌。我用小麥的利潤填補了大部分玉米的虧損黑洞。因此，我的交易虧損總額只有兩萬五千美元。在我的操作之後，每英斗玉米上漲了二十五美分。史塔頓沒有擊垮我。要是我完全不考慮價格就莽撞地買進一千萬英斗玉米，那筆帳單恐怕會讓我消化不良。

當一個人摸索一件事夠久的時候，他的態度絕對會和入門者不同，他一定會養成專業思考模式，這點拉開了他與玩票小鬼的距離。在投機市場中，投機者本身的觀點才是輸贏的關鍵。一般大眾多半只能稱為半吊子的玩家。他們的自我中心正是最大的阻礙，而他們的思考又太過淺薄單一。專家在意的是做出正確選擇，而不單單是賺錢，他知道當他判斷正確時，利潤自然會出現。他可以看穿並構思好幾回合後的布局，而非短視近利。這種能力總是讓他站上最穩健的浪頭。

擅長利用人性弱點的空頭大師

我聽過一則關於艾迪森．柯馬克（Addison Cammack）的故事，這則故事可以說明我想表達的重點。據我所知，柯馬克應當是華爾街最傑出的作手之一。他並非像大家所想，是個瘋狂的死空頭，只不過他擅長運用恐懼與希望這兩大人性，來醞釀他的空頭策略。他創造了一句名言：「百樹枯槁前，千萬莫放空」。資深的交易者告訴我，幾次做多交易讓柯馬克真正賺了大錢，可見柯馬克並非仰賴主觀在操盤，而是依循風向行事。簡單一句話，他是非常了不起的作手。某次，在多頭市場即將告結時，柯馬克已經看淡後市，財經評論家亞瑟．約瑟夫（J. Arthur Joseph）也深知此事。但是在某些多頭大戶與報紙報導的樂觀刺激下，市場依舊強勁，而且緩步走揚，約瑟夫知道利空的消息對柯馬克等作手會相當有利。某天他急忙趕到柯馬克的辦公室，捎來好消息。

「柯馬克先生，我有個在聖保羅公司擔任交割員的好友，剛剛告訴我一件事情。我覺得你應該聽聽。」

「什麼事？」柯馬克的表情看起來有點冷淡。

「你轉向了，對吧？你現在看淡後市嗎？」約瑟夫問道，他需要先確認狀況。如果對方根本毫無興趣，他也不想浪費情報。

「對啊，你是有什麼大好消息要說？」

「我今天到聖保羅看了一下，我每週會過去兩、三次搜尋情報，當時我好友說：『老頭正在賣股噢！』他說的是洛克菲勒。我問：『真的假的？』他回覆我：『是啊，他以八分之三點的差價向上賣出一千五百股。我這兩、三天都在幫他交割。』聽完之後，我立馬趕到這來給你情報。」

柯馬克不是個輕浮的人，而且實在有太多人會跑來他的辦公室，提供一堆情報、新聞、耳語、明牌和八卦垃圾，他對這些人都沒有什麼好感。他當時只說：「你確定沒聽錯？約瑟夫。」

「確定！我當然確定！你覺得我是耳聾嗎？」約瑟夫回說。

「你的朋友可以信任嗎？」

「百分之百可以！」約瑟夫大聲嚷道：「他是我的多年好友。他向來誠實，我敢拿自己的生命擔保這條情報。我對他的了解都比你這些年來對我的了解還深！」

「你很相信他？」柯馬克又給了他一個眼神，接著自己補說：「好吧，看起來是。」他把專屬營業員惠勒（W.B. Wheeler）叫來，約瑟夫以為他會下單，至少放空五萬股聖保羅股票。洛克菲勒正在利用市場的強勁後勢，倒出他在聖保羅的持股，不論是投資股還是投機股都沒差。重要的是，標準石油（Standard Oil）這幫人正準備脫手聖保羅。一般人要是得到這則可靠消息會怎麼做可想而知。

高明利用內線消息

但是這位傑出的空頭大師柯馬克，當時雖然早已決意看淡後市，他卻這麼對營業員說：「比利，到營業大廳去！每隔八分之三點，向上買進一千五百股聖保羅股票。」當時這支股票價格在九〇美元左右。

「你是說賣嗎？」約瑟夫急忙打斷他。他在華爾街也有點經驗了，但是他的觀點畢竟還是傾向於大眾與報業的觀點。他們大概認為當內線人士賣出時，股價必然會下跌。當時內線人士的賣壓中，可沒人能勝過洛克菲勒的賣盤。當標準石油公司正在出脫股票時，柯馬克卻選擇買進！這到底是怎麼回事。

「不是，我要買。」柯馬克回答道。

「你不相信我的話？」

「相信。」

「你不相信我的消息？」

「相信。」

「你沒打算看空？」

「我是看空。」

「噢，所以？」

「這就是我為什麼買進啊。你聽我說，你繼續和那位老友保持聯繫，當向上賣出一喊停的時候，立刻通知我！你懂了嗎？」

「了解。」約瑟夫回答。他其實不能理解為什麼柯馬克打算買洛克菲勒的股票。更何況柯馬克明明看空整個市場，這讓他的操盤更顯得出人意表。但是約瑟夫還是去見那位交割員朋友，希望他在洛克菲勒停止賣股的時候，給他一個消息。約瑟夫以一天兩次的頻率造訪那位朋友。

有一天，交割員好友說：「老頭那裡已經沒有股票過來了。」約瑟夫向他道謝，帶著消息趕往柯馬克的辦公室。

柯馬克仔細聆聽，接著轉頭問惠勒說：「比利，我們公司裡有多少聖保羅的股票？」惠勒比對了一下記錄，回報說他們大約吸進了六萬股。

柯馬克早已看淡後市，早在他買進聖保羅股以前，他就放空了其他農業股和多種股票，現在則大量放空。他命令惠勒即刻賣出手中做多的六萬股聖保羅股票。此外，還多放空了一些。他用自己的聖保羅股多頭部位，打壓整個大盤，並使空頭操作大為成功。

聖保羅股票一路跌至四四美元，並讓柯馬克大賺一筆。他運用精湛的技巧操作，並以此獲利。我讚嘆的是他在交易時使用的慣性思考模式。他甚至連想都不必想，就能看出個股的利潤僅是其次。他很快就看出適合大規模放空的時機已然來臨，並一開始就給了市場足夠強勁的力道。對他而言，聖保羅內線消息促使他買股而非賣股，他在一眼之間即刻了解到這將是他空頭操作的絕佳武器。

沿著阻力最小的路徑交易

讓話題回到我身上吧。當我結束小麥與玉米的交易後，我開著遊艇來到南部海岸。敞洋在佛羅里達州的海域，心情無比快活。釣魚的時間總是很美好，一切如此之悠閒。我置身於世界之外，並感到無所欲求。

有一天遊艇快駛至棕櫚灘。我和幾位華爾街的好友以及不認識的人見面。所有人都在談論當時最活躍的棉花投機客。當時，來自紐約的消息稱派西．湯瑪斯（Percy Thomas）輸光所有的錢。消息並非認為湯瑪斯已然破產，重點在於全球知名的作手第二次於棉花市場慘遭滑鐵盧之打擊。

湯瑪斯向來是我景仰的對象。我第一次聽聞他的名號，是在報紙上看到紐約證券交易所會員公司謝頓湯瑪斯公司（Sheldon & Thomas）瞬間倒閉的消息，當時湯瑪斯打算壟斷棉花，但合夥人謝頓缺乏湯瑪斯的膽識與遠見，在成功即將水到渠成之前開始擔憂。至少，那是華爾街方面的解讀。總之，他們不但沒賺到大錢，反而成為多年來最引人注目的倒閉企業。我忘了他們到底負債幾百萬美元，隨後湯瑪斯在公司結束經營後單槍上陣。他只專注於棉花市場，不久後，他就東山再起，償清債務，還附加利息，雖然在法律上他毫無償息責任；此外他手裡還多了一百萬美元。他在棉花市場捲土重來的事蹟，和迪肯・懷特一樣讓人讚嘆。我真的相當敬佩湯瑪斯的頭腦與勇氣。

棕櫚灘的每一個人都在談論湯瑪斯今年三月在棉花市場的崩盤事件。你也知道謠言膨脹的速度有多驚人，所有人都不吝誇大其詞、扭曲真相並加油添醋一番。事實上，我就曾親眼目睹關於自己的謠言如何在一天之內，變形到連編造謠言的公親事主都認不出來，而新謠言栩栩如生的細節與創意更讓我大感佩服。

關於湯瑪斯的謠言讓我的心思飄離了釣魚，再度回到棉花市場。我研讀了多份交易報告，並試圖還原現場。當我回到紐約時，立刻開始專注研讀情勢。幾乎所有人都看淡後市，並放空七月棉花。你應該能猜出大家的狀態吧，當身邊的所有人都開始做一件事時，大眾很容易受到感染並開始跟風，這就是群眾心理（herd instinct）。總之，不管如何，成千上百名交易者都認定放空七月棉花是正確的決定，而且安全無虞。你不能形容集體賣出是很魯莽的事，這個字眼還太保守了。交易者只看到市場的一面與其利益。他們以為價格將會徹底崩潰。

我把一切看在眼裡，但是對放空的人來說，實在沒有足夠的時間可以回補。我愈分析大盤，就愈是透徹，最後我決定買進七月棉花。我進場操作，迅速買進十萬包，不費吹灰之力。畢竟當時賣出的風氣實在太過旺盛。我猜想，就算我出一百萬美元懸賞任何一個沒有賣出七月棉花的人，恐怕都不會有任何回應。此時為五月下旬。我持續地買，賣家也不斷地賣，直到我吸光所有合約並收進十二萬包棉花為止。在我收手的幾天之後，價格開始上漲。當價格開始上漲時，市場就一直維持著良好的表現，每天上漲四十點到五十點左右。

某個星期六，大約是我開始出手的十天後吧，價格開始攀升。我不知道市場上是否還有任何七月棉花求售。我得自己去找，因此我堅持等到收盤前最後十分鐘。我知道，對放空客而言，如果當天收盤上漲，最後的十分鐘就是上鉤的時候。因此，我送出四張委託單，同時以市價各買進五千包棉花。這四張單子把價格炒高了三十點，空頭們掙扎地想要脫身，市場則以最高價收盤。請記住，我所做的不過是買下最後的兩萬包棉花。

隔天是星期日。但是到禮拜一時，利物浦必須開高二十點，才能配合紐約的漲勢。結果利物浦開高五十點，這表示利物浦的漲勢高過紐約一百個百分點。利物浦市場的漲跌和我毫無關聯。不過事實在在顯示，我的判斷相當準確，並一路沿著阻力最小的路徑交易。同時，我也沒忘掉自己手上還有好大一筆棉花必須脫手。市場或許可以劇烈上漲或緩步進攻，但是絕對沒有足夠能力全盤吸收超額數量的賣盤。

抓住機會並沒有想像中的簡單

當然，利物浦的電報立刻讓紐約交易者為之瘋狂。但是我注意到，雖然棉花價格持續上漲，但是七月棉花的數量卻相對減少了，我並沒有放出所持有的棉花。那個星期一對空頭而言，實在太過刺激又令人失望。雖然如此，我並沒有看到空頭開始爭相回補的畫面，也似乎毫無空頭恐慌的跡象，而我手上卻有十四萬包的棉花急於脫手。

星期二早晨，當我抵達辦公室時，在門口遇見一位朋友。

「今天《世界報》（*World*）上的消息太驚人了。」他笑著說。

「什麼消息？」我問。

「什麼？你沒看到那消息嗎？」

「我不看《世界報》的，」我說，「快講，到底什麼事？」

「你怎麼不看，《世界報》說你壟斷了七月棉花。」

「我沒看到。」我拋下這句話轉頭就走。我不知道他相不相信我。他可能覺得我太見外了，連消息是真是假都不願透露給他。

當我進辦公室時，吩咐職員去買份報紙。果然不錯，《世界報》頭版寫著：「拉利・李文斯頓壟斷棉花」。

這篇文章如同是對市場投下了一枚震撼彈。假使我過度心機地出脫十四萬包棉花，恐怕還比不上現在這完美的現狀，也不可能有這種天賜良機。很快地，全美國都讀了《世界報》的報導，其他報刊雜誌也紛紛引用其見解。到最後，連歐洲都透過電報知道了這則新聞。市場已然癲狂，利物浦的價格說明了一切，這都得歸功於《世界報》的記者。

當然，我知道紐約市場會怎麼做，我也知道自己該怎麼行動。紐約股市十點開市。十點十分時，我手上已經沒有任何棉花。我把十四萬包棉花盡數賣出。出手價格幾乎都是當天的最高價位。交易者為我打造了棉花市場。我看出這正是出手棉花的大好機會，我不得不把握良機，對吧？

一場意外，輕鬆地解決了我百思不得其解的問題。如果《世界報》沒有刊出那則報導，我必須犧牲帳面利潤才能將棉花盡數脫手。要以不壓低價格的方式賣出十四萬包棉花真是難如登天。但是《世界報》就這麼恰好為我鋪了路。

為什麼《世界報》會做出這種報導？我也無解，因此我不能回答這個問題。我猜可能是記者從棉花市場的朋友那裡聽到了消息，還以為搶到了大獨家。我和《世界報》從來沒有交情。那天早上九點以前，我完全不知道這則頭條的存在。要不是朋友叫住我，我恐怕還會被蒙在鼓裡呢！

如果沒有《世界報》的報導，我就不可能找到可以出貨的市場。這就是大規模交易棘手的地方之一。你不可能像小交易者那樣偷偷出手。你總是被迫在不情願的時刻買進或賣出，只能在可以出手時動作，在市場有可能完全吸收存貨時出手。若是錯失機會，恐怕會虧損幾百萬美元。你不能遲疑。否則一失足將成千古恨。你也不可能透過競價買進而拉高價格軋空，因為這樣會降低買盤的力量。我想說的是，抓住機會並沒有想像中的簡單。你必須時時警覺，在機會顯露的瞬間，奮力一擊。

意外的桂冠

當然不是所有人都知道這場意外背後的故事。不管在華爾街或是任何地方，人們總是疑心病重地看待他人的大筆橫財。人們從不懷疑那些遭逢意外卻沒有獲得任何好處的人，沒有人埋怨他們過度貪婪或自大，反倒是對於獲取巨大財富的人，眾人一股腦地將他歸類為掠奪者，他們忿恨地認為善良者不得好報，而寡廉鮮恥者卻加官晉爵。因此，批評我的並不只有那些心懷不軌的空頭客，他們渾身傷痕，埋怨我預謀攻擊市場，就連一般人對我也沒什麼好話。

數日之後，一位棉花市場大亨和我碰面，他說：「李文斯頓，這是你打過最漂亮的一仗。一開始我還猜想你出清所有棉花會帶來多少虧損。你也知道，市場吃不下超過五萬包或六萬包以上的棉花，超過此數一定會拉低價格。當時我覺得很好奇，你要用什麼方法擺脫手上的存貨，卻保持帳面利潤。你的計畫實在太出人意料了，堪稱神技。」

「這和我一點關係都沒有。」我努力地解釋。

但是他繼續重複剛剛的話：「真的是神技！太強大了！你不要客氣啦。」

自此之後，許多報章雜誌稱我為棉花之王。但是如我所言，桂冠根本不屬於我。我想人人都知道，就算拿全美國的現金也不可能買下紐約《世界報》的頭版，全美國也沒有誰有足夠的影響力可以讓《世界報》刊登那則報導。但是那則報導確實帶給我名不符實的榮耀。

不過，告訴你這個故事，不是想繼續誇耀強加在作手身上的頭銜，也不是強調抓準時機的重要性，不管類似的機會出現在何時、又以何等模樣出現。我的目的是想強調在我做了七月棉花交易後，報刊對我做的連番報導，讓我無意間得到莫大讚譽，而要不是新聞報導的關係，我絕對不會有機會認識棉花天才派西・湯瑪斯。

第十二章

每個華爾街蠢蛋都有自己的理由

交易者的低級錯誤

交易要耐得住寂寞

當我以迅雷不及掩耳的速度成功結束七月棉花後不久，我收到一封要求和我見面的信。信件署名人為派西．湯瑪斯。我當然立刻回覆他——敝人在辦公室隨時恭候大駕。隔天，他就出現在我的眼前了。

我一直都很崇拜他。任何通曉一點棉花種植或買賣市場知識的人，無不聽聞過他的名號。不管在歐洲或美國，不時有人和我朗朗暢談他的名言。我記得有一次在瑞士觀光景點和一位開羅籍的銀行家聊天，他和凱瑟爾爵士（Ernest Cassel）計畫在埃及種植棉花。他一聽說我是紐約來的，立刻問起派西．湯瑪斯，他是湯瑪斯市場報告的忠實讀者，每期必讀，並悉心研究。

我總認為湯瑪斯以最科學的方法經營生意。他是真正的投機者，並有著夢想家的眼光以及戰鬥者的勇氣，同時他擁有確切的資訊來源，不管是棉花交易的理論或實務，他都通曉嫻熟。

他在謝頓湯瑪斯公司倒閉後，成了孤狼一匹。不到兩年，他就捲土重來，並以令人眩目的姿態重返舞台。我記得《太陽報》（*The Sun*）曾經說過，當他站穩腳步後第一件做的事就是全額清償債務，接著他雇用了一個專家，負責為他研究和決定投資百萬美元的方式。該位專家在檢視其資產以及多間公司的報告後，建議他購買德拉瓦哈德遜公司（Delaware & Hudson）的股票。

湯瑪斯損失幾百萬美元後，一瞬間即東山再起，再賺到上百萬美元。接著，三月棉花交易又讓他山窮水盡。他到我辦公室後沒多久，廢話不說，立刻提議要與我組成操作聯盟。他會將所有得到的資訊率先轉移給我，再公布大眾。我則負責實際操作，因為他說我在這方面有他所欠缺的特殊天分。

但他的提議無法吸引我，原因有很多，我很坦白地告訴他，我沒辦法以多頭馬車的方式操作，我也沒有意願轉換跑道。但他仍鍥而不捨地說，這將是超級理想的夢幻組合。最後，我只好直接了當地說：「我不想影響任何人的交易。」

「如果我自己犯錯，」我說，「受害者只會有我，我只要付錢就可以了事。我無須欠款，也不用處理其他的麻煩。我選擇個人交易是因為這樣最聰明也最經濟。我喜愛與其他交易者鬥智，就算我從來沒見過他們、永遠都不會碰到他們或認識他們也好，我也從來不必建議他們買進或賣出。當我賺錢時，就代表我的判斷受到肯定。我不想靠出賣資訊或利用資訊賺錢。如果我靠其他方式賺錢，那就不是我了。我無法參與你的建議，因為股市對我而言，最大的樂趣就在於我可以用自己的方式登場。」

他表示遺憾，繼續企圖說服我，說我不該拒絕，但是我仍堅持立場。儘管如此，接下來我們聊得很愉快。我告訴湯瑪斯，我知道他一定會東山再起，我也很樂意在財務上支援他，這對我而言是莫大的榮幸。但是他說自己無法接受任何形式的貸款。接著他開始詢問關於七月棉花的交易，我仔細地告訴他我是如何交易、買進多少棉花、以及所有的價格與細節。我們談了一會兒後，他就先行告辭。

我不在乎賠錢，在乎的是過程和原因

我之前曾經說過，投機客最致命的敵人其實正是自己，我一直謹記自己曾犯下的錯誤，然而，儘管一個人可能擁有最獨特的內心世界，並且畢生保持獨立思考的習慣，卻極可能在一瞬間受到極具說服力的慫恿。我認為自己總是能夠避免一般投機客的毛病，好比：貪婪、恐懼以及過分期望。但是作為一個普通人，我其實也很容易犯錯的。

在湯瑪斯造訪的此時此刻，我應當保持警覺，因為不久之前，我正好體會了貫徹原則的意志有多薄弱，人很輕易地就會去做完全違背自己意願與期望的事。事情發生在哈定公司。他們為我準備了一間私人貴賓室，讓我可以在交易時段不受打擾，這完全符合我的期望，沒有得到我的允許，任何人都不能在交易時間打擾我。畢竟我的交易金額相當龐大，帳面利潤也很壯觀，哈定公司肯定盡全力地保護我。

某天，正好在收盤之後，有一個人從背後叫住我：「午安，李文斯頓先生。」我轉頭一看，是個約莫三十五歲的陌生人。我不知道他是怎麼進來的，但是他已身在此處，我想他必然與我的業務有關，才能突破重重關卡。不過我不發一語，靜靜地看著他，他馬上表示：「我想和您談談瓦爾特．史考特[1]（Walter Scott）。」接著他沉默不語。

他是賣書的業務。其實他並沒有特別吸引人，或特別會花言巧語，看起來也平凡無奇。不過他確實有點個人特色。他開始講話時，我不自覺地傾聽，即便我根本沒搞懂他在說什麼。當他結束了自言自語，遞給我一隻鋼筆，一份空白表格，然後我就簽名了。我以五百美元買下全套史考特文集。

簽完字我突然清醒過來，但是合約已經被他收進口袋。我根本不想要史考特文集啊！我沒地方放那些無用的東西，也想不到可以送誰。然而，我以五百美元的代價買下了整套

1 蘇格蘭詩人與小說家。他出版的詩集《瑪米恩》（*Marmion*）中有一段非常著名的詩句：「哦！當我們說謊時，我們還需要編織更多謊言！」

叢書。

我經常賠錢，所以賠錢不是我最在乎的。重點是賠錢的過程和背後原因。我也很希望能釐清自己的思考慣性與局限所在。總之，我不想犯第二次錯誤。唯有從錯誤中學習，避免重蹈覆轍，那麼錯誤本身才能反轉為成功的資產。

嗯，我確實犯下了價值五百美元的錯誤，卻渾然不覺問題所在，我只能盯著眼前的這位仁兄，仔細打量。詭異的是，他竟然以善解人意的模樣對著我微笑！他似乎很了解我的心思。我知道自己不必跟他解釋什麼，他就可以全盤理解。所以我省略了所有潛台詞與客套，直接問他：「一張五百元的訂單，你可以抽幾成？」

他立刻搖頭說：「我辦不到！對不起！」

「你可以拿幾成？」我堅持問道。

「三分之一。但是那是不允許的。」他說。

「五百美元的三分之一就是一百六十六美元又六十六美分。如果你把合約還給我，我給你兩百元現金，如何？」為了證明我言出必行，我立刻掏出鈔票來。

「我說了，這是不允許的。」他說。

「是不是每個顧客都和你這樣商量？」我問。

「沒有。」他回答道。

「那你怎麼會知道我會提出這樣的要求？」

「你這類型的顧客就會這麼做。你是最高等級的輸家，也是最高層次的企業家。我很感激你，但是我沒辦法接受你的條件。」

「你為什麼不願意得到比佣金還多的報酬？」

「這和你想的不一樣，」他說，「我在乎的不只是佣金。」

「不然是什麼？」

「佣金和記錄。」他說。

「什麼記錄？」

「我個人的記錄。」

「你在說什麼？」

「你工作純粹為了鈔票嗎？」他問我。

「沒錯。」我說。

「不，」他搖了搖頭，「這不是你。純賺錢一點都不好玩。你工作不只是為了鈔票或銀行帳戶，你在華爾街進出為的不只是想輕鬆賺錢而已。想要輕鬆應該有更多別的方式。我也是一樣。」

我沒有爭辯，只是問他：「好，那你想要的是什麼？」

「噢，」他坦承道，「每個人都有缺點。」

「所以你的缺點是什麼？」

「虛榮。」他說。

「噢，」我告訴他：「你成功地讓我簽字了，如果我現在收回，又願意付兩百美元慰勞你那十分鐘的辛勞，這樣還不夠滿足你的自尊嗎？」

「不能，」他回答，「我們公司有一堆人在華爾街碰壁了好幾個月。他們覺得問題出在地點和產品上。因此，有人派我來證明銷售員才是問題所在，地點或產品沒有任何問題。他們抽四分之一的佣金。我在克理夫蘭（Cleveland）時，兩週內就可以賣掉八十二套史考特文集。我來這裡，為的就是把書賣給其他銷售員根本接觸不到或無法打動的客戶。所以我可以拿三分之一的佣金。」

「所以你到底用什麼方法賣我那套書的？」我問。

「怎麼會很難？」他用安慰的語氣說道，「我都可以賣給摩根先生了。」

「噢，天啊，怎麼可能。」我說。他一點也不生氣。他很輕鬆地說：「真的啊，他買了！」

「你賣史考特文集給摩根先生？我看他不只有最精美的版本，說不定還有幾份原始手稿。」

「噢，你看他的合約。」他立刻亮出一份有摩根簽名的合約。誰知道那是不是摩根的簽字。不過當時我沒想那麼多。我的合約不也是在他手裡嗎？

我好奇地詢問：「你怎麼逃得過管理員的法眼？」

「好像沒有管理員，我只看到老摩根自己坐在辦公室裡。」

「實在太誇張了！」我說，任何人都知道，要赤手空拳闖入摩根先生的辦公室，這比拿著會發出滴答聲音的包裹直直走進白宮還困難。

但他宣稱：「我真的去了。」

「但是，你怎麼走進他的辦公室？」

「我怎麼走進你的辦公室呢？」他反問我。

「我不知道，你告訴我好了。」

「我走進摩根辦公室的方法，和我走進你辦公室的方法一模一樣。我只是和阻擋我的門房聊了一下天而已。我讓摩根簽名的方式和我讓你簽名的方式也是一樣的。你並不是簽了一份史考特文集的購買合約，你只是拿起我給你的鋼筆，然後照著我要求你的話去做。他做的事和你一模一樣。」

「所以那真的是摩根的簽名嗎？」過了三分鐘之後，我總算開始懷疑簽名的真假。

「是的！我相信他從三歲開始就懂得簽名了。」

「所以沒有其他技巧？」

「沒錯，」他回答道，「我很清楚知道自己在幹嘛。沒有其他祕密了。我欠你很多，希望你今天愉快，李文斯頓先生。」他正打算離開我的辦公室。

「慢點，」我說，「我應該讓你得到那兩百美元。」我掏出三十五元的差額給他。

他搖搖頭說道：「不用了，我不能收這個錢，不過，我有其他的提議。」他拿出口袋裡的合約，撕成兩半，交到我的手上。

「這不是你想要的合約嗎？」我問。

「是。」

「那你為什麼撕掉合約？」

「因為你沒有抱怨，甚至讓我覺得，如果我站在你的立場，也會心甘情願收下這紙合約。」

「但是我是自願給你兩百美元。」我說。

「我知道，但錢不是重點。」

不知為何，他打動了我，「你說得沒錯，真的是這樣。好吧，你到底希望我做什麼？」

「你果然很聰明，」他說，「你真的願意幫我嗎？」

「對，」我告訴他，「真的，但是要看你需要我做什麼，我才能決定幫不幫你。」

「帶我到哈定先生的辦公室，告訴他我希望和他談個三分鐘，然後讓我和他獨處。」

我搖了頭說道：「他是我的好友。」

「他都已經五十歲了，還是個證券經紀商呢。」這位書籍業務回道。他真的切中要點，我只得帶他到哈定辦公室。接著，我就再也沒聽到這業務的消息。在數週之後的某天傍晚，我在第六大道的L線地鐵巧遇他。他舉起帽子向我致意，我朝了他點點頭。他向我走過來並說道：「你好嗎，李文斯頓先生？哈定先生也好嗎？」

「他不錯啊，怎麼問這個？」我感覺他隱瞞了什麼。

「你帶我去見他的那天，他買了兩千美元的文集。」

「他沒跟我提這檔事。」

「當然，這種男人是不會說的。」

「哪一種？」

「那種從來不會因為害怕犯錯不好就不犯錯的人。他們通常知道自己要什麼，而且沒有人可以說服他。這種人幫我的小孩付學費，並讓我的太太心情愉悅。李文斯頓先生，我也感謝你。當我拒絕你給我的兩百美元時，我就知道你會幫我。」

「但你怎麼能確定哈定先生會買你的帳？」

「噢，我確實知道。我知道他是哪種類型的人，我早就十拿九穩。」

「對，但假使他真的什麼都不買呢？」我不死心地追問。

「我會回來想辦法賣你一些東西。祝你有個美好的一天，李文斯頓先生。我要去見市長了。」火車接近公園站時，他起身說道。

「我希望他可以買個十套。」我說，「他是民主黨。」

「我也是共和黨噢。」他邊說邊走下車，不疾不徐，像是火車在等他一樣。他好像總是勝券在握。

我這麼努力地描述這故事的一切細節，是因為有另一個偉大的男人迫使我做了違背心意的決定。書本銷售員是第一個。我應該永遠都不會再上當的，但是事與願違。全世界有無數超強的業務員，而且，有時候你對具有某些特質的人就是沒輒。

不！我正在用別人的頭腦交易

雖然我備感榮幸，但仍然堅決地拒絕了派西．湯瑪斯的投資同盟提議，他離開了辦公室。自此之後，我與他的投資路線應當再也不會交會，至少我是這麼認為的。我也不確定還會不會再遇上他。但是隔天他就立刻寫信向我致謝，並邀請我去拜訪他。我回信表示樂意之至。他又再寫了一封信給我。我拿起電話打給他。

結果，我們碰面的次數變得極其頻繁。我很喜歡聆聽湯瑪斯說話，他總是能以生動的方式展現他豐富的知識。我猜想，他應該是我此生所遇見最特別的人吧。

我們無話不談，他飽覽群籍，涉獵議題廣泛，並且總是能以獨到之見理解事物。他的言談機智並令人欽佩，很難遇到與之匹敵的談話高手。我知道許多人對湯瑪斯頗有微詞，特別是其缺乏誠信，但是我常常想，或許他總是先徹底地說服自己，進而獲得強大的能量用以說服他人。他之所以能擁有如此精湛的談話技巧，或許就是這個原因吧。

當然，市場正是我們最關注的話題。當時我不看好棉花，他則相反。我根本看不到任何利多的跡象，他卻不然。他提出許多事實與數據期望可以駁倒我，但我仍舊不以為然。我確實無法辯駁他資料的真實性，只是我仍舊忠於自己的看盤結論。但是湯瑪斯不死心地繼續說服我，直到我開始懷疑自己研讀產業報告與日報後所獲得的結論。這代表我對市場已經失去了自己的眼光。雖然很難說服一個人放棄自身觀點，不過要誘使他人進入猶疑不定、優柔寡斷的狀態則相對容易。更慘的是，一旦喪失原則，將很難自信而輕鬆地再次面對市場。

老實說，雖然我還沒有到頭腦不清楚的地步，但我確實失去了沉著，甚至放棄自己的觀點，最後甚至還造成經濟損失。我沒辦法一一描述心理狀態的轉變，我想，追根究柢在於湯瑪斯對自己的數據信心十足，此外，他的數據報告屬於私人研究，而我手上的數據都是公開性的訊息。他一再強調自己訊息的可靠程度，並聲明自己在美國南部各處都有特派員。

最後，我等於是用他的觀點在解讀盤勢，畢竟我們等於是在看同一本書的同一頁，負責翻書的手還是他的。他的邏輯強而周延。只要我接受他的數據以此判斷，就一定會得到與他相同的結論。

當我們開始討論棉花市場時，我不但看空，還在市場上放空。當我慢慢接受他的判斷與數據後，開始擔憂自己手中資訊是否正確。當然，我不能明知有錯卻不回補。湯瑪斯讓我懷疑自己的判斷依準後，我立刻覺得自己該回補空頭，接著做多。這就是我的思考模式。基本上，我一生都在與股票和商品市場交手。我的頭腦認為市場若不是空頭就是多頭。如同我那棕櫚灘的朋友赫恩所說的：「下注才算數！」我必須向市場證明自己是對的，而唯一的方法就是讓利潤出現在每月的銀行帳單上。

我開始買進棉花。不用多久我手上已經擁有六萬包棉花，那正是我標準的交易量。這八成是我此生最愚蠢的交易。我把自己的觀察和推論拋在一邊，用別人的頭腦操盤。這筆爛帳顯然會愈滾愈大。我不但在自己根本不看好的時機買進，並且也沒有依照慣有的模式逐步吸進我設定的數量。我用錯誤的方式交易。因為乖乖聽別人的話，讓我虧損了。

市場與我背道而馳。當我確信自己的判斷時，從來不會感到恐懼或不耐。然而市場波動和湯瑪斯預測的完全不同，當你走錯了第一步，接下來就是步步驚魂，並讓你深陷泥淖。

我用完全違背自己交易原則、理論與性格的方式操盤，這次的交易比我十四歲在空中交易所時還愚蠢。但錯的不是我。我只是一個被湯瑪斯牽著鼻子走的交易客。

該刹車時，卻錯踩油門

我不但做多棉花，手中還有大量的小麥。小麥的操作相當順暢，而且利潤優渥。可惜的是，我愚蠢地買進棉花到將近十五萬包。這時我其實已經感到不對勁了。我並不是在為自己開脫，只是想陳述事實而已。當時我甚至到貝修海岸（Bayshore）休息了好長一陣子。

人在貝修海岸時，我好好地思考了一下。我認為自己投注了過於龐大的資本。雖然我從來都不會感到害怕，但是當時我確實相當緊張，並決定減少持有量。我打算出清小麥或棉花。

奇妙的是，雖然擁有將近十二年或十四年的經驗，並對股市瞭若指掌，我卻恰恰好做出錯誤的決定。棉花讓我失血慘賠，但我卻執迷不悟。小麥價格大好，我卻通通賣掉。為了卸責，我只好說這一切都不是我的主意，我只是湯瑪斯的傀儡啊！最可怕的投機錯誤莫過於迫切地想扳回一城。我的棉花交易血淋淋地證明了這一點。你一定要賣掉讓你虧損的交易，保留帶給你利潤的操作，這樣做才明智。對我而言，這是這麼簡單而且非常熟悉的道理，以至於到今天我都還在懷疑，我怎麼可能朝著相反的方向直奔而去。

我賣掉了小麥，刻意縮減其利潤。當我出脫所有小麥時，每英斗價格已經漲了二十美分。如果我繼續持有小麥的話，將可以得到近八百萬美元的利潤。但是，我竟然決定繼續擴大帳面虧損，買進更多棉花。

我印象很深刻，幾乎每一天我都在買進棉花。你知道我為何繼續買嗎？我只是希望價格不要往下掉！還有比這更愚蠢的判斷嗎？我就一直一直一直花錢，直到輸慘為止。不管是我的營業員或朋友，都對此大為不解，直到今天他們也沒搞懂。當然，如果情勢相反，我很可能會被視為投機教父。許多人不只一次提醒我不要過度輕信湯瑪斯的分析。我對這些建議充耳不聞，繼續添購棉花，為了阻止其價格下跌。到最後我總共買進了四十四萬包棉花，連我人在利物浦時，都不忘繼續收購。接著，一切都已經太遲了，我迅速拋掉全部持有量。

我等於賠上了我在股市與其他商品市場所賺到的利潤總和。雖然還不到破產的地步，不過，在我遇上天才好友湯瑪斯以後，我從千萬富翁變成手上只剩幾十萬美元的平凡人。對我而言，最愚蠢的錯誤在於，我竟然放棄了透過經驗累積而成的投機法則。

總之，我竟然毫無緣由地做出如此愚蠢的判斷，這是相當寶貴的一課啊！我花了上百萬美元才學到，任何交易者都有可能被睿智、健談的人所吸引，並因此做出偏差判斷。一般來說，只要花個一百美元我就會乖乖聽話了，不過命運之神從不和你討價還價，祂把教材丟給你，並立刻寄來帳單，基本上你只能乖乖掏出荷包。當我理解到自己竟然犯下如此嚴重的錯誤時，湯瑪斯從此消失在我的生活中。

這就是我的人生，超過九成的積蓄都泡湯了，我靠著運氣與智慧賺來的幾百萬美元，在一年內付諸流水。如同吉姆．費斯克說的，鈔票頭也不回地離你遠去。我白白損失了大筆財富。我賣掉了兩艘遊艇，生活也變得較為拮据。

但是，這樣的代價還不夠慘烈。命運之神決定與我戰鬥到底。我先是因病在床，接著又急需二十萬美元應急。數個月以前，二十萬美元根本算不了什麼，不過現在對我來說，二十萬美元差不多就是我僅餘的財產。我必須立刻掏出錢來，不過問題是，錢要從哪裡來呢？我不想從經紀商的戶頭提錢，因為這樣代表我將沒有任何可運用的資金充作保證金，但是，若想秒速贏回我的百萬資產，非得靠股票交易不可。我只剩最後一個選擇，那就是從股市取得這筆資金。

股市不會為你的貂皮大衣買單

華爾街正是靠著交易者的期望而存活的，幾乎所有交易所裡的每一個顧客都期待股市會替他們養家糊口。然而只要抱持著如此決心，很快你就會輸個精光。

這是真的嗎？很多年以前的某個冬天，哈定公司裡有一群自視甚高的交易者花了三、四萬美元想買一件大衣，卻沒有人有那福氣穿上它。故事是這樣的，有一個後來因為只象徵性地領年薪一美元而聲名大噪的場內交易員，穿了件綴著海豹皮的貂皮大衣來到證券交易所。當年，在皮毛價格飛升以前，該件大衣約僅值一萬美元。當時哈定公司有個叫鮑伯的傢伙，他希望也能買到綴著俄羅斯黑貂皮的大衣。他在上城看到一件幾乎一樣的款式，價值差不多就是一萬美元。

「這也太奢侈了。」公司裡的同事批評道。

「噢，還好！還好！」鮑伯愉快地承認，「差不多是一星期的薪水而已吧！還是你們有任何人願意用這大衣向交易所最偉大的作手致敬？有人想發表致贈典禮演說嗎？沒有嗎？好吧！我會叫股市幫我買這大衣的！」

「為什麼想要貂皮大衣？」哈定先生問道。

「皮大衣符合我的身分地位啊。」鮑伯一邊朝著自己比畫一邊認真地說。

「那你打算怎麼付錢？」吉姆．墨菲（Jim Murphy）問道，墨菲是交易所裡出了名愛打聽明牌的人。

「只要靠一筆很厲害的短線交易就夠了。」鮑伯回答，他知道墨菲只是想打聽明牌而已。

果然沒錯，墨菲問：「你要買哪一支股票？」

「你又猜錯了，老兄，我沒有要買哪支股票。我想要放空五千股美國鋼鐵。價格至少會掉十點。我只打算淨賺個二．五點。這樣很夠了吧？對嗎？」

「你從哪裡聽來的？」墨菲很心急地問道。他身材高挑、有著深褐色的頭髮，神情顯得相當焦躁，他常常因為害怕漏掉大盤消息而放棄午餐。

「我只聽說那件大衣是我最需要的奢侈品。」鮑伯轉向哈定先生說道，「哈定，用市價幫我放空五千股美國鋼鐵的普通股。老大，今天就幫我賣掉噢。」

鮑伯向來出手闊綽，絕不手軟，而且性格相當幽默逗趣。這就是他向全交易所展現自己決心的方法。他放空五千股美國鋼鐵，股價卻立刻頭也不回地攀升。當他誇下海口時真的很像個混帳，不過他其實不糟，他在虧損達一．五點時，就打趣地向全公司坦承，紐約的氣候一點都不適合貂皮大衣。貂皮大衣既不健康又過度浮誇。全辦公室的人都笑歪了。但是很快地，交易所裡的另一個人買了聯合太平洋鐵路股票，打算以此買到大衣。結果他輸了一萬八千美元，只得倖倖然說貂皮大衣只適合讓女人穿來炫耀，對一個富有內涵的低調才子來說實在太不稱頭了。

經過此事以後，許許多多的人都想靠著玩一把，藉此買到貂皮大衣。我還說自己最好先買下貂皮大衣，免得全交易所的人為大衣而破產。但他們說，如果我那樣做實在太不給他們面子了，如果我想要大衣，不如讓股市為我買單。不過哈定滿認同我的想法，當天下午當我到毛皮大衣專門店準備買大衣時，對方說一位芝加哥商人不久前才將它買下。

這只是其中的一個小例子而已。有數不清的人在華爾街進進出出，為的是讓股市替他的跑車、快艇、名畫或華貴手鐲買單，結果卻搞到自己賠錢。投資者妄想要股市為他買禮物，但股市拒付的錢多到足夠讓我建造一間大型醫院。事實上，在所有的華爾街倒楣鬼當中，期望得到股市施捨的人，是數量最多且最執迷不悔的。

每一個華爾街蠢蛋都有自己的理由。當他希望股市可以為他那天馬行空的想法買單時，他自己付出了什麼嗎？他只是空想而已。他豪賭一場。他所做的事遠遠比深思熟慮地投機來得危險多了，所謂的投機意味著冷靜分析現狀，並且根據自身觀點與分析結果理性操盤。而他卻只追求眼前的利益。他不願等待。即便他判斷正確，他也只給市場瞬間的時間去做回應。他還不切實際地說自己只想小賭一把。他用打帶跑的態度面對股市，當他希望賺兩點時，就用兩點作為停損點，這是錯誤的觀念，他認為這樣就代表這是成敗各半的投機。我知道許多的人用這種模式輸了上千美元，特別是在多頭市場高峰時買進，而市場正要小幅回檔的狀況時，慘況甚烈，這根本不是正確的交易方式。

我也曾經這樣輸個精光。那正是我的股票作手生涯以來最不光榮的一次戰役，也是壓垮我的最後一根稻草。我做完棉花交易後，剩下的一點點錢就此人間蒸發。當我不顧虧損繼續交易時，往往有更龐大的虧損正在等我上門。當我擁有股市一定會為我買單的執念時，唯一等著我的就是破產一途。我負債累累，不但積欠相熟經紀商一屁股錢，連其他平常願意讓我不放保證金就進場的交易所，也接連遭殃。我不但欠錢，而且從此債務纏身。

第十三章

作為投機客，只能忠於自己的判斷

生意就是生意！

投機客該學會謙卑

這就是我的故事。我再度破產，交易判斷更是錯上加錯，這點比破產更要可怕。我的健康狀況很差、過度緊張，也沒辦法理性思考。我的狀態根本不適合進場交易。我簡直渾身不對勁，甚至開始覺得自己永遠都無法再擁有明智的判斷力。因為我習慣大手筆地進出場，好比一次操作十萬股，因此我擔憂自己無法在小型交易得勝。當你手上只有一百股時，就算判斷正確也似乎無關痛癢。當我習慣操作巨量股票時，實在不知道如何精算小型交易的投機時機。我無法更確切地形容英雄無用武之地的感覺。

再次山窮水盡而且無力回擊，債台高築而且步步失利！經過多年的成功，並經歷無數應該引領我通往勝利道路的錯誤練習後，現在的我卻比在空中交易所玩耍的十四歲少年還糟。我學到很多關於投機市場的知識，但是讓我失足的卻是人性的軟弱。你實在無法仰賴人的大腦，畢竟大腦不可能像機器一樣，百無失誤的運作。我現在終於學到，我也會受到旁人觀點以及其他倒楣事件的影響與波及。

我從不為虧損感到擔憂。但是其他難題確實令人憂心忡忡。我仔細分析了自己的悲劇，當然很快就察覺到失誤的起始點。我知道自己何時犯錯，也知道我犯了什麼錯。事實上，任何想在投機市場向上爬的人，都必須深知自己的弱點。我花了漫長的時間自我教育，才理解到任何人都有可能做出非常愚笨的選擇。我常常想，如果能讓一個投機客學會謙卑，那麼多慘痛的代價都彌足珍貴。很多聰明人之所以會犯下大錯，都可以歸結於自大心態，自大對身處任何地方的任何人而言，都是相當昂貴的缺陷，對華爾街的投機客來說，尤其如此。

因為我個人的狀況，因此在紐約待的時間並不快樂。我沒心思交易，也根本力不從心。我決定離開，到別處蹓蹓找找資本。我期望轉換環境可以讓我找回自己。我再度因為股市打擊而離開紐約。我比破產還慘，因為現在我欠了幾位經紀商共十萬美元的債務。

我在芝加哥找到了些本錢。雖然金額不大，但是這不過意味著我需要一段時間來慢慢贏回我的財產。有一間我時常進出交易的證券商還是對我抱持著信心，並讓我在該公司做小額交易，以證明自己的眼光。

我起步很謹慎。我不知道如果我待在芝加哥更久，會發生什麼事。不過一段出其不意的特殊經驗縮短了我在芝加哥的行程。這真是個令人難以置信的故事。

一封神祕的電報

有一天，路休斯．塔克（Lucius Tucker）拍電報給我。他以前在我熟識的證券交易所擔任經理，不過我們早已經沒有任何聯絡。電報上寫著：

立刻來紐約。——路休斯．塔克

我知道他大概從另一個朋友那裡知道我的處境，他八成有什麼好點子。當時我根本沒有多餘的旅費再度趕赴紐約，因此我沒有照著他說的話做，反倒撥了通長途電話給他。

「我收到你的電報了，」我說，「有什麼事情嗎？」

「紐約有位銀行家想見你。」他回答道。

「誰啊？」我問。我根本猜不出可能是誰。

「等你到了紐約，我才能告訴你。」

「你說他想見我？」

「沒錯。」

「關於什麼事？」

「如果你願意給他機會，他會當面跟你說。」路休斯回答。

「你不能寫信跟我說嗎？」

「不能。」

「你給我一點提示好了。」我說。

「我不能這樣做。」

「聽著，路休斯，那你至少告訴我這不是要我吧？」

「絕對不是，你會有很大的好處。」

「你連一點暗示都不能給我？」

「不行，」他說，「這對他就不公平了。而且我也不確定他會怎麼幫你。不過我只能給你一個建議：來吧！快點動身。」

「你確定他想見的是我？」

「正是你。我勸你來這一趟吧。把你的火車班次拍電報給我，我會在月台等你。」

「好吧。」我說，並掛斷電話。

我實在很不喜歡神祕兮兮的事情，不過我知道路休斯對我很好，他大概有十足的把握，才會如此要求我。反正我在芝加哥也滿落魄的，離開正合我意。以我當時交易的速度，我要好多年才能重返舞台。

天使贊助者

我回到紐約，迎接路休斯製造的謎團。其實，一路上我都很擔心去紐約根本是白跑一趟，不但浪費火車票還浪費時間。我猜想不到，我即將面對有生以來最奇異的經驗。

路休斯在月台上等我。他很快就揭曉謎底，緊急召見我的是丹尼爾・威廉森（Daniel Willamson），他是著名的紐約證券交易所會員公司威廉森布朗證券交易所的老闆。威廉森告訴路休斯他想向我提案，而且對我會有極大好處，他相信我肯定不會和錢過不去。路休斯坦承自己根本不知道提案內容。不過以威廉森布朗證券交易所的規模看來，應當會是合情合法的事情。

早在一八七〇年代，愛格伯特・威廉森（Egbert Williamson）建立了該公司，而丹尼爾・威廉森先生則是大股東。公司名稱中的布朗則實無其人。威廉森布朗證券交易所在丹尼爾父親的時代可說是叱吒風雲，而丹尼爾不但繼承了豐厚的遺產，還承襲了該公司的客戶名單。威廉森布朗證券交易所的某位貴客，價值等同於交易所其他一百位顧客，而那正是艾文・馬奎德（Alvin Marquand），威廉的姐夫。馬奎德不但是數十間銀行和信託公司的董事，更是巨大的乞沙比克大西洋鐵路系統（Chesapeake and Atlantic Railroad system）的總裁。他是繼詹姆斯・希爾後，最有力的鐵路幫大老，同時他還是道森堡銀行集團（Fort Dawson）的發言人。他的身價達五千萬至五億美元之間，其浮動差距多半和馬奎德的酗酒程度有關。當馬奎德過世時，他們發現他擁有的財產超過兩億五千萬美元，那全都是華爾街的功勞。可想而知，他是了不得的大顧客。

路休斯剛接手了威廉森布朗證券交易所的一個職位，可說是如魚得水，他負責尋找一般業務。威廉森布朗證券交易所計畫開發一般性業務，而路休斯說服了威廉森先生開設幾間分公司，其中一間在紐約上城的大飯店，另一間則在芝加哥。我以為他們會希望我在芝加哥擔任辦公室經理之類的職務，這對我而言一點吸引力也沒有，不過，我沒有和路休斯抱怨，畢竟我想等老闆先開出條件以後，再行婉拒。

路休斯帶我到威廉森先生的私人辦公室，介紹老闆給我認識後，他就匆匆離去。我猜他大概想避免尷尬，畢竟兩方都是他熟識的人。我已做好心理準備拒絕威廉森。

威廉森先生很討人喜歡。他相當有風度，有著迷人的微笑和優雅舉止。我相信他能夠很快地和人親近，並維持良好的友誼。他態度正面而且富有幽默感。他財力雄厚，因此你很難去懷疑他的動機是否純正。總而言之，以他的教育程度和在現實社會的磨練，讓他不只彬彬有禮並且平易近人，不只如此，他還相當願意幫助別人。

我沉默不語。基本上，我確實沒有特別想說的，通常我都會讓對方完整地說完，再表達自己的意見。有人跟我說過，已故的國家城市銀行董事長詹姆斯．史蒂曼總是習慣板著一張臉，仔細聆聽任何向他提出建議的人。當對方說完時，史蒂曼常常會繼續保持沉默並注視著對方，讓對方覺得自己應該再說些什麼，並擠出一些話來。史蒂曼光靠著聆聽與凝視，就能得到比自己親自開口還優惠的條件。史蒂曼也是威廉森的好友。

不過我保持沉默的原因不是要等待對方開出更好的條件，而是想知道來龍去脈。待對方陳述完畢時，通常能更快地做出決定，這絕對節省時間，還能減少爭執與漫無目的的討論。以我參與過的商業研議會談來說，通常都能以是或否等片言決定對方拋出的提議，不過前提是我得先了解完整計畫才行。

不可承受之重——人情債

威廉森先生負責講話，我負責聆聽。他聽聞過許多關於我操盤的傳聞，他覺得我離開自己專精的領域，並在棉花市場慘遭滑鐵盧，此事讓人非常惋惜。不過，他謙稱因為我的運氣不好，他才有此榮幸與我會面。他認為我的專長在股市，那是與生俱來的天賦，應該繼續發揮。

「這就是我們的提議，」他和氣地結論道：「我們希望能和你做生意。」

「什麼生意？」我問他。

「當你的經紀商。」他說，「我們希望能經手你的股票交易。」

「樂意之至，」我說，「但是我沒辦法。」

「為什麼不行？」他問道。

「我已經沒錢了。」我回答道。

「這沒關係，」他很友善地對我微笑，「我會出本。」他從口袋拿出支票簿，寫了一張兩萬五千美元的支票，抬頭則是我的名字，並把支票交給我。

「這支票是……」我問。

「讓你存到你的銀行。你再開自己的支票。我希望你能在我們的辦公室做交易。我不介意你是輸或是贏。如果你輸光了，我可以再給你另一張個人支票。所以你也不用太過小心，知道了嗎？」

威廉森布朗證券交易所財力雄厚、前景看好，我相信他們根本不會需要任何特定人士的單子，更不用說隨便送上保證金。更何況，他未免太過友善！他給我的不是交易所的信用額度，而是實際的鈔票，因此，只有他知道我們之間的交易。他唯一的要求就是希望我在他們公司進行交易。如果我把錢輸光了，他還會奉上新的鈔票！不過，事出必有因。

「所以，你的計畫是什麼？」我問他。

「我希望公司能有個非常出名的大規模交易作手。所有人都知道你喜歡把空頭做大，這也是我欣賞你的原因。你以大筆炒作而聞名。」

「不過我還是不懂你要什麼？」我說。

「讓我直接了當地說吧，李文斯頓先生。我們這裡有兩、三個出手闊綽的交易大戶。我不希望我們每次賣出一萬、兩萬股時，華爾街就懷疑他們在賣出做多部位的股票。如果華爾街知道你在這裡進出，他們就分不清楚究竟是你在放空，還是其他大戶把做多的股票釋放到市場上了。」

我立刻懂了。他希望我以瘋狂作手的風格替他的姐夫掩護。正巧一年半以前，我以放空炒作賺了有史以來最大的一筆錢。當然，每次價格下跌時，那些愚笨的耳語都會把責任推到我身上。一直到今天，當市場非常疲弱的時候，他們還是會說那是投機小子在摜壓股市。

我不必想太多。我認為威廉森先生是在給我一個快速崛起、重返舞台的機會。我收下支票，存到銀行內，並在威廉森布朗證券交易所開了戶，開始買賣。市場很活絡，你不必特別死守任何一支股票。如同我跟你說的，我開始感到害怕，我對自己的判斷力失去了信心。但是，看來我的操盤功力仍舊一如往昔。三個禮拜後，我就靠著威廉森的資本，賺到十一萬兩千美元。

我去找威廉森先生，並說：「我來還給你那兩萬五千美元。」

「噢！不用！」他一邊說一邊揮著手，好像我要倒給他一杯難喝的蓖麻油雞尾酒一樣。「不用了！我的老弟，等你的帳戶累積到更大的數目再說吧。現在不要想這些。你才累積了一點點錢而已。」

此時此刻，我犯下了個人在華爾街生涯裡最讓人後悔莫及的錯誤。這個錯誤導致了後來無數年的折磨與痛苦。我早該堅持還他錢的。當時，我已經累積到前所未見的龐大資本，並且利潤逐漸膨脹。三週以來，我每週平均獲利高達一五〇%，我的交易規模亦逐步擴張。但是，由於我沒有退還那兩萬五千美元，因此內心對威廉森先生有所虧欠，並造成了心理壓力。當然，也因為他沒有收下之前預付給我的兩萬五千美元，我也感覺自己不能夠把利潤抽回。我對他感激涕零，但是我實在不擅長欠錢負債或欠人情。若是借錢倒還能以金錢償還，但是人情與慈悲所應回應的道德代價實在難以估量，而我又該如何對等地償還呢？畢竟，我們無法說明道德償還的界線到底在哪裡？

溫柔的綁架犯

我讓這些錢擺著不動，並繼續交易。交易進行地很順暢。我恢復元氣，相信很快就能回到一九〇七年那種意氣風發的狀態。我只希望市場榮景可以再持續一段時日，那麼我就可以賺回比以往虧掉的資本還巨大的財富。不過無論賺錢與否，我都不在乎。讓我高興的是，我已經拋棄了錯誤的習慣，那些身不由己的習慣已經整整困擾我數個月，但是我學到教訓了。

就在此時我轉為看空股市，並放空好幾組鐵路股。其中包括了乞沙比克大西洋鐵路。我大約放空了八千股。

某天早上，我在市區辦事，開盤前威廉森先生把我叫進他的私人辦公室，他說：「拉利，現在別去動乞沙比克大西洋鐵路股。你這次的操作有問題，我是說放空的那八千股。

我今天早上從倫敦替你回補，並且改成做多。」

我非常確信乞沙比克大西洋鐵路會下跌。大盤情勢不容懷疑；此外，我早看空整個市場，雖然沒有到極端看空，不過我覺得得放空一些才安全。我告訴威廉森先生說：「你為什麼那樣做？我看空整個股市，價格一定會往下走的。」

但是他搖搖頭說道：「我知道一些你不知道的乞沙比克大西洋鐵路內線消息。除非我通知你，否則你千萬別放空。」

我還能怎麼做？這不是道聽途說的耳語，而是董事長妹夫的建言。威廉森不但是馬奎德最信任的盟友，而且他一直對我很仁慈、慷慨。他完全坦率地表達對我，以及對我的想法的信任。我欠他太多。結果我的情感又再度戰勝邏輯，我放棄了。捨棄自己的判斷而服從於威廉森的建言，正是我走向毀滅的開始。感激是所有仁人志士都必有的情感，但是一個人應該避免被感激之情模糊了判斷。結果，我不只虧掉所有利潤，還欠公司十五萬美元。我覺得相當擔憂，但是威廉森先生要我不要擔心。

「我會拉你一把的。」他大力保證。「我知道除非你願意，不然我無法幫你。你必須放棄自己交易，不然你只會反過來破壞我的操盤。你就先收手吧，我會幫你取得利潤的，好嗎，拉利？」

看吧，我還能怎麼辦？我謹記他對我的仁慈之舉，並且無法違背他的恩情。我真的欣賞他，他令人喜歡又非常友善。他始終願意鼓勵我，不斷地安慰我說，一切都會好轉的。約莫六個月後的某一天，他臉上掛著愉悅的笑容跑來找我，給我幾張信用條（creditslip）。「我說過我會讓你脫困的，」他說：「我做到了。」接著我發現他不但將我的債務一筆勾銷，還放了一些信用額度在我的帳戶裡。

我想我可以很輕易的將資本增值，畢竟市況良好，不過威廉森先生說：「我幫你買了一萬股的南大西洋。」這是他姐夫主控的另一條鐵路，馬奎德當然也主導了這支股票的市場走向。

如果有人善待你如同威廉森先生對我一樣，不管你如何評斷股市，大概也只能表達感謝。就算你有百分之百的信心，但如同赫恩常說的：「下注才算數！」威廉森先生用自己的錢，為我下注。

唉，但是南大西洋價格崩跌，而且一直翻不了身。我不記得威廉森先生給我的那一萬股究竟賠了多少錢。最後，他幫我把這支股票通通賣光。我又欠了他一次人情。我想他是我此生中最仁慈、最有耐心的債主。威廉森先生從不埋怨，相反地，他總是鼓勵我，勸我別擔憂太多。到最後，他又用最慷慨的方式祕密地為我解決了債務。

經驗不可能憑空而來

我從來不知道背後的過程。魔鬼全在帳戶內的數目上頭。威廉森先生僅說：「我們用別的方法為你填補了南大西洋股造成的缺口。」他只告訴我，他怎樣為我賣掉七千五百股其他股票，並賺了不少錢。老實說，在他告訴我所有的債務已一筆勾銷前，我根本不知道任何細節。

同樣的事情發生過數次後，我嘗試用不同觀點檢視自己的處境。最後我發現了，威廉森先生其實是在利用我。發現這樣的結果讓我很憤怒，但是更生氣的是，為什麼我這麼晚才發現？當我從頭到尾想清楚事情脈絡後，我立刻去找威廉森先生，並要求解除雙方關係，接著我就離開了威廉森布朗證券交易所。我並沒有在任何人面前批評過威廉森先生和他的公司。這對我有什麼好處？但是，我對自己的痛心，不下於對威廉森布朗證券交易所的失望。

虧錢不會讓我心碎。每當我在股市賠錢時，我總認為自己將得到一些東西。賠錢，也可以讓我獲得經驗值，那就像是繳學費一樣。經驗不可能憑空而來，你必須為經驗付出代價。但是對我來說，威廉森布朗證券交易所的經驗讓我身受重傷，並失去大好機會。虧掉的錢不算什麼，你永遠可以賺回來。但是當時我遇上的大好機會，可不是每天都會出現的。

當時的市場穩健，我的看法又完全正確，很有可能賺進上百萬美元。但是我讓自己的感激之情凌駕在操盤之上。我讓自己的雙手動彈不得。我必須按照威廉森先生決定的方式去交易。總而言之，這比和親戚做生意還不痛快。這根本是最爛的交易！

這還不是最慘的！最慘的是，我根本沒有機會賺大錢了。市場平淡了下來，情勢不斷地惡化。我不但輸光了所有的資本，還債台高築。一九一一年、一九一二年、一九一三年以及一九一四年，正是漫長而艱困的時光。我什麼錢都賺不到，市場上沒有任何機會，我等於在谷底打轉。

貧困若伴隨著對往日的追悔，其痛苦將更難忍受。可怕的是，這正是我心中揮之不去的想法，也讓生活更形潦倒。我知道投機客總是犯下難以計數的錯誤。以我的狀況而言，會在威廉森先生的公司犯下如此過錯，也是很正常的事。不過作為一個投機客，任憑他人影響自身的判斷，絕對是相當愚笨且不當的做法。涓滴之情、點滴在心，不過這可不是股市的法則，因為大盤總是殺人不眨眼。我了解到，這根本是無可避免的錯誤。我沒辦法為了交易成功，而泯滅人性。但是，生意就是生意，而作為投機客我只能忠於自己的判斷。

天使的真面目

這經驗實在太詭異了。現在我將告訴你我的解讀方式。當我第一次遇見威廉森先生時，他確實非常誠懇。每次當他的公司有上千股的交易時，華爾街往往一股腦地相信那是馬奎德在操盤。馬奎德正是威廉森布朗證券交易所的偉人作手，並把所有的單子都交給威廉森先生。馬奎德確實是華爾街史上最聰明、出手最闊綽的交易客。他們希望我來做煙霧彈，掩護馬奎德的行動。

我加入威廉森布朗證券交易所不久，馬奎德就患病了。醫生很快就告知他們，馬奎德死期已近。威廉森早在馬奎德知情前，就已對此事瞭若指掌。這就是威廉森補回我放空的乞沙比克大西洋鐵路股票的原因。當時他已經開始賣出他姐夫的若干投機股，包括那支與其他股票。

馬奎德過世後，財產管理人自然必須賣出他的投機和半投機持股，而該時我們已進入空頭市場。威廉森以限制我的方式，暗助馬奎德積累資產。當我形容自己的交易量龐大並且觀測股市的眼光精準時，那實在是肺腑之言，毫無自誇之意。我深信威廉森絕對記得我在一九〇七年時在空頭市場大獲全勝，他絕對不想冒那個風險。為什麼呢？如果我照原有的方式操作，將獲得極大利潤，等待他預備將馬奎德的財產賣出時，我手中應該已經有十萬股了。假若我全力放空，將讓馬奎德資產繼承人遭到幾千、幾百萬美元的損害，畢竟馬奎德的遺產僅約一、兩億美元。

因此，威廉森先生寧可讓我負債累累，再為我償清債務，這樣比讓我在其他公司大力放空，來得划算多了。如果不是因為我對威廉森先生充滿感激之情，我肯定會猛烈地放空。

我一直認為，與威廉森先生交手是我股市生涯裡最有趣的一段，這段經驗不但有趣，也很慘痛。他讓我付出昂貴的代價換得教訓，並花好幾年的時間休養生息。好在我很年輕，花個幾年等待消失的幾千、幾百萬美元回來也不算多困難。但是，五年的窮苦潦倒確實磨人，不管正值年輕或頭髮已花白，窮困的生活都讓人喪志。沒有遊艇不算什麼，但是疲軟的市場是你無論如何都無法改變，還得吞下去的事實。我就這麼眼睜睜地失去意外難得的大好機會，當我伸出手時，機會已莫名流逝。丹尼爾．威廉森無疑是箇中好手。他眼光犀利、足智多謀，並且能夠大膽行動。他絕對是個思想家，並且很有想像力，能夠洞悉所有人的心理弱點，並冷靜預謀、個別擊破。他八成已暗自盤算過，並很快就想到對付我的方法，讓我在市場上完全地失去作用力。他確實沒有騙我半毛錢。相反地，表面上他毫不吝嗇地施予我金錢上的幫助。但同時他深愛她的姊姊，馬奎德夫人，並盡其所能地助她一臂之力。

第十四章

沒有任何投機者該死命效忠多方或空方

唯一需要的是正確判斷

人情味不適用於華爾街

在離開威廉森布朗證券交易所後，我仍舊不時為錯過美好的機會而痛心疾首。我們進入了一個毫無利潤可言的時期，度過將近四年的貧苦歲月，連要賺一分錢都無比困難。比利．亨利傑（Billy Henriquez）曾經說過：「這是連臭鼬都放不出臭屁的市場。」

我好像命中注定非得走上這麼一遭。或許上帝希望透過磨難來考驗我，但是我並沒有自大到非得透過如此慘烈的經驗才能獲得教訓吧？我也從未涉足讓許多投機者深陷的犯罪深淵。我交易時從不像別人那般躁進。我的行事風格與其他交易者相差甚遠，理應得到四十二街以北的金融區的褒揚，而非貶損。講求人情這種做法對華爾街而言不但荒謬，而且代價昂貴，但是這個經驗最可怕的一點就是讓人認為，人情味果然不適用於華爾街。

我離開威廉森布朗證券交易所並到其他號子交易。我在每間公司都虧了錢，並自認倒楣。畢竟，我根本是在向市場索討根本不存在的鈔票。我可以很輕易地得到融通，畢竟交易所的人都對我深具信心。他們對我的信心強大到令人吃驚，然而當我終止信用交易時，積欠的債務已達一百萬美元。

我並沒有失去交易的天賦，只不過這四年來，市場上毫無利潤可言。我繼續在股市大浪中搏鬥，想積攢一些本錢，結果只是讓自己負擔更多債務。因為不想再欠朋友錢，因此我終止個人交易，轉為代客操盤，替許多仍舊視我為疲乏市場救星的人服務。我以收取一定比例的利潤作為報酬，養活自己，這大概就是我苟活下來的方式吧。

當然，我不會每天都輸錢，只是賺來的利潤完全無法消滅債務。最後每況愈下，我經歷了人生中第一次的低潮。

我覺得渾身不對勁。但是我並沒有成天哀嘆逝去的遊艇和百萬現金。日子確實不好過，但是我並不善於自憐。我認為，時間和上帝不會自動赦免我的債務，因此我決心解決問題，很顯然地，解決債務的唯一方法，就是賺錢，而賺錢的唯一途徑，就是取得交易勝利。既然我曾經在股市呼風喚雨，那麼理當可以重現榮景。我不只一次絕地重生，市場遲早會回應我的需求。

我說服自己，千錯萬錯都是自己的錯，而市場依舊。好吧，那現在我有什麼問題呢？我以平常檢討交易瓶頸的方式檢討自己。結果發現最大的問題，來自於我永遠都在為手上持有的資產擔心。我永遠都活在焦慮之中。你得知道，這並不只是為債務操心煩惱而已。任何生意人都會在商業經營的過程中負債。對我而言，多數的債務不過是因經濟情勢失利而造成的商業債務而已。相較之下，某些投資者因為氣候因素而造成的商品損失往往更為嚴重。

當然，當時間拉長，而我的債務壓力絲毫沒有減輕時，就沒辦法再如此哲學性地探討債務問題了。簡單來說，我負債超過一百萬美元，然而這全都是股票市場的虧損。多數的債主都相當仁慈，不會來踩我的痛處，不過有兩位債主顯然反其道而行。他們成天跟著我打轉。每次我獲得利潤時，他們都恰好在場，不但會勤勞地打聽我的行動，還要求取回應有的金額。我欠其中一個人八百美元，他不時威脅要和我對簿公堂，並凍結我的財產、查封傢俱等等。我真的不了解為何他老是以為我私下藏匿現金，難道我看起來還不夠像個窮途潦倒的流浪漢嗎？

研讀自己的內心狀態

當我真正深入問題時，我發現重點不在鑽研大盤，而是研讀自己的內心狀態。我很冷靜地分析自己的處境後發現，憂心忡忡的人實在不可能成功立業，而同時，負債累累的人也不可能不擔心帳單。我的意思是，假使債主在我有能力取得足夠資本前就不斷騷擾我，堅持我先還債，我要如何東山再起？事實再明顯也不過，我對自己說：「我必須宣告破產。」如此才能減輕心頭之患。

這聽起來很簡單也很輕鬆，對吧？但我向你保證，實情卻相當令人難受。我真的很不喜歡讓人誤解或製造誤會，我痛恨窘境。我其實從來不在乎鈔票，更別說為了鈔票而說謊。但是我知道別人不那樣看我。當然我心知肚明，如果能重新來過，肯定會償還所有的債務與責任。然而，除非我能以往日的方式操盤，否則我根本無法清償高達百萬美元的債務。

我渾身緊繃地去見債主。對我來說，這實在很困難，他們幾乎都是我的老朋友與老夥伴。

我鼓起勇氣開誠布公地說：「我宣告破產為的不是逃避償還債務的責任，這麼做是為了我們雙方的好處。我必須重拾賺錢的能力。我已經思考宣告破產一途達兩年之久，只是沒勇氣說出來而已。我相信這對我們雙方都有益處。用大白話來講就是，我實在沒辦法在擔憂債務的狀態下，正面迎戰股市。我後悔不是在一年以前就宣告破產。這就是我的心路歷程。」

所有人的回應都一模一樣。他們代表公司和我談判。

「李文斯頓，」他們說，「我們了解，也很清楚你的狀況，我們的做法就是讓你解脫。你請律師準備好文件，無論如何，我們就以你的意願簽字。」

這就是所有大債主的統一說詞，也是華爾街仁慈的一面。不過他們的舉動絕對不是出於過於天真的善意或運動員精神，而是因為這是最明智的決定，並將帶來財源。我很感謝他們的善意，以及面對市場時的積極態度。

債主們讓我卸下將近百萬美元的重擔。但是仍有兩位債主不願簽字，一位就是先前提到借我八百美元的男人，另外我還欠一間已經倒閉的交易所六萬美元，破產管理者和我互不相識，但是他從早到晚都不放過我。即使債權人們願意遵循大債主所立下的和解模式，我想法院也不會讓他們簽字了結。總之，我的破產程序讓我的債務減輕到只剩十萬美元，但是如我所述，我欠下的債務事實上超過一百萬美元。

消息出現在報紙上時，我感到極度不適。我向來全額償清債務，但報紙的報導卻讓我羞愧地抬不起頭來。我知道自己有生之年一定會償還債務，但是閱讀報紙的人不會明瞭這一點。當我讀到報導後，連出門都感羞愧。但是那股羞愧感也會隨著時間的流逝而消失。我沒辦法用言語形容，那種解脫感有多麼深刻，當你知道再也不用理會那些不了解你得全心全意投入，才能在股票市場上有所斬獲的人，那種解脫感實在舒暢。

我現在終於獲得全然解脫，並能聚精會神地面對股票市場，無須為債務煩憂，接下來的第一步就是籌措資本。一九一四年七月三十一日至十二月中旬，紐約證券交易所徹底關閉[1]，華爾街陷入大蕭條，有很長的一段時間，根本沒有任何生意可做。我欠所有朋友錢，因為朋友們對我如此慷慨友善，因此我實在很難開口尋求第二度協助。我知道，沒有人應該為朋友兩肋插刀至如此地步。

作手生涯以來最嚴峻的考驗

要籌措到一定數目的資本談何容易？因為紐約證券交易所已經關閉，所以我無法央求任何證券商幫我，我試了許多地方仍舊一籌莫展。

最後，我開口向威廉森先生請託，此時是一九一五年二月。我告訴他我已經擺脫欠債所造成的心頭壓力，準備毫無顧忌地展開交易。還記得嗎？當我對他有所好處時，他慨然資助兩萬五千美元，供我運用。

然而在此迫切的時刻，他僅說：「你要是看到任何有潛力的股票，我可以協助讓你買

1 受到一九一四年歐戰爆發影響，外國投資者快速拋售美國證券，並把資金匯回本國，導致黃金流出和貨幣緊縮，隨後因聯邦儲備系統的新國庫券還未準備好釋出，使得問題更加複雜。為了避免股市發生災難，美國於一九一四年七月至十二月關閉紐約證券交易所。

個五百股，絕對沒問題。」

我向他道謝並離開辦公室。威廉森曾經奪走我大賺一票的好機會，又藉由我的雙手為自己賺取高額利潤，說真的，他拒絕給予我高額資本讓我頗感惱怒。我計畫謹慎地起步，不過如果資本不只是區區五百股的話，我確實可以比較快地恢復正常經濟狀況。但是我知道，現在要捲土重來就得靠這五百股了。

我離開威廉森的辦公室，並重新思考目前的局面以及我個人的問題。現在正是多頭市場。但是我的資本額僅有對方承諾的五百股，這代表著我沒有多少轉圜餘地。事實上，我連最輕微的波動都承受不起。也因此，我最好在第一次交手時，就逐步累積利潤，不得失誤。第一筆五百股必得獲利，我真的很需要錢。我知道除非手中握有足夠的資本額，不然我根本無法好好操盤。唯有擁有足夠的保證金，我才能極其冷酷、冷靜地判斷股市，用從前的方式測試市場，即便測試結果會帶來些許虧損，也實無所謂。

我知道，這一刻我面對投身投機事業以來最嚴峻的考驗。假使我失敗了，我將不知何時、何地能夠再度擁有重新來過的機會，又或者，我將永遠倒地不起。事實擺在眼前，我必須等待最合適的時刻。

經驗最終戰勝了貪婪和希望

我刻意遠離威廉森布朗證券交易所長達六週，並用此時間仔細研讀大盤走勢。我擔心假使自己跑到辦公室並摩拳擦掌準備好交易五百股的話，會很容易選錯交易時間點、甚至選錯股票。作為一個交易者，除了要研讀基本盤勢、了解市場固有趨勢、考慮一般大眾心理，以及經紀商的操作限制以外，還必須深知自己的弱點並且防患於未然。你無須為自己的人性感到憤怒，我慢慢了解，知悉自己的內心狀況和讀懂大盤一樣重要。思考並了解自己面對活絡市場的衝動與受到的誘惑程度，就等同於了解收成狀況與分析盈餘報告。

因此，我日復一日地坐在某經紀商辦公室的報價看板前研究市場，我的雙眼不放過任何一筆交易；我又窮又潦倒，一心想要進場一搏。不過，我得等合適的時機來臨。

應該所有人都知道一九一五年開始，全球進入多頭市場，而我特別看好伯利恆鋼鐵[2]（Bethlehem Steel）。我深信價格會大幅上漲，但是為了確保我的第一筆交易不會滅頂，我必須等待股票面值突破一〇〇美元後再行動。

2 隨著第一次世界大戰爆發，戰爭的衝突不斷發生，鋼材需求明顯增加。在此環境下，鋼鐵股必定會大漲，而伯利恆鋼鐵公司則是上漲行列中的其中一支股票。

我曾經提過，就我的經驗而言，當某支股票首度突破一〇〇、二〇〇或三〇〇美元時，總是會持續再漲個三十點或五十點；若該股突破三〇〇美元大關，那麼其上漲速度會比突破一〇〇美元或二〇〇美元時還要迅速。在我先前操作的大規模交易中，曾經手安納康達股，當時我於該股突破二〇〇美元時買進，隔天以二六〇美元賣出。我在股票突破面值時買進的做法，可以追溯到早期在空中交易所的歲月。這是相當古老的交易原則。

可想而知，我有多麼想恢復過去的交易規模。我滿腦子想著入場交易，根本無暇顧及其他事情，不過我還是盡力克制自己的衝動。如我所期，伯利恆鋼鐵股票價格一點一滴的攀升，但我壓抑住直奔威廉森布朗證券交易所買下五百股的衝動。我知道，我必須盡其可能地讓第一筆交易穩當出手。

每當伯利恆鋼鐵上漲一點，就代表我錯失了賺進五百美元的機會。若伯利恆鋼鐵開始上漲十點，就代表我的五百股可以加碼成一千股，而每上漲一點就會為我帶來一千美元的收入。但是我不動如山。我不想讓過度滿溢的希望與樂觀，取代了冷靜判斷，與經驗所帶給我的謹慎。當我獲得足夠資本時，我將再度踏上冒險之旅。但是在資本不足的情況下，任何小小的風險都會帶來難以負荷之重。我用六週的時間證明，經驗最終戰勝了貪婪和希望之念！

當伯利恆鋼鐵突破九〇美元時，我開始動搖了。想想看，一開始就看好該股卻沒有買進，我的損失究竟有多大？當該股突破九八美元時，我對自己說：「伯利恆鋼鐵會突破一〇〇美元，等到那一刻，一切都會為之扭轉。」

大盤走勢和我的意念完全一致。事實上，大盤徹底呼應了我的觀點。當電報機出現九八美元時，我已經預期一〇〇美元即將來臨。我知道這絕非出於個人的願望或欲求，而是看盤本能正在主導我的眼光。因此，我再次對自己說：「我實在等不到一〇〇美元了。我想現在就買，這支股票一定會超過面值的。」

我衝進威廉森布朗證券交易所買下五百股伯利恆鋼鐵股票。那時行情為九八美元，我以九八美元到九九美元之間的價格買進五百股。當我買進以後，價格立刻狂飆，當天晚上收盤價格已為一一四美元或一一五美元。我又買進五百股。

隔天，伯利恆鋼鐵漲到一四五美元。我有本錢了。這確實是我辛苦賺來的本錢。過去六週，我經歷了有史以來最煎熬與最費神的等待。但是，這值回票價，因為我現在擁有足夠的資本，可以大規模交易。光靠五百股，我絕對不可能有任何作為。

股票遊戲從未改變，人性也是

對任何行業來講，起步都很重要，自從伯利恆鋼鐵以後，我的操作非常順利，和過去幾年截然不同。確實，我好像煥然一新了，我不再處於備受騷擾或失手連連的狀態，現在的我出手心平氣和，順遂無比。沒有債主繼續找上門來，也沒有資本額不足的問題，我可以冷靜地以經驗判斷未來，思緒不再受到各方阻礙，帳面利潤自然不斷增值。

突然之間，就在我的經濟狀況直線好轉時，發生露西塔尼亞號（Lusitania）擊沉事件。每隔一陣子，就會有突發事件讓交易者心碎，並且提醒他，沒有人能永遠掌握市場，並且置身於造成虧損的災難之外。有人說，露西塔尼亞號事件並沒有造成任何專業交易者的經濟虧損，他們甚至說，早在華爾街得知事件發生以前，他們就已掌握了消息。我似乎不夠聰明，沒有獲得小道消息並且避開跌勢，此外，除了露西塔尼亞號擊沉事件外，我沒有預測到一、兩次價格反轉，一九一五年底，我的經紀商帳戶因虧損之故，只餘十四萬美元。這就是我實際賺到的金額，儘管一整年來我對股市的預測幾乎從未出錯。

隔年，我的表現好轉，手氣很好。我相當看好瘋狂的多頭市場，而市況也如我所期，也因此，我所能做的就是盡情累積利潤。這讓我想起標準石油的羅傑斯（H. H. Rogers）曾經說過，當賺錢的時機來臨時，鈔票真的擋也擋不住，這就像沒有撐傘行走在暴雨中，怎麼可能不全身濕透呢？這恐怕是我們所經歷過最極致的多頭市場。每個人都看得很清楚，協約國從美國購入各式各樣的物資，並讓美國成為全世界最繁榮的國家。美國製造業擁有其他國家所沒有的產品，因此鈔票源源不絕地湧入。我的意思是，全世界的黃金以洪水之姿湧入美國。通貨膨脹立刻伴隨而至，不過原因當然是因為所有的商品價格都在飆漲。

從一開始，市場變化就明顯到完全無須炒作股價，所謂的布局也相對簡單許多。這就是所謂的「戰爭新娘景氣」（war-bride boom），戰爭新娘景氣不但自然而然醞釀而成，也為普通大眾帶來極高利潤。一九一五年，華爾街的股利分配，攀升到了前所未見的高點。不過普羅大眾並沒有將全部的帳面利潤轉換成鈔票，或也沒有將已然落袋的獲利守住，這就是歷史不斷重複的悲劇。

世界上大概沒有一個地方像華爾街一樣，允許歷史如此放肆、這麼頻繁或這麼一致地重複發生。當你研讀當代景氣循環和恐慌事件時，你會震驚不管今日或過往的股票投機客，都沒有太大差別。股票遊戲從未改變，人性也是。

能解讀大盤給你的暗示嗎？

一九一六年，我隨著漲勢起伏。我和所有人都一致看好股市，但從未鬆懈。所有人都明瞭，市場必有終結之日，因此我隨時瞪大雙眼尋找警訊。我對小道消息的來源絲毫不感興趣，我的觀察方向並非聚焦於一點。不管是當時或現在，我也從來不覺得自己該死守住市場的某一陣營。若我已獲得出場警訊，那麼即便多頭市場繼續供給利潤或是空頭市場釋出善意，都無法阻止我的腳步。沒有任何投機者該死命效忠多方或空方。你唯一需要在意的是如何正確判斷。

你必須謹記另一件事，市場不會在光輝燦爛的榮景中達到股價最高點，也不會在情勢突然扭轉之間終結。市場時常會在股價普遍開始下跌之前，就早已變身，並且不再是多頭市場。我觀望許久的警訊終於來到，我注意到原本主導市場的多支股票一一從頭部回檔好多點，但是卻沒有再回到頭部，這是數個月以來第一次出現這種情形。股票漲勢已然結束，我的交易策略勢必須立刻改變。

道理很簡單。對多頭市場來說股價大勢基本上是往上走的。然而，若個股背離大勢，交易者會判斷該股出了問題。經驗老道的交易者多半會認為事有蹊蹺。當然，老手們不會等到大盤來解惑或寄發公文，當他感覺到大盤暗示「出場」時，就會立刻離開。

如我前面所言，我注意到許多指標股不再上漲。它們降了六、七點後就停滯不動。同時，市場上其他股票則在新的指標股帶領下繼續上漲。因為這些上市公司並沒有發生任何異狀，因此說明了原因一定不在企業本身。這些股票幾乎數個月來不斷地持續上漲，當它們不再上漲時，多頭走勢仍舊蓬勃發展，這表示對這些股票來說，多頭市場已經結束。至於對其他股票而言，上漲走勢仍舊不容質疑。

不過我不會因此感到困惑而遲疑不決，畢竟這當中並沒有任何明顯的逆流。我並沒有轉為看淡市場，因為這不是大盤所顯現的趨勢。雖然多頭市場尚未結束，不過也近在咫尺了。因此，我決定看壞已經停止上漲的股票，因為市場的其他部分仍保有漲勢，我選擇一面買進一面賣出。

千萬別在頭部放空

我放空停止上漲的指標股各五千股，接著做多新的指標股。我放空的股票表現平平，但是做多的股票則是繼續上漲。最後，當這些股票也停止上漲時，我選擇賣光，反手放空，每支各放空五千股。這時我已經偏向放空，而非做多，因為顯然下一次的錢潮應當會依附著跌勢而來。雖然我知道空頭市場已經搶在多頭市場結束前開展了，但是全力放空的時機仍舊尚未成熟。我實在不必比國王本人還像個忠心耿耿的保皇黨，尤其絕對得避免操之過急。大盤只說空方已經開始布局準備殺入，而時機正在一點一滴的醞釀之中。

我繼續買進和賣出，大約經過一個月的交易後，總共放空六萬股。我將十二支股票個別放空五千股，這十二支股票都是一年前的熱門股，並且為多頭市場的指標股。這六萬股並不是極大的空頭部位，不過請謹記，市場也還沒有完全確定走空。

接著，某天市場呈現極度疲軟的狀態，所有股價都往下跌。這時在我所放空的十二支股票，幾乎每一支都讓我獲得至少四點的利潤。我知道我壓對寶了。大盤告訴我，現在即刻開始放空，所以我加碼了一倍。

我建立了自己的空頭部位。我在明確的空頭市場放空，市場將會往我的方向走來，我簡直等不及了。當我加碼後，有很長的一段時間，我沒有再進行任何交易。在我全力放空的七週後，我們遇到著名的「洩密事件」，股價嚴重下跌。據傳，有人從華爾街得到消息，知道威爾遜總統即將發表聲明，並促成歐洲大陸進入和平狀態。當然，美國本地的戰爭新娘景氣之所以起始與維持，正起因於爆發世界大戰，因此和平狀態絕對代表著利空。

雖然有人指責一位資深的場內交易員，說他靠著預先得知的消息而獲利，但是他聲明自己賺錢靠的並不是小道消息，而是因為他早就預測空頭市場的到來。我自己早在七週之前，就已經把空頭部位加碼了一倍。

威爾遜總統發布宣言後，股市慘跌，我立刻回補空頭部位。這是我唯一能做的。當未能預測的突發事件出現時，你只能運用命運之神給你的大好機會。我的意思是，當你在跌勢之中擁有廣大市場，並且游刃有餘時，你應當盡快將帳面利潤轉為鈔票。即使在空頭市場中，也很少有機會不用自行拉抬價格就能回補十二萬股，你多半得等待市場給予機會，才能以不損失帳面利潤的方法買進股票。

我想特別強調，我從未料到在任何特定時刻因為任何特定原因，出現如此嚴重的股價崩跌。如我前面所述，我只是依憑三十年的交易經驗，知道意外事件多半會依循阻力最小的路徑推進，我就是以此路線，決定我在市場的走向。此外，請你記住：千萬別在頭部放空。這樣很不聰明，最好等當回檔沒有反彈時再放空。

一九一六年，我淨賺約三百萬美元，靠的正是在苟延殘喘的多頭市場做多，然後在空頭市場開始時放空。我前面說過，任何人都不必死守著空方或多方的貞節牌坊。

小額操作，也可能瞬間大賠

那年冬天，我又到美國南方的棕櫚灘度假，為的當然是我熱愛的海釣。我放空股票和小麥，兩者都呈現可觀的利潤，我心無罣礙而且輕鬆愉快。當然，除非我真的把自己丟到歐洲去，不然我不可能完全無視股票或商品市場的波動。我在紐約北部阿第倫達克山區（Adirondacks）的別墅裡就設有直通線路，確保我和經紀商的聯繫。

我定時會到棕櫚灘的經紀商分公司報到。我注意到，被我冷落的棉花市場漲勢強勁。當時為一九一七年，我聽說威爾遜總統致力於謀求和平。這類消息傳自華盛頓，其中某些來自新聞界的電報快訊，有些則是流傳於棕櫚灘的沙灘上。有一天我突然想到，許多市場的走勢似乎都在反映著對威爾遜總統和平提議的信心。和平既然已在眼前，股票和小麥終將下跌，棉花則應該會上漲。我在股市與小麥市場都已經布局完成，唯一不足的是棉花市場。

當天下午兩點二十分時，我手上連半包棉花都沒有。但是當時間來到兩點二十五分，我確信和平時代已然來臨，因此快速買進一萬五千包棉花。我期望依循舊有路線操作，買進我所需的棉花。下午市場收盤後，我們收到德國的「無限制戰爭」（Unrestricted Warfare）聲明。我們什麼都不能做，只能等待隔天開市。我記得當晚在葛麗萊俱樂部裡，一位美國最具實力的工業鉅子提議以當天下午收盤價低五點的價格，賣出任何數量的美國鋼鐵。在場有好幾位來自鋼鐵之都匹茲堡的百萬富翁，所有人都對此提議無動於衷。他們知道開盤後，恐怕將發生無可逆轉的暴跌。

果然，隔天早晨，股市和商品市場一片混亂。某些股票開盤價比昨天晚上收盤時低了八點。對我來說，這真是不可多得的好機會，讓我得以回補所有的空頭部位並大為獲利。如我前面所言，如果空頭市場面臨前所未有的混亂時，回補總是正確的。

假使你操作規模相當龐大，你將可以快速地把帳面利益轉成實質利潤，而不用擔心金額縮減。舉例來說，當時我正放空五萬股美國鋼鐵，並同時放空其他股票。當回補機會來臨時，我速戰速決，並獲得約一百五十萬美元的利潤。這絕對是不容輕忽的好機會。

前日我在收盤前最後半小時購買的一萬五千包棉花，開盤時已下跌五百點。跌幅相當驚人，同時意味著我虧損了三十七萬五千美元。雖然股票和小麥的情勢很明顯，所有的聰明人應該都會選擇趁著跌勢趁機回補，但面對棉花，我則顯得六神無主。情況相當複雜，雖然我一向願意在判斷錯誤時認賠，但當天早上我卻不是那麼心甘情願。接著我想到，自己來到南部是為了要好好釣魚放鬆，而不是和棉花市場糾纏不清。況且股票和小麥都讓我稱心如意了，因此我打算認賠棉花。為了記帳方便，通常我會認定自己剩下一百萬美元的利潤，而非一百五十萬元，這就像你問業務員太多問題的時候，他多半會將問題四捨五入一下。

假使我前一天沒在收盤前搶進棉花的話，就可以節省下這四十萬美元。這讓我學到，即便小額操作，也可能瞬間就虧掉大筆本錢。我的設定完全正確，並因為某些事故而受益，然而這些意外和我操作股票和小麥的狀況正巧相反。請注意，對交易者來說，沿著阻力最小的路徑移動確實是黃金法則。即便德國人的聲明造成無法預料的市場衝擊，價格走勢仍不出預料。若情勢不脫我預計的範圍，那麼我的三種操作都會穩穩地保住，因為若和平時期到來，股票和小麥肯定會下跌，棉花則會往上攀升。三種投資項目都會讓我獲利。不管我們處於和平或戰爭時代，我在股票和小麥市場的操作都完全正確，這是意外事件能助我一臂之力的緣故。至於棉花方面，我根據市場外的政治因素進行操作，我賭威爾遜的謀和策略會成功，讓我在棉花交易上慘賠的其實是德國軍方領袖。

東山再起後的決心

一九一七年當我回到紐約時，我償還了所有債務，總額高達一百萬美元。對我來說，能償還債務太令我高興了。本來我可以提早幾個月償清債務，但是我估計當時手上的交易可以帶來豐厚利潤，因此必須留住高額資本作支援。我必須徹底利用一九一五年和一九一六年的大好市場，為我自己和所有債主敲出一記全壘打。我知道將有大筆金額入帳，因此我不擔心繼續拖延債務數個月，畢竟我最終還是償還了許多人以為再也拿不回來的欠款。我不喜歡零零星星地償清債務，或是分批向不同債主清償，我希望能一次了結所有債務。只要市場仍舊站在我這邊，我就會以財力所及的方式，繼續大規模交易。

我希望支付利息，但是所有簽字助我解脫債務的債主們，都異口同聲地拒絕。獲得最後一筆欠款的則是那位借我八百美元的傢伙，這個人曾經落井下石並不斷騷擾我，讓我失去交易信心。我先讓他聽聞所有債主都拿到錢的消息後，才緩緩交予他欠款。希望下次若有人欠他個幾百塊錢時，他可以表現得厚道一點。

這就是我東山再起的故事。

當我全額償清債務時，我撥出大筆資金成立年金。我發誓再也不要經歷窮途潦倒的生活。婚後，我自然也撥款為太太成立信託。當兒子出世後，我也提撥一筆錢為他成立信託。

我並不是害怕股市奪走我的財富，而是知道某些時候，人就是會犯失心瘋並花掉所有積蓄。我希望太太與小孩不會受到我的牽累。

無數人都成立過信託或年金，但是卻在某些緊急狀況下央求太太簽字，讓他取回現金，最後血本無歸。但是我布局縝密，不論我或是太太有何欲求，我們的信託帳戶都會不動如山。不論是誰，都無法破壞信託所承諾的保障。不管是妻子對我的愛或是市場波動，都不會損害信託基金一絲一毫！

第十五章

生命本就是一場賭局

無法迴避的風險永遠存在

犯錯的代價就是買單

風險是投機市場與投機客永遠都無法迴避的災難。任何有遠見的投資者都必須承擔商業風險。一般的商業風險不會比出門上街或火車旅行的危險程度高。若因為意外事件而虧損就懷恨在心的話，那簡直與憤恨暴風雨無異。從搖籃到墳墓，生命本就是一場賭局，既然我們都沒有未卜先知的能力，那麼就無須為突如其來的風暴感到不平。不過在我的投機生涯中，倒有幾次雖然判斷正確、操作得宜，卻仍舊因對方卑劣的手段，因而蒙受重大損失的經驗。

若投資者具備足夠的眼光，以及快速判斷局勢的能力，應能防止騙徒、懦夫與無聊大眾的惡行劣跡。我從來沒有遇到極端醜惡卑鄙的騙徒，頂多在空中交易所進出時碰過幾個騙子，畢竟即便在空中交易所的時代，誠實仍舊是投機者的最高原則。真正能帶來利潤的是合法合情的操作，而非矇混欺瞞。當我進出交易所時，會特別注意經紀商的行為舉止，以免他們在暗處計算我，我對於他們這種不光明的舉動相當反感。儘管如此，正直的人偶而還是會栽在暗中放箭的小人手上。

不管是小說家、保守派或女人，都以為證券交易所大廳是公然賄賂之地，他們幻想華爾街的日常交易宛若前線戰事。不過對我而言，我從不視交易為激烈的競爭。我不與其他交易者或其投資策略為敵。我們之間的差異僅僅在於對基本情勢的解讀不同罷了。劇作家認為商戰並非心理戰，而是商業技法間的競技。對我而言，我只堅信事實，也只觀看真實，並以此作為行動策略，而這正是伯納德．巴魯克[1]的生財祕技。有些時候，我也會判斷失準或是無法釐清真相，而這意味著商業虧損。我錯了，而犯錯的代價就是買單。

不論獲利者是誰，沒有任何理性的人會拒絕為錯誤付出代價，這是必然而毫無例外的現實。但是在判斷正確的情況下，我絕對反對賠錢了事。我所指的狀況並非情勢突然改變的那些交易，而是投機風險；投機風險提醒所有交易者，唯有利潤化為帳戶裡的現金時，才能放下心中的大石。

當世界大戰在歐洲爆發後，商品價格一如所期地開始飆漲，如同戰爭必然伴隨著通貨膨脹，這點預測非常簡單。當然，商品價格隨著戰爭的進展而拉長陣線。你或許記得，一九一五年正是我忙碌著重返舞台的時間點，股票熱潮出現，而我緊握機會。對我而言，最

1 伯納德．巴魯克（Bernard M. Baruch），富蘭克林．羅斯福總統最信賴的顧問，也是伍德羅．威爾遜總統的戰略顧問。巴魯克透過糖和股票的投機操作，成為百萬富翁，當時許多年輕的交易員都尊他為楷模，李佛摩也是其中之一。因為喜歡獨自操作，因此贏得「華爾街孤獨之狼」的封號。

順手、最安全又最快的賺錢工具就是股市，而股市確實待我不薄。

逆勢商品背後的真相

一九一七年七月，我不但清償所有的債務，手頭上還有一筆可供運用的資金。這代表我有時間、資本與意願，在商品市場一展身手。我早已花了數年時間研究所有市場走向。比起戰前，商品價格最高甚至已翻至四倍之譜。唯一的例外是咖啡。當然，這背後定然有故事。戰爭爆發意味著歐洲市場關閉，貨運船往返咖啡產地與美國本土之間，久而久之，導致美國本地咖啡豆供給過量，從而壓低價格。當我開始考慮投資咖啡的可能性時，咖啡價格甚至低於戰前水準。如果這種不正常的走勢相當清楚，那麼我們可以預測當德國與奧地利的潛水艇激烈作戰時，商業船舶的往返數量必將日漸減低，最終，咖啡的進口數量也將連帶下跌。當消費量不變而供給量又無法提升時，過剩的存貨必然會由市場吸收，咖啡的價格就會和其他所有商品一樣，開始急速上漲。

這點小事，任何人都看得出來吧，我可沒有自認為是福爾摩斯。但我還真不知道為什麼其他人都沒有買進咖啡。我認為買進咖啡其實比較近似於投資而非投機，雖然，資金不會很快就流進來，但我確信咖啡豆會帶給我利潤。我以銀行家的角度謹慎而保守地投資，而非豪賭。

我自一九一七年冬天開始操作咖啡豆，而且囤積了相當大筆的數量，但市場仍無動於衷，價格沒有任何變動，也沒有如我所期地往上攀升，結果，我持有龐大數量的咖啡豆達九個月，一無所成。等到合約到期，我賣出所有手中的咖啡豆，並承受巨額虧損，儘管我仍舊堅信自己的看法無誤，不過顯然我錯估了「時間」。咖啡價格必然會像其他物資一樣往上攀升，因此就在我賣出持貨不久後，我又開始買進。我買進了高達先前三倍量的咖啡，企圖彌補過去毫無利潤可言的九個多月。當然，我也買進延後期權（deferred option），以作自保。

我確實沒猜錯。當我持有三倍數量的咖啡豆時，價格開始上漲。人們好像突然間醒悟，紛紛關心起咖啡市場。看來我的咖啡投資將帶給我極高的報酬。

我所持有合約的賣方都是有著德文名字的咖啡烘焙企業或關係企業，他們信誓旦旦地保證，會將咖啡豆從巴西帶進美國。但是，船根本沒有開。他們把自己逼入絕境，一方面賣給我大批咖啡豆，另一方面卻無法從遙遠、咖啡產量充足的南方大陸出口存貨。

請記住，我看好咖啡市場時，其價格甚至遠低於戰前時期的水準，此外，我買進咖啡之後有將近一年的時間，承擔了巨額虧損。錯誤的代價就是賠錢；正確的獎賞就是賺錢。我的判斷不但正確又握有龐大數量的咖啡，理應會大賺一票。由於我手上握有數十萬包咖啡豆，因此咖啡價格只要小幅上漲，就能賺進超額利潤。我不喜歡把數字掛在嘴邊，因為當我以數字說明交易狀況時，不少人會以為我在吹噓。事實上，我是依循財力狀況進行投資，並為自己設下安全閥。以咖啡豆的例子而言，我已經夠保守了，我這麼任意地買進期權（option），就是因為我深信這筆交易穩賺不賠。情況對我有利，而我早已苦苦等待一年，耐心和判斷力讓我終於等到報酬。現金即將湧來，這當中沒有任何高深技巧可言，我只是配合時勢罷了。

百萬美元的利潤就這麼朝我湧來嗎？完全沒有。情勢突然大為轉變，讓我陷入無底深淵。市場並沒有翻盤，咖啡豆也依然不見蹤影，那到底出了什麼問題？是不可預期的意外！由於這場意外沒有前例，因此也無從防範。我的投資風險清單就此出現了一條全新的項目。問題出在賣給我咖啡豆的假德國烘焙業者身上，也就是那些空頭商，他們很清楚知道會面臨怎麼樣的局面，並從黑暗泥濘之中掙扎地想出詐騙之道。他們慌張地趕到華盛頓求援，竟然還獲得援助。

美國政府曾經擬出多項計畫，防止民生必需品遭到不當囤積，大家應該也知道該類型計畫的成效如何。那些慈悲為懷的咖啡空頭跑到戰爭工業局（War Industries Board）的價格管制委員會（Price Fixing Committee）哭訴，他們誇張地撐開愛國主義的大傘，用來保護全美國人的早餐。他們宣稱專業投機客李文斯頓壟斷了所有咖啡豆，準備軋空咖啡。如果不及時阻止他的行動，他將大發戰爭財，而美國人將被迫付出高昂代價以換取每日一杯的咖啡。

這些愛國者賣給我大量咖啡卻找不到貨運船舶，然後現在他們開始擔心一億美國人必須付錢給沒有良心的投機客。他們代表咖啡產業，而非咖啡賭徒，他們樂意協助政府打壓任何實際或幻想的囤貨居奇。

投機市場裡沒有任何事是絕對的

現在好了，所有孬種都在抱怨我，我並沒有暗指價格管制委員會沒有盡到應有的責任，抑制壟斷與浪費。但是我仍舊想表達自己的看法，我認為價格管制委員會根本沒有深入了解咖啡市場的問題。他們訂出咖啡生豆的價格上限，以及現行合約的結束時程。這當然代表咖啡交易所必須停止營業。

我唯一能做的就是售出所有咖啡豆，因此，我預計會入帳的百萬利潤從來都沒有出現。事實上我和所有人一樣，反對任何人透過民生物資獲取暴利，但是在價格管制委員會對咖啡交易做出裁決前，咖啡生豆的價格根本比戰前的平均價格還低，其他物資早已漲到兩倍半至四倍之間。我不認為我是造成咖啡價格上漲的主兇，事實上，誰擁有咖啡豆都沒差，價格肯定會上漲，而主謀不是冷血的投機客，是因為進口量無法滿足上升的需求量，而德國潛水艇又不斷地進行轟炸，對往來船舶造成極大傷害。委員會沒有等到咖啡價格上漲，就緊急踩剎車。

以政策與合理性來論，咖啡價格抑制政策完全失敗。如果價格管制委員會不插手干預的話，咖啡價格必然會上漲，原因我早已說明過，和囤貨壟斷絕無關係。但是當價格上漲後，即便上漲幅度相當合理，仍會引誘市場提高供應量。我聽巴魯克先生說過，戰爭工業局在制定價格政策時，確實將供應無虞視為必要因素，也因此抱怨某些特定商品的價格上限不免有失公允。後來，當咖啡交易所恢復交易時，咖啡價格高達每磅二十三美分。美國公民必須付出如此高價格的原因在於供給量過少，而供給量過少的原因在於價格被那些富有愛心的咖啡空頭建議下訂得太低，其價格低到不足以支付海運費用，以確保咖啡持續進口美國。

我經常認為此咖啡交易為我所有的買賣中最具正當性的一次。我認為該操作傾向於投資而非投機。畢竟，我已操作咖啡超過一整年。若該交易中有任何炒作者，那應當就是有著假德國名號的愛國烘焙商及其下線。他們擁有巴西的咖啡豆，再把豆子賣給人在紐約的我。價格管制委員會管制了唯一沒有漲價的商品的價格。他們在咖啡豆還未上漲之前，就主動保護消費者免於壟斷之害，卻無法避免緊追其後的漲勢。不只如此，當咖啡生豆價格徘徊在每磅九美分時，烘焙咖啡和其他物資一樣上漲。唯一賺取暴利的是烘焙業者。如果咖啡生豆價格每磅上漲兩、三美分，我就可以獲利數百萬美元。而且大眾也不會因後來的價格飆漲而受害。

事後為投機驗屍實在沒有什麼意義。基本上，這行就是一翻兩瞪眼。但是這個經驗富含教育意義。這次的交易很順，漲勢可期，判斷神準，因此我認為數百萬美元將穩穩落袋。然而事與願違。

另外我還曾有兩次因為交易所管理委員會在沒有預警的狀況下改變規則，因而受害的經驗。在這兩次交易裡，儘管我的技術無誤，但其商業操作並沒有如咖啡豆交易如此完美。在投機市場裡沒有任何事是絕對的。這兩次的經驗也讓我的投機風險清單又多了一筆項目。

大眾只需要一個好懂的理由

咖啡交易結束後，我仍舊看空其他商品市場與股票市場，並且獲得極大的勝利，許多流言蜚短開始圍繞著我打轉。每當價格崩跌時，華爾街專家們與新聞記者就會開始暗指我在摜壓價格，他們簡直樂此不疲。很多時候，他們不明就裡地稱呼我為叛國者，儘管他們根本不確定賣方是不是我。我猜，他們誇大我交易所帶來的影響，為的是填飽大眾飢渴的心，他們急需為每次的價格波動找出原因。

我講過不下一千次了，沒有任何的交易能讓股票下跌或阻止股票下跌。道理再明顯也不過。你只消想個半秒鐘就可以想通。如果任何作手摜壓一支股票，並將股價打到低於市價的水準，那會發生什麼事情呢？厲害的內線人士必定搶先買進！任何知道股票實際應有價格的交易者，看到股價跌到不可思議的地步，立刻會長驅直入。假使內線人士無法買進，一定是因為大勢不利，使他們無法隨心所欲地調度資金，而這種情形不會發生在多頭市場。當人們談論空頭摜壓時，總是認定摜壓很不道德，根本可以算是犯罪行為，但是將股票以低於正常價格的賣價出售，本來就是自殺性行為。請你記得，遇到打壓卻無法反彈的股票，通常缺乏內線買盤支撐，要是有人摜壓，也就是被不合理地放空，通常都會吸引內線人士買進。在這種狀況底下，價格不可能維持長期低檔。我認為九成以上的摜壓，其實是出自合理的跌勢，不管有沒有專業交易者的操作，價格都會加速下跌，即便作手的交易規模極其龐大，也難掌其責。

我想，眾人之所以如此輕易地將價格暴跌歸咎於作手炒作，是因為某些耳根子超軟、無法獨立思考的盲賭投機客，就是需要簡單易懂的大好理由。經紀商與金融謠言製造專家老愛跟投資失利的交易者耳語，抱怨作手的摜壓，以此作為理由，這種說法其實根本就是假明牌（inverted tip）。其中的差異在於：空頭明牌鼓勵交易者放空，而假明牌則是魚目混珠的煙霧彈，用以阻止交易者放空。當股價往下掉的時候，任何人都會本能地想要賣出，不管其背後有無確切原因，交易者都應宣告退場。但是，如果下跌是作手摜壓市場造成的結果，則不該出場，因為若作手停止打壓市場，股價一定會反彈。這就是假明牌的真相！

第十六章

股市謊言多，真情少

口耳相傳的消息沒有價值

報明牌是最高招的公關

明牌！每個人都想要明牌！大家不但想得到明牌，也很愛濫報明牌，這都是源自貪婪人性與虛榮心。有時候看到很有智慧的人也爭相追求明牌，不免感到可笑。報明牌的人幾乎不講求真實，而聽明牌的人也不在乎真假，他們只懂跟著最新的明牌跑。如果明牌奏效，那再好不過！如果明牌造成損失，便希望下個明牌會更好！我想，至少他們為交易所帶來了保證金。不過，某些作手從頭到尾都聽明牌行事，他們認為適當地散播明牌，無意間也可以提升人氣，報明牌就是最高招的公關方式，因為聽明牌與報明牌的人毫無二致，都熱愛散布二手明牌，並讓明牌發酵成一種連鎖性的集體廣告。熱愛炒作明牌的人深知所有的人都難以抗拒精心安排的明牌。他將散布明牌視為一種精巧的藝術。

我每天從千奇百怪的消息來源聽見無數明牌。讓我告訴你一個關於婆羅洲錫業公司（Borneo Tin）的故事。還記得這支股票上市的情形嗎？當時正值股票榮景之最高點。當時公司派採納了一位專業銀行家的建議，打算在公開市場銷售自家公司股票，取代承銷商緩慢的承銷過程。這個建議不錯，不過公司派仍舊因缺乏經驗而犯下一些過失。他們不知道在景氣極度繁榮的時候，股市狂熱可以發展到何等地步，同時他們也太過保守而封閉。他們認定必須抬高股價，以便推銷該股。不過，他們掛牌的價格實在高得離譜，讓所有投機客都大為吃驚，並抱怨連連。

奇怪的是，公司派的做法並沒有害死自己，似乎在瘋狂的多頭市場裡，他們這點貪婪還稍嫌謙遜。基本上，當時大眾只要聽到明牌就買進。所有人都無意長線投資，只希望靠賭博小賺一筆。因為世界各國大量購買戰爭物資，黃金大量湧進美國本土市場。聽說，公司派在訂定婆羅洲錫業股票掛牌計畫，並開放讓大眾購買之前，曾經三次提高開盤價。

對方曾經和我接觸，邀請我加入公司派，我深入研究後，婉拒此提議，因為如果我要進入市場操作的話，我喜歡自己自由操作。我評估手中資訊並遵循舊有的操作模式買賣。當婆羅洲錫業股票上市時，我思忖過該公司的財力、上市計畫，以及大眾將會如何痴迷該股的景象後，決定在開市第一天的第一個小時內，買進一萬股。至少當時看來，婆羅洲錫業股票的初登場大為成功。隨後，公司派發現市場需求的活絡程度，並研判不應該太快放掉股票。同時間，他們還發現我已買進一萬股，也發現就算把該股的價格再拉高二十五點或三十點，應當還是可以出清所有股票。當然，公司派相當不樂見持股一萬股的交易者瓜分掉利潤大餅，因此，他們決定暫停炒作，並且想方設法將我洗掉，可惜我不動如山。自認倒楣的公司派因此轉而背向我，專心控制股市。他們開始拉抬股價，並嚴格控制放掉的股數。

他們目睹其他支股票漲到不可思議的高峰，因此開始幻想可以賺到十億美元的利潤。當婆羅洲錫業股票漲到一二〇美元時，我賣出手中的一萬股。我的賣單壓過了漲潮，公司派的作手立刻放棄繼續拉抬股價，接著他們在下一次大反彈時再度設法炒作，調節了多數持股，事後他們發現炒股的成本太過昂貴，最終這支股票被拉抬到一五〇美元。可是多頭市場的榮景早已褪去，因此公司派被迫一路向下，瘋狂拋股給喜歡在大回檔之後買進的交易者。後者的操作判斷相當荒謬，他們認為原本價格一五〇美元的股票，掉到一三〇美元時，買進就代表撿到便宜，若能買到一二〇美元則更是划算。公司派更放內線消息給場內交易員以及經紀商，畢竟他們往往能促成炒股潮。公司派運用了許多狡猾的伎倆。然而，他們無法挽回已然逝去的多頭市場。傻瓜們早在追逐其他誘餌，公司派不可能看不出來，也或許，他們只是不願意面對現實。

「有心人」的假消息

我和太太前往棕櫚灘度假。某天，我在葛麗萊俱樂部賺了點小錢。回家時，我給她五百美元吃紅。當晚有個詭異的巧合發生了，我太太在晚宴上巧遇婆羅洲錫業公司總裁魏森斯坦（Wisenstein）先生，當時他正是公司派炒作集團的主要首腦。過了很久以後我們才知道，魏森斯坦先生運用了一些小手段，讓自己當晚坐在我太太旁邊。

他對李文斯頓太太頻獻殷勤，並展露幽默風趣的一面，最後他神祕地告訴她說：「李文斯頓太太，我想做一件從未做過的事。我很願意這麼做，如果妳懂我的心意的話。」他用很熱切的眼神望向我太太，確保她不但有接收到他的意思，還願意保密。當然，我太太很快領會他的意思，畢竟他的表情實在太過明顯，總之她回應：「好的。」

「好的，李文斯頓太太。我很榮幸能認識妳和妳先生，我希望妳能感受到我的真誠，並且能時常和我聚一聚。我想告訴妳一個機密的消息！」接著他低聲說道：「如果妳現在買進婆羅洲錫業股票，應該可以大賺一筆。」

「你是說真的嗎？」她問。

「我離開旅館前收到電報，這新聞八成要過好幾天才會公諸於世，」他說，「我會趁這段時間盡可能地買進。如果妳明天開盤時買進一些，就可以在和我一樣的時間用同樣的價格買進。之後肯定會大漲。我沒有把這個消息告訴任何人，我只告訴妳！」

我太太向魏森斯坦先生表示感謝之意，也表明自己對投機股票一竅不通。但是他向我太太再三保證，她無須懂股票，只要買進就好。他重複一樣的話好多次，確保我太太有聽進去。

「妳要做的，就是盡可能地買進婆羅洲錫業。我可以向妳擔保絕對不會賠任何一毛錢。我真的從來沒有放消息給任何一個人，要他們買這或買那。但是我非常確定該股至少會漲到二〇〇美元！我希望妳可以大賺一筆。妳知道，我也沒辦法買下所有股票，所以呢，我希望除了自己，也有其他人受惠，不過能讓妳賺錢，遠遠勝過讓其他陌生人賺錢，對吧？我之所以會告訴妳，是因為我相信妳可以守口如瓶，相信我，李文斯頓太太，快買婆羅洲錫業股票吧！」

他不斷地勸逼我太太，致使她開始動念想把我下午給她的五百美元花掉。畢竟，那不但不是本錢，也是我給她的零用錢。換句話說，就算那筆錢賠掉也不痛不癢，何況魏森斯坦先生再三掛擔保絕對不會賠錢。總而言之，若我太太自己在股市贏了錢，應該也會很得意地告訴我。

最有心機的一支明牌

結果呢？隔天早上開市前，我太太自行到了哈定公司並這麼告訴經理海利：「海利先生，我希望能買些股票，不過請你不要用我平常的帳戶。除非賺了錢，不然我不想讓我先生知道我的交易。你願意幫我處理嗎？」

海利經理說：「噢，沒問題，我們可以用特別帳戶來交易。妳想要買哪支股？買多少？」

她交給他五百美元說，「請你聽著，我最多只能輸掉這五百美元，這就是上限。還有，請你絕對不要讓李文斯頓聽到半點風聲。開盤時，你用這錢幫我盡可能地買婆羅洲錫業股票。」

海利向她保證絕對不會外洩祕密，接著在開盤時，幫她買進一百股。我記得她的買價為一〇八元。當天婆羅洲錫業公司的股票相當活躍，甚至漲了三點。李文斯頓太太大感歡欣，她強壓欣喜之情才按耐住想要炫耀的心情。

與此同時，我愈來愈看淡股市。我注意到婆羅洲錫業公司股票的不尋常活動。我認為任何股票都不該上漲，特別是該股。當天我決定放空操作，一開始我就放空約一萬股婆羅洲錫業股票。我在想，若當天我沒放空，該股恐怕不只上漲三點，而是至少會漲個五、六點。

隔天，我在開盤時放空兩千股，並在收盤前繼續放空兩千股，該股已跌到一〇二美元。

第三天早上，哈定公司的棕櫚灘分店經理海利正等待我太太過去。如果我有進場交易的話，通常她會在十一點左右出現，看看我的狀況。

他把她拉到一旁悄聲說：「李文斯頓太太，如果妳還想繼續保留那一百股婆羅洲錫業，可能要給我更多保證金。」

「但是我沒有錢了。」

「我可以把股票轉到妳的普通帳戶去。」他說。

「不行，這樣李文斯頓就會知道了。」

「但是這筆交易已經開始虧損……」他開始解釋。

「我不是跟你說過，我不想花超過五百美元嗎？其實我連那五百塊都不想虧掉。」她說。

「我知道，李文斯頓太太，我只希望在賣掉前先問過妳的意見，如果妳同意的話，我打算賣掉這些股票。」

「但是我買進那天，不是表現得很好嗎？」她說，「怎麼情況變化得那麼快？」

「對，」海利回答道，「我也搞不懂。」證券交易所的人向來很會配合對方說話。

「海利先生，到底發生了什麼事？」

海利當然知情，他不說出原因是因為不願意出賣我，畢竟客戶的業務是神聖的。所以他說，「我沒聽到什麼特別的消息。啊，婆羅洲錫業又跌了！已經跌到這波的低點了！」他盯著看板說。

我太太瞪著那支不斷下跌的股票埋怨：「噢，海利先生！我不想虧掉那五百塊！我到底該怎麼辦呀？」

「我也不清楚，李文斯頓太太，但是如果我是妳，我會去請教李文斯頓先生。」

「噢，不行，他從來不喜歡我進出股市。他老是這樣說，他會為我買賣。噢，我以前從來沒有自己偷偷交易過。我不敢說。」

「沒關係的，」海利經理安撫她。「他是很棒的交易者，他會給妳一些建議的。」當他看到我太太拼命搖頭時，他刻意強調地說：「這樣總比妳再花一、兩千塊給婆羅洲錫業公司好吧？」

我太太不知該如何決定。她在辦公室前猶豫不決。股價愈跌愈低，最後，她只好走到報價黑板旁，對我說有點事想和我討論。我們走到私人辦公室內，她把整件事的經過告訴我。因此我和她說：「妳這可憐的小女孩，別管筆這交易就得了呀。」

她向我保證，所以我又給了她五百美元，她歡天喜地地離開。這支股票該時的報價恰好是票面價格一〇〇美元。

我洞悉了魏森斯坦的打算。他頗為狡猾，他猜想李文斯頓太太必定會告訴先生自己聽到的小道消息，然後我會著手研究這支股票。他知道任何波動異常的股票都會吸引我的注意，而且我以大規模操作聞名。我猜測他八成認為我會買進一、兩萬股。

這恐怕是我所經歷過最有心機的一支明牌。不過可想而知這支明牌毫無作用。我太太當天正巧收到那筆意外之財，因此心情略顯浮躁。她期待可以靠自己賺一筆小錢，正因為她的女性化讓這種小冒險更顯得具有吸引力。她知道我向來不贊成外行人插手股票市場，也因此，她不敢向我提到此事。魏森斯坦顯然無法估算我太太心中的想法。

他也錯估了我的交易模式。我從不聽信明牌，並且早就決意看淡市場。他以為能夠成功說服我買入婆羅洲錫業的誘因，也就是那三點漲幅，而那恰恰好是讓我決心放空婆羅洲錫業的關鍵點。

當我聽到太太捎給我的消息後，更積極地放空所有婆羅洲錫業股票。每天早上開盤與收盤時，我都會照例放空一些，讓股票彼此承接，直到我看到機會回補空頭，並賺到豐碩利潤為止。

別像酒鬼一樣交易

我一直都覺得聽信明牌的人簡直一無可取。我想，我天生和他們有相異的邏輯。我常覺得跟隨明牌的人和酒鬼如出一轍，他們永遠無法學會自制，並一再陷入令人窒息的茫醉狀態。耳根子軟的人實在太難抗拒明牌了。聽著別人的話照辦似乎很輕鬆快樂，不過真正能讓人心滿意足的，應該還是遵照自己的意願行事。他們並非因為太過貪婪而封閉自己的雙眼，反而更像是過於疏懶而放棄思考的意願。

說實在，並非只有外行人擁有這般熱愛明牌的頑固個性，紐約證券交易所的場內也有許多這樣的賭客。我很清楚，因為自己從來不給任何人明牌，想必遭惹來無數怨恨。如果我向別人說：「賣掉五百股的鋼鐵股票！」他可能會乖乖照做。但是，如果我跟他說自己看淡整個市場，並且仔細地分享我的成敗得失，他一定會心不在焉，等我報告完畢時，他會怒瞪我，並責怪我為何只顧分享自己對大勢的觀點，不能直接了當地給他一計直球？他會怪我為何不像其他華爾街善心人士一樣，樂於將百萬美元直接地放在好友、熟人甚至陌生人的口袋裡。

所有的人都相信奇蹟。這種執念來自於對光明的渴望。很多人會不定期地陷入這種盲目的希望之中。我們都知道，典型的酒鬼正是樂觀主義者，樂觀主義者正是明牌迷信者的代名詞。

我認識一位紐約證券交易所的會員，他和許多人一樣，都認為我是個以自我為中心又冷酷無情的混蛋，因為我從來不給任何人明牌。許多年前的某一天，他和一名新聞記者談天，記者無意中提及某位知名權威人士，表示G. O. H. 股票將會上漲。這位營業員大哥立刻買進一千股，很快地，股價劇墜。在他還來不及設下停損點之前，就虧損了三千五百美元。一、兩天後，他再度遇見這位記者朋友，心情顯然相當不悅。

「你給的明牌爛透了。」他大力抱怨。

「什麼明牌？」記者反問道，他完全不記得了。

「那支G. O. H. 股票啊，你說權威人士報給你的消息啊。」

「這是真的，一位身兼公司財務委員會的董事跟我說的。」

「那是誰？」那名忿忿不平的營業員追問道。

「如果你那麼想知道，」記者回答道，「那就是你的岳父魏斯雷（Westlake）先生。」

「天啊，你為什麼不早說是他？」營業員大吼。「你害我白花了三千五百美元！」他從來不相信家族明牌。而家族成員們向來不吝提供愚蠢的小道消息。

逆向操作明牌

老魏斯雷相當富有，他是一位成功的銀行家與股票作手。有一天他偶遇約翰・蓋茲，蓋茲想打聽對方有沒有任何明牌。「如果你會聽牌行事的話我才要告訴你，不然我不想白費功夫。」老魏斯雷沒好氣地答道。

「我當然會啦！」蓋茲很愉悅地回應。

「放空里丁公司！這樣你至少可以賺進二十五點，而且還有可能更多。不過，至少有二十五點可以賺。」老魏斯雷認真地建議。

「非常感謝您。」，那位開口閉口就嗆聲說要賭一百萬美元的蓋茲先生激動地和老先生握了握手後，就直奔交易所。

老魏斯雷專門炒作里丁公司的股票。他對那間公司一清二楚，還知道不少內線情報，因此，該股的盤勢對他而言簡直就是透明的。每個人都知曉老魏斯雷的功力所在。而現在他建議這位號稱「西部作手」的蓋茲放空該股。

噢，結果里丁公司的股票飛漲，並在一週內漲了近百點。有一天，老魏斯雷先生又在路上巧遇蓋茲，但是他別過頭快步離去。蓋茲追到他身旁，滿臉掛著笑容，並想和他握手。老魏斯雷先生大惑不解。

「我想謝謝你給我的里丁公司的明牌。」蓋茲說。

「我哪有給你什麼明牌？」魏斯雷緊皺著雙眉說。

「你有啊，而且是非常棒的明牌，我賺了六萬多塊。」

「六萬美元？」

「當然！你不記得了嗎？你要我放空里丁股票，所以我就買進了！只要照著你建議的反方向去做，就不會錯，魏斯雷先生。」蓋茲興奮地說，「百分之百！」

老魏斯雷看著興高采烈的蓋茲，並且心服口服地說道：「噢，蓋茲，要是我有你的頭腦，八成會成為億萬富翁。」

一頂帽子的暗示

有一天，我遇到著名漫畫家羅傑斯（W. A. Rogers）先生，他畫的華爾街漫畫深受交易員的喜愛。數年來，他在紐約《先鋒報》的漫畫專欄，帶給上千萬人歡樂。有天他和我說了個故事。這個故事正巧發生在美國和西班牙開戰之前。有天他和某經紀商朋友在一起閒聊。離開時，他從衣帽架上拿起一頂圓禮帽，他以為那是自己的，因為帽子的造型與形狀都相同，戴起來完全符合他的頭型。

當時全華爾街都在關注西班牙戰爭問題。戰爭會開打嗎？如果要開戰，市場一定會下跌，不僅本國人會急著賣出，歐洲方面的賣壓肯定更大。如果最終宣告和平，那麼交易者們應會搶進股票，因為在地方小報的強力宣導下，股市早已跌了好一陣子。羅傑斯告訴我以下的故事：

「前天晚上，我在經紀商朋友家裡打發時間，隔天他站在證券交易所裡天人交戰，他不知道該放空還是做多。他分析了兩方的意見後，實在無法分辨何為真實？何為謠言？他一下子認為兩國勢必開打，過了幾分鐘後又說服自己，戰爭不可能發生。他的焦慮感八成讓他體溫急促上升，因為他脫下圓禮帽，擦了擦發熱的額頭。他無法決定該買進還是賣出。」

「他瞄了帽子內緣，裡面正巧用金色的字母繡著戰爭這個英文單字（那正是羅傑斯的姓名縮寫）。這位老兄立刻把這當作炒股靈感。這難道不是老天爺透過小圓禮帽給他的明牌嗎？所以他大量放空股票。結果，兩國果真開戰了。他在大跌時回補，大賺一筆。」當漫畫家羅傑斯說完這則故事後，補了一句：「我一直拿不回那頂帽子！」

專業交易者告訴我的故事

但是，我聽過的明牌故事中，最妙的是和紐約證券交易所的一位會員胡德（J. T. Hood）有關。有一天，場內交易員伯特·沃克（Bert Walker）告訴胡德，說自己幫助了大西洋南方鐵路公司的著名董事，對方為了感謝他，提供他內線消息，並勸他盡可能地買進大西洋南方鐵路股票。他說公司董事會即將採取行動，並讓該股上漲至少二十五點。其他董事並沒有實際參與操作，但是大致上都將會投下贊成票。

沃克判斷董事會應該會提高股利。他告訴好友胡德，兩人分別買進數千股。但是不管在他們買進前或買進後，該股都顯得疲乏不振，不過胡德認為那不過是內線集團正在吸進股票的緣故，而該集團則是由沃克的好友們所把持的。

到了下週四，市場收盤時，大西洋南方鐵路公司董事會開會，決議通過配股。星期五早上開盤六分鐘之內，這支股票下跌了六點。

沃克氣炸了。他去找那位言必稱感激的董事，對方很懊惱，也很後悔。他說他忘記自己曾經要沃克買進。他太疏忽了，結果忘記告訴沃克，董事會的主流派扭轉了計畫。這位懊惱的董事非常急著想補償對方，因此他報給沃克另一支明牌。他好意解釋道，有幾位董事心急地想要廉價買入股票，這大大違背了他的判斷。他必須要贏得他們的支持。但是目前他們手上有太多股票，上漲是勢所必然。如果現在買進大西洋南方鐵路股票，根本是十拿九穩，必定有賺頭。

沃克原諒了他，並與這位位高望重的金融家握手言歡。他當然立刻跑去找好友，也就是另一位受害者胡德，並分享這則明牌。他們準備大幹一場。先前他們就聽聞這支股票會漲，他們也買進不少。但是現在這支股票已經下跌了十五點。情形很明顯，因此他們合買了五千股。

兩人似乎敲鑼打鼓地開場了，而股票卻一路下跌。原因顯然是因為內線賣壓。兩位交易員如此明顯地證實了自己的懷疑。胡德賣光了兩人合買的五千股。當他賣掉後，沃克對他說：「如果不是那混蛋昨天去佛羅里達州，我一定會把他揍個半死。真的，我真的想這麼做。你現在跟我來。」

「去哪啊？」胡德問。

「到電報公司去。我想發一通讓那傢伙永生難忘的電報。」

胡德緊跟在沃克後頭，兩人來到了電報公司，他氣炸了，那五千股讓他虧損嚴重。他在電報公司寫了非常犀利的攻擊文，並念給胡德聽，最後說：「這差不多就是我要給他的詛咒了。」

他正要拿給電報公司的職員時，胡德喊道：「等等，沃克！」

「怎麼了？」

「我們不能發這封電報。」胡德認真地說。

「為什麼？」沃克非常憤怒地說。

「這樣會讓他氣瘋的。」

「這就是我想要的啊！」沃克驚訝地瞪著胡德。

但是胡德非常不同意地搖頭，認真解釋：「你發這電報，就代表我們再也不可能從他那裡得到明牌了！」

這就是專業交易者告訴我的故事。談論相信明牌的笨蛋有任何教育意義嗎？大家接受明牌不見得是因為他們真的那麼笨，而是他們老愛讓過高的希望牽著鼻子走。老羅斯柴爾德（Baron Rothschild）致富的法則遠比投機取巧有用多了。有人曾經問他，在股市賺錢是否很困難？他回答說，正好相反，事情比想像中的簡單多了。

「那是因為你手中總有足夠的錢。」問話的人反駁說。

「根本不是。我遵守很簡單的法則操作，賺錢實在太容易了。如果你想知道我的祕密，我可以告訴你：我絕對不在底部買進，而且我總是賣得很快。」

投資客想的和你不一樣。他們滿腦子都是數字，像是塞滿了各式各樣的帳目與利潤報表，數據對他們而言無疑是定心丸。他們極度排斥個人情緒對操作的牽動。雖然沒有人喜歡單打獨鬥，不過我所認識最傑出的投資者是個單身赴任賓州的德國人，日後他搬到華爾街，並且從羅素．賽奇那得到不少好處。

投資客想的和你不一樣

這傢伙是史上最傑出的投資者，他只相信自己的眼光，並付諸行動。他對其他人的見解無動於衷。一開始他買了許多愛奇森公司的股票，隨即聽到不少關於該公司與其管理政策的傳聞。有人告訴他愛奇森公司總裁萊茵哈特（Reinhart）作風躁進，並為公司帶來許多不必要的風險。許多人相當不看好該公司的未來走勢。

傳聞確實讓這位賓州來的德國人感到蠢蠢不安。他動身前往波士頓親訪總裁萊茵哈特，並問他許多問題。他將自己聽到的傳聞據實以告，靜待這位愛奇森—托皮卡—聖塔非鐵路（Atchison, Topeka & Santa Fe Railroad）總裁的回應。

萊茵哈特激烈地反駁傳聞，並極力證明自己的策略無誤，他用數據擊破流言蜚語。我們這位德國佬期望看到證據，而對方也立刻拿出實際數字，證明公司的財務狀況健全無虞。

德國佬向萊茵哈特總裁道謝，回到紐約後立刻將手中的愛奇森股票全數脫手，並轉買大筆特拉華—拉克瓦納—西部鐵路公司（Delaware, Lackawanna & Western）的股票。

數年後，當我問起這筆當年成功脫手，並帶來大筆利潤的交易時，德國佬告訴我促成他轉念的關鍵。

「你知道嗎，」他說，「每當萊茵哈特要寫下任何數字時，他就會從古董桃花心木書桌裡拿出高磅數的精美信紙，上頭還印刷著雙色的浮水雕印記號。他用的信紙不但價格昂貴，而且奢侈得沒有道理。他會在信紙上草草寫上幾個數字，向我證明公司正如何大刀闊斧地縮減生產與營運成本，接著他就隨手將昂貴的信紙扔進字紙簍。沒過多久，當他又心血來潮想向我證明公司的財務狀況穩健無虞時，又會立刻拿出全新的信紙，過沒兩秒鐘，信紙又全部丟進垃圾桶！他根本沒有意識到自己有多浪費。我猜想，這種類型的總裁恐怕不會聽信財務專家的建言。因此，我肯定傳言屬實，總裁的誇誇其詞無法取得我的信任，我賣光手中的愛奇森股票。」

「不久後我碰巧有機會參觀特拉華─拉克瓦納─西部鐵路公司的辦公室。老山姆．史隆（Sam Sloan）時任總裁。他的辦公室離公司入口很近，而且辦公室的大門永遠敞開。他從來不關門。當時，任何人都能直接走進他的辦公室。以前財務專家老是和我說，山姆總裁最恨人家和他兜圈子，他的處事風格果決明快，即便在情勢極不明朗時，他仍舊維持一貫的作風。」

「當我走進辦公室時，山姆正在忙碌著。當時我還以為他正在拆信件，直到我靠近他時，才看清楚他在做什麼。事後我知道那正是總裁的每日例行公事。他總是在家閱讀信件，並將無用的信封、信紙帶到辦公室去。他會在休息時間把信封、信紙好好分類，並將空白面裝訂起來。他把空白的信封與信紙做成計算紙，而另一間鐵路公司的總裁卻是使用精美的高磅數信紙塗鴉！老山姆不但不浪費信紙與信封，甚至連自己的無聊時間都妥善運用。所有的東西都有其價值，不是嗎？」

「這讓我瞬間理解老山姆的管理風格。我相信所有的部門都會以最精簡的方式運作。我相信這會是總裁所堅持的原則之一。當然，我也注意到公司總是定期發放股利，並添購了不少不動產。我立刻決定出手買入大筆特拉華－拉克瓦納－西部鐵路公司的股票。不久後，股價翻了兩倍、接著是四倍。我每年拿到的股利幾乎和我投入的本金一樣。而就在我目睹萊茵哈特總裁奢侈浪費的作風數個月後，愛奇森公司已被其他公司收購，用高級雙色浮水印信紙證明自己的勤儉作風，果然很荒謬啊。」

這個故事的精采在於它是真人實事，而且事實證明，特拉華－拉克瓦納－西部鐵路公司讓德國佬所賺進的鈔票，其他公司相比之下實在難以望其項背啊。

第十七章

投機客的操盤靈感

操盤手的養成過程

股市第六感

有個好友老愛誇獎我的直覺，他認為我料事如神，並總在最關鍵的時刻宣告退場。他講話真的太誇張了，他甚至對別人說，某天早上我們正在用早餐時，他的黑貓突然叫了一聲，讓我突然緊張地急著想賣掉手中股票，那隻黑貓的暗示讓我坐立難安，直到我拋掉所有股票為止。我幾乎賣在波段漲勢的最高點，而我的朋友也樂於繼續相信我賭神一般的直覺。

有一次，我趕到華盛頓，希望可以讓國會議員相信對華爾街過度課稅絕對會帶來反效果，當時我沒有留意股市走向，卻在一瞬間決定拋掉所有股票，這讓好友更加崇拜我的直覺。

確實，我心裡往往會湧現一股難以預料的直覺，影響我的股票操作。這和我處於多頭或空頭無關。當我想要拋售時，實在難以壓抑那股衝動。我個人的解釋是，我確實感覺到許多危險信號。或許單一信號並不足信，但當所有的信號都向你發出暗示時，那股衝動正是老作手基恩所稱的「股市第六感」（ticker sense），唯有老手有可能培養出這種職人技。

我必須承認，通常這種直覺不但奇準，而且恰是時候。但是在上面的例子裡，股市第六感似乎失去神力。那天早上的黑貓其實一點影響力也沒有，我覺得讓我一覺起來那麼焦慮的原因，是徹底的失望感。我覺得國會議員根本聽不進我的建言，而他們也絲毫沒有意識到過度課稅會帶給華爾街何等災難。我並不是想要逃避股票交易稅，相反地，我希望透過專業交易者的眼光，告訴他們這種課稅方式不但沒有必要還相當不合理。如果合法股市能給政府帶來許多利潤，那麼誰會樂見政府殺雞取卵呢？或許，遊說失敗不但讓我坐立難安，也讓我看衰股市未來的可能性。但還是讓我告訴你這件事的完整經過。

一開始的多頭市場讓我十分看好鋼鐵股票與銅業市場，也因此我決定做多。接著，我累積了更多股票。一開始我買了五千股猶他銅礦（Utah Copper），不過很快地因為該股表現欠佳而收手。我只能說，猶他銅礦的表現違背我的預期，也因此我認為最好放聰明點，見好就收。我記得當時市價格約為一一四美元，接著我開始以同樣價格買入美國鋼鐵，該股走勢看俏，因此我依照慣有模式在第一天就買入兩萬股。

美國鋼鐵的表現出奇地好，也因此我一路加碼，直到手中握有七萬兩千股。反觀猶他銅礦似乎表現欠佳，也因此我手上最多也僅握有五千股，畢竟誰會願意支持劣股呢？

接下來所發生的事，無人不曉。我們進入超級多頭市場。我知道市場前景可期。總體股市強勁。雖然股票已大幅上漲，而我的帳面利潤也相當驚人，但是行情暗示真正的漲勢尚在前方！當我到達華盛頓時，情勢依舊樂觀，當然，在多頭市場的後期，即便我仍舊看好股市，也不會選擇增加持股。當時，市場走向完全符合我的預料，我根本不必待在報價黑板前，痴痴等待出場訊息。除非有難以預料的大規模災難，否則市場絕對會在跌勢來臨前顯現緊縮的訊號，或以任何方式預告我該離場了。正因如此，我才能從容不迫地周轉在國會議員之間。

當時，股票日日上漲，暗示著多頭市場即將結束。不過，我從來不認為自己有判定多頭市場結束日期的能耐。但你也知道，我在所有的交易中，都時時注意市場所發出的訊號，這正是我的操盤訣竅之一。

我不記得自己在大拋售前，究竟在想什麼，但是實情約莫是如此——拋售前天我注意到走高的股價，想到自己手中的持股，與巨額的帳面利潤，隨即又意識到自己鼓吹公平課稅的行動受到了莫大的阻撓，心中或許因此興起了拋股的念頭。整個晚上這些念頭在我腦中盤旋揮之不散。一大早我就想去觀看股市，並擔憂該日的走勢。當我到達交易所大廳時，看到股價又漲了，利潤之高不免讓人得意忘形，但是我更觀察到市場正以強勁的吸力收進所有股票。當然，賣多賣少操之在我，但是當任何投資者大量持股時，當然無時無刻都想把自己的帳面利潤兌現吧！此外，投資者也應極力避免任何不必要的財務損失。經驗告訴我，絕對要相信自己能找到絕佳的出場時機，而時機通常會在大漲之後浮現。這與第六感或解盤功力無關。

當然，當我感覺到應該可以在當天早上賣掉所有持股時，我立刻展開行動。賣掉五萬股並沒有比賣掉五十股來得更富勇氣或更有智慧，然而在低迷的股市中賣掉五十股，並不會掀起任何波瀾，但是賣掉五萬股可就大不相同。當時我手上握有七萬兩千股美國鋼鐵，也許七萬兩千股不算驚人，但是當你拋出如此分量的股票時，自然會讓帳面利潤頓時受損，這些虧損讓人不得不感到心在淌血。

我在最適合兌現的時刻，掌握了一百五十萬美元的利潤。在我拋出股票之前，我並不知道那會是最佳出場時刻，而市場證明我的判斷千真萬確，這讓我感到滿足。實情就是如此，我成功出清了七萬兩千股美國鋼鐵，拋出的平均價格僅比當天多頭市場的最高點低了一點，這證明我操盤的功力純熟，並且掌握了股市的瞬息萬變。不過，當我在同一天的一個小時之內拋出手上的五千股猶他銅礦時，該股股價卻下跌了五點。請記住，我曾經在同一時刻買入這兩間公司的股票，並聰明地將美國鋼鐵的持股從兩千股增加到七萬兩千股，同時巧妙地守成猶他銅礦，不買不賣，維持著五千股的持有量。我沒有拋出猶他銅礦股票的原因是因為我看好銅礦市場，且當時我們處於多頭市場，我認為就算猶他銅礦不能讓我發大財，也不可能會讓我損失多少。我的判斷一桿進洞，我不認為全是直覺在主導一切。

操盤手的養成過程

操盤手的養成過程和醫師沒兩樣。醫師必須花很長的歲月去學習解剖學、生理學、藥物學以及其他數十種相關學科，先通習理論，再以餘生付諸實踐。他對各種病理現象進行觀察活動與分類，並學習診斷。如果觀察準確，醫師必然能提出正確的診斷方法，並精準地預測病人將會出現哪種病況。當然，醫師必須時時謹記在心：人非聖賢，終有過錯。況且命難由人，也因此醫師永遠不可能達到百分之百的正確率。隨著經驗愈來愈豐富，醫師不但能準確地做出判斷，還能精確掌握時間點。很多人以為這出於醫師的本能，事實上，他絕對不可能單憑直覺行事，所有的決定都來自於數年以來對相同病兆一以貫之的觀察。在醫師診斷出病情後，他自然會使用經驗法則，提出診療之道。純熟的經驗讓他一舉中的。當人擁有知識時，就會知道該如何下手，但是若他缺乏經驗，以至於減緩了下手的速度時，他就會看到帳面虧損。

成功的交易者必須仰賴自身的觀察、經驗、記憶力與數學能力。他必須觀察得相當精準，還得永遠記得自己的觀察結果。不管交易者多麼享受天馬行空的推理，或是深信命運之神難以違抗，他也不能將賭注押在純然的意外之上，只有預測可能性會為他帶來收益，而非意外。多年的炒股實戰、持續鑽研盤勢與強盛的記憶力，讓股票作手能對市場及時反應，無論他有沒有預測到股市的波動都無妨。

如果股票作手沒有實戰經驗，也沒有足夠的記憶力，即便他有再強的數學能力與優異的觀察力，仍會在投機市場中慘賠。如同聰明的醫師往往懂得跟上科學進展的腳步一樣，聰明的交易者也必須不斷鑽研市場的總體形勢，以掌握各種可能影響市場走勢的社會狀態。當我在股市打滾得愈久，自然而然愈能體會到時時觀察新聞的重要性，並能以直覺判斷大局。這也代表我已經獲得能讓股票作手及時反應的專業性！所謂專業，正是老練作手和股票業餘玩家的差別所在。舉例來說，我認為記憶力和數學能力惠我良多。華爾街正是環繞著數學而運作的世界。我認為，華爾街本身正是關於數據與事實的一門科學。

當我強調交易者必須時時掌握時事動向，並以專業的態度面對市場與其發展時，我其實只想表達股市第六感與直覺毫無用處。當然，有時候專業作手的反應太快，讓人不能理解他究竟如何分析情勢，但是當你擁有數年的工作經驗與專業的判斷角度後，自然能及時應變。接著，請讓我進一步解釋何謂專業的態度。

分秒必爭的戰鬥

我總是每分每秒掌握商品市場的動向。這已經是我多年來的習慣之一。舉例來說，任何市場觀察者會都記得，美國政府報告顯示，冬麥產量將與去年持平，而春麥產量將會高於一九二一年的產量。今年春麥的形勢遠勝過往，甚至將比往年更提前收成。當我看到小麥的相關數據，並以數學法則計算產量的可能變化時，我立刻聯想到煤礦和鐵路工人的大罷工。這真是潛意識在作祟！因為我總是自然而然地去思考任何會給價格帶來影響的社會因素。既然罷工事件已然影響各地的商品運輸，那麼必然會為小麥價格帶來負面影響。我的看法是，罷工引爆交通癱瘓，並且大大延遲冬麥的運輸活動，等情況好轉時，市場又必須即刻運輸春麥。這意味著當鐵路恢復運輸能力時，會將延遲上市的冬麥與提前收成的春麥同時送達，大量的小麥將同時湧入市場。事實擺在眼前。在此種明顯的局勢底下，我和許多交易商都將小麥視為拒絕往來戶，直到價格下跌到引起我們的投資興趣時為止。當市場上沒有人願意購買特定商品時，價格就會隨之跌宕。我抱持著這樣的想法，等待事實應驗的一刻。正像赫恩所說的：「下注才算數！」在買進與賣出之間，可說是分秒必爭的戰鬥。

股市告訴我，最好的操作法則就是依照股市行為動作。這就像是醫師會幫病人量體溫或脈搏，並觀察病人的眼珠顏色與舌相等等。

通常，交易者應該能在四分之一美分的差價內買賣一百萬英斗小麥。當天，我賣出二十五萬英斗小麥以測試市場操作時機時，價格跌了四分之一美分。由於市場的回應太過模稜兩可，因此我又拋售了二十五萬英斗。我發現自己拋售的小麥被零散吸收，市場分批吸入一萬或一萬五千英斗，而正常狀況時，兩、三次的交易就應當能吸收進所有拋售量。除了吸收過於零散的狀況外，價格竟然又續跌一又四分之一美分。此時，市場吸貨的方式，以及詭異的價格下跌使我明白，市場缺乏購買力。如果情況如此，我該怎麼做呢？顯然我必須繼續拋售小麥，有時謹慎地依憑經驗行事會栽跟斗，但若完全不依經驗法則行事，下場多半更為慘烈。因此，我拋出兩百萬英斗的小麥，價格又往下走了一些。數天後，市場的弱勢表現讓我又再次賣出兩百萬英斗，而價格自然又跌得更厲害。又過了幾天，小麥價格突然暴跌，每英斗下跌六美分，跌勢一路往下不回頭，除了幾次短暫反彈外，幾乎是直落谷底。

你看到了嗎？促使我行動的絕非預感，也不是內線消息，真正助我一臂之力的是多年來對商品市場的觀察與專業態度，而多年來在商品市場交易的經驗，正是讓我擁有專業態度的原因。為了在貿易市場求存，我從不間斷研究。當行情顯示我的判斷正確時，我唯一的選擇就是增加交易量，這就是我的交易之道，也正是股市的奧祕。

別隨便買進落後股

我發現在投機市場裡，唯有經驗能帶來穩定的利潤，觀察則是最好的內幕消息。你需要的不過是理解某支股票的走向，你觀察個股，經驗一定會告訴你如何透析可能性，尋找黑馬。舉例來說，通常我們都知道，所有股票不會齊漲又齊跌，唯有同類股的股票會同時漲跌。這是投機市場中的普遍現象，也是股市給我們最明顯的指示。證券交易所相當熟稔這種現象，甚至會告知不明白狀況的客戶，建議客戶購買同類股中相對落後的某些股票。所以，如果美國鋼鐵股價上漲了，我們應可合理判斷高爐鋼鐵（Crucible）、共和鋼鐵（Republic）或伯利恆鋼鐵應該也會跟著上漲。同類股的股票交易形式與前景應該都大同小異，一榮俱榮。理論上，每支股票都會有大放光采的一日，這是股市裡萬年不變的道理。基於此一理論，大家會買鋼鐵公司甲的股票，是因為鋼鐵公司乙與丙兩支股票已經節節上漲，而甲尚未呈現漲勢。

但是，即便情況最明顯的多頭市場，如果某支股票沒有表現出多頭市場應有的走勢，我絕對不會輕易買進，甚至選擇拋出該股。為什麼呢？我的經驗告訴我，違背同類股走勢原則的操作絕對不理智。我不能只依據眼前的事實操盤，而是預料各種不同的可能性，並依可能性操作。一位資深證券商曾經對我說：「如果我沿著一條鐵軌行走，火車以六十英里的時速向我駛來，我還會繼續走在鐵軌上嗎？我會立刻閃到一邊，這才是任何稍有理智或警覺心的人都應該有的反應。」

去年，多頭市場的狀況普遍明朗，我注意到有一支股票與該類股中其他股票背道而馳，而該類股的走勢與大盤步調一致。我持有大量布萊克伍德汽車（Blackwood Motors）的股票。所有人都知道這間公司的生意做得很大。這支股票每天平均上漲一到三點，愈來愈多股民開始買進該股，這讓汽車類股成為眾人注目的焦點，也因此所有汽車公司的股票都開始上漲。唯獨切斯特汽車（Chester）汽車股票沒有上漲，落後的切斯特汽車立刻引發議論。這支股票的低價與疲乏和其他汽車股票的強勁走勢，形成鮮明對比。交易者們認為不久以後，切斯特股票必然會跟上漲勢，並與該類股中的其他股票前後呼應，許多人聽信了那些誇誇其談，紛紛掏錢買進切斯特股票。

然而，切斯特的股票價格不但沒有因為眾人的買進而上漲，反而下跌。當時，汽車類股的布萊克伍爾德汽車不但是漲勢中的最佳指標股，而且因為汽車的需求量大增，年產量也狂報佳績，種種跡象都讓人認為推高切斯特的股價應該不成問題。

顯然，切斯特內部集團並沒有對多頭市場做出正確的判斷。我們猜想狀況可能有二：其一，也許內部集團希望在股價上漲前吃進更多股票，因此沒有拉抬股價。但是當分析切斯特股票的交易量與交易特性後，就會察覺這個原因根本不可能存在。另一個可能性就是他們害怕大量吃進並拉高股價了之後，會很難脫手。

如果連最需要買進切斯特股票的人都不買進，那我何苦淌這渾水？我認為不管多看好其他汽車類股的走向，都必須放空切斯特公司的股票。經驗告訴我，不要隨便買進拒絕遵照類股中領導股走勢的股票。

我很快地確定了一個事實，內部人士不但沒有買進切斯特股票，反而將其脫手。此外，還有其他警示訊息告訴我不要買進切斯特，儘管我最在乎的仍是其步調不一這件事。報價單再次向我暗示，促使我放空切斯特股票。

不久後的某一天，切斯特股票暴跌。後來我們從官方消息得知，由於內部人士知道該公司營運狀況欠佳，因此持續賣出持股。當然，他們在股價下跌後才公開進行說明，但警示消息在股價下跌前就已出現。我並不在意跌勢，我關注的是警示。當時我並不知道切斯特有任何企業問題，我也沒有任何預感，我只知道該股表現有點奇怪。

魔鬼就在細節裡

就在幾天前，我們從報紙上得知蓋亞納黃金（Guiana Gold）的奇異走勢。這支股票以五〇美元價格於場外賣出，並於證券交易所以三五美元的價格開市，之後一路下跌，直到跌破二〇美元。

這種可怕的跌勢並不會讓我吃驚，因為一切都在我的預料之中；畢竟，任何有投入心力研究的人都應該了解蓋亞納黃金公司的背景。我得到的消息指出，六位傑出的資本家與一間有名的銀行組成集團。其中一名成員是貝爾島開發公司（Belle Isle Exploration Company）的老闆，該公司貸款給蓋亞納黃金一千多萬美元，並獲得債券與蓋亞納金礦公司一百萬總股的四分之一作為回報。內線集團準備分紅，並且受到媒體大幅報導。貝爾島開發公司認為最好將股利套現，就聯絡銀行討論將如何處理持有的二十五萬股。銀行認為應該將貝爾島開發公司的二十五萬股與銀行手上的持股一同賣出，他們委託專業人士操作市場，以賣出股份，酬勞則為每股三六美元以上所獲得利潤的三分之一。我聽說對方已擬好協議，並準備簽字，但到最後關頭，銀行又決定親自操作，以省下酬金。銀行組織了一個內部集團，要求貝爾島開發公司以每股三六美元的價位將二十五萬股出售給他們，再以四一美元的價格推出。他們決定讓內部集團付給銀行五美元的利潤。我不知道他們是否明瞭此事。

情況很明顯吧，對銀行家來說，這項操作輕而易舉。我們已進入多頭市場，蓋亞納黃金所屬的類股正是這波漲勢的領頭羊。蓋亞納黃金的業績很好，並且長期分紅，再加上股票發行人的名望頗高，多數投資者都視蓋亞納黃金為潛力股。我聽說股價一路飆到四七美元。期間共售出約四十萬股。

黃金類股走勢強勁，但蓋亞納黃金不久後開始下滑，下跌十點。如果承銷商繼續拋售股票，那麼一點跌勢也無傷大雅。但消息很快在華爾街傳開，讓蓋亞納黃金陷入愁雲慘霧之中，股民甚至懷疑其資產穩固與否，甚至斷定其他持股者因為消息不靈通而過分樂觀。如此一來，股價下跌的原因似乎再明顯也不過了。但是即便在局勢明朗前，我就獲得警訊並不斷在市場上測試蓋亞納黃金。該股的表現和切斯特汽車半斤八兩，我放空蓋亞納黃金，價格往下掉，接著我又放空了更多，價格仍舊繼續走低，蓋亞納黃金的表現和切斯特汽車以及其他數十種股票一模一樣。該股走勢明顯表示，內部集團根本沒有買進該家公司的股票，到底是什麼原因讓他們在多頭市場放棄買進自家股票？然而，被蒙在鼓裡的交易者們仍舊持續買進，因為該股曾經上漲到四五美元以上，如今三五美元的價位自然顯得誘人。此外，公司長期分紅，這對交易者來說確實是樁好買賣。

接著，我收到消息，通常我都會在消息曝光前掌握到機密情報。情報指出該公司目前僅開採出廢石而非有用礦物，這讓我明白了內部拋售的原因。但是早在獲得情報前我就開始拋出，畢竟我所依據的是該股的反應，我不用抽象角度觀察股票，身為操盤手，我只尋找一種現象，那就是：「內部買盤」。這支股票顯然沒有任何內部買盤。我無須知道為何內部集團不願意買進價格下跌的自家股票，他們的市場計畫顯然不包括抬高股價，這才是我需要知道的重點。這一點讓我確定得放空。投資大眾買進近五十萬股，製造了股票所有權的轉移，股票從毫不知情、一心想拋售並設立停損點的股民手上，轉移到另一群毫不知情、一心只想獲利的股民手裡。

告訴你這些，並不是想讓你知道大眾因為買入蓋亞納黃金而虧損，我卻因放空而獲利，我想強調的是，研究類股走勢的重要性，以及許多技術與經驗不純熟的交易者為何屢遭失敗。個股走勢不但會發出警訊，在期貨市場上也同樣受用。

彌補虧損全靠經驗與記憶力

有一次的棉花交易經驗相當有趣。當時我已看空股票，因而選擇放空，同時我還放空五萬包棉花。當時股票交易有所斬獲，以至於讓我忽略了棉花交易。等我回神時，那五萬包棉花已讓我虧損二十五萬美元。我說過，我的股票交易相當有利可圖，因此我不想放手，當我想到棉花交易時，我對自己說：「我會等到價格走低時回補。」價格確實走低了，但是等到我進行回補時，價格又反彈了，而且漲得比之前還高。所以我決定再等一等，並集中火力交易股票。最後，我出清所有股票，得到了豐厚的利潤，然後動身前往溫泉城度假。

此時我開始深思該如何處理棉花交易造成的虧損。這筆交易處處不順，有幾次看起來情勢站在我這邊，但是馬上就有人大量抛售，造成價格走低，接著價格又會馬上回彈，屢創新高。

最後我在溫泉城待了數日，虧損共一百萬美元。而且價格依舊往上攀升。我認真思考自己的操作模式，最後的結論是，我一定錯了！我發現自己犯了大錯，並立刻退出賽局，接受虧損近一百萬美元的事實。

隔天一早，我專心地打著高爾夫球。我把棉花交易搞砸了，並付出代價，收據還在口袋裡呢。我對棉花市場已經毫無興趣。回飯店吃早餐時，看了看報價，發現棉花價格跌了五十點，這沒什麼大不了的，但是我注意到棉花價格並沒有如前幾週一樣，當賣壓力量緩和時就出現反彈。之前的情況很明顯，上漲正是最小阻力的路徑。我漠視此原則的結果，讓我付出一百萬美元的代價。

但此時此刻，激烈的反彈已不復在，我也沒必要以巨額虧損平倉。我放空一萬包棉花，並耐心等待。價格很快跌了五十多點。我又觀望了一陣子，價格沒有反彈。我肚子開始餓了起來，因此往餐廳走去，並點了份午餐。在午餐到來前，我突然跳起來，衝進證券公司，我看到價格毫無動靜，因此又放空一萬包。稍加觀望後，價格下跌了四十點，我感覺無比暢快，這表示我的操作是正確的，所以我返回餐廳用餐，棉花價格之後都沒有變動，當晚我離開了溫泉城。

打打小白球確實讓人心情愉快，但是我先前在棉花市場中不斷地犯錯，並用錯誤的方法放空或平倉。因此，我必須立刻回到能安心操作的地方進行買賣。市場很快地消化我首批放空的一萬包棉花，而市場消化我第二批一萬包棉花的方式，讓我覺得情勢已然不同，市場的表現讓我確信不疑。

當我抵達華盛頓時，立刻趕往由老友塔克負責的證券公司。我在交易大廳裡看到價格又往下走了一些，因此更加確信此次操作準確無比。我拋售四萬包棉花。價格跌了七十五點。這證明市場根本無支撐力了。當晚，市場以低點收盤。市場買盤力量早以消退，至於購買力何時才會回返，這問題實在沒有人有把握。但我自己的立場相當堅定。第二天一早，我好整以暇地開車前往紐約。

行車經過費城時，我去了一間證券公司，發現棉花市場一片混亂，價格直落，引起了小規模的交易恐慌。在我人回到紐約以前，我給證券商播了通長途電話，讓他幫我回補空頭。我拿到報告時就發現這筆交易的利潤早已彌補了所有虧損。我飛車前往紐約，一路上都沒時間觀看棉花行情。

一直到今天，有些當年和我一起在溫泉城度假的朋友，仍會聊到當天午餐時，我跳起身來，衝去放空第二筆一萬包棉花的事蹟。但這實在不是預感啊！儘管先前我在棉花市場釀了大禍，但當時我很清楚放空棉花的時機到了，我必須好好觀望局勢。可能我的潛意識裡一直在盤算，並得到最終結論。而我的結論，就是在華盛頓放空棉花。數年的交易經驗告訴我，棉花的最小阻力路徑，已經從上漲轉換成下跌。

我沒有因為虧損一百萬而對棉花市場心懷憤慨，也沒有因為鑄成大錯而自憐自艾，當然，我也沒有因為能夠在費城成功地弭平虧損而沾沾自喜，我的交易頭腦只在乎交易。我認為，能夠彌補最初的虧損，靠的全是自己一身的經驗與記憶力。

第十八章

投機者的堅決勇氣

遵循眼前的事實

歷史總是不斷重演

在華爾街，歷史總是不斷重演。今天發生的事，昨天發生過，明天還有可能再次發生。你還記得我之前提到史塔頓壟斷玉米時，我如何回補空頭部位的故事吧？我也曾經在股市裡用過同樣的計謀。當時操作的是熱帶貿易公司（Tropical Trading）。不管做多或放空都讓我大賺一筆。熱帶貿易的股票向來活躍，深受熱愛冒險的交易商青睞。媒體一再指責內線集團，認為他們一再抬高、摜壓、抬高、摜壓，製造過多價格波動，而不在意長線發展。有一天，一位我認識的傑出證券商說，熱帶貿易公司總裁墨里根（Mulligan）及其盟友的策略非常成功，整個股市可說是為他們服務，連伊利公司的丹尼爾．德魯（Daniel Drew）或美國糖業的老哈維梅爾都自嘆不如。墨里根他們時常鼓勵交易者放空熱帶貿易公司的股票，然後轉眼間榨乾他們的利潤。空頭們都已經感到麻木了，對利潤折損習以為常，再無憤怒或恐懼之情。

當然，也有人說熱帶貿易公司曾經發生過股市醜聞。但我深信這些批評者幾乎都曾被軋空過。既然這些場內交易員那麼頻繁地受到內線集團捉弄，為什麼還非買熱帶貿易公司股票不可呢？首先，場內交易員熱愛表現活躍的股票，熱帶貿易公司股票完全符合這點。這支股票從未出現長期的慘淡交易。他們不用費勁心思，也無須動腦筋，不必花時間，也不用煎熬地等待暴跌或暴漲。這支股票交易極度頻繁，所以總有足夠的股票讓你買進或賣出。除非空頭部位太大，導致一時找不到買盤。熱帶貿易公司的股票總是暴跌或暴漲，幾乎每一分鐘都會猝死又凜然復活！

不久以前，我像往年一樣到佛羅里達州過寒假，釣釣魚，生活非常開心。除了每天早上從報紙讀讀行情以外，股市完全不在我的視線範圍以內。某天早上，郵差送來半週一次的郵件，我發現熱帶貿易公司的報價為一五五美元。我記得上次的報價約為一四〇美元。我猜想不久我們即將進入空頭市場。我準備放空股票，但也沒有太過著急，這就是為什麼我拋下行情不管跑來釣魚的原因。我相信，等真正的大魚上鉤時，再動身回返也來得及。時機成熟前，再如何地賣命也僅是徒勞無功。

站在市場大盤的同一側

那天早晨的報紙顯示：熱帶貿易公司是市場上最活躍的明星股，這與我看壞大盤的想法不謀而合，而熱帶貿易公司正是可以切入的重點股。因為我認為內線集團實在不應該在大盤蕭條時還猛力拉抬股價。儘管內線集團希望獲得利潤，還是得適時地鬆手。對交易商來說，不正常的狀況絕對會帶來損失，我認為，他們不應該拉抬這支股票的價格，沒有人能在股市犯下如此錯誤時，還能毫髮無傷地退場。

看完報紙後，我繼續沉溺在釣魚的世界裡，但我一直在想熱帶貿易公司的內線集團究竟會如何反應？他們肯定會慘賠，就像一個人縱身從二十層樓高的大樓一躍而下，必會粉身碎骨。我無心釣魚，只好拍了一封電報給證券商，要求對方以市價放空兩千股熱帶貿易，試試水溫。處理完電報後我才能繼續專心釣魚，當天漁穫滿滿。

當天下午，我收到證券商送來的電報。證券公司說他們以一五三美元的價格放空了兩千股熱帶貿易公司。狀況尚可接受，價格下跌，我放空股票，我的判斷無誤。我開始思考要怎麼樣才能讓這支股票跟著大盤下跌，而不是依照內線集團的炒作而上漲。此時，我意識到自己得趕快放棄釣竿，我離報價黑板太遠了。因此我快步離開營地，回到棕櫚灘，那裡有直通紐約的電報服務。

我一到棕櫚灘就發現那些內線集團蠢材還在嘗試拉抬股價，於是我又放空一筆兩千股熱帶貿易讓他們吃進，我收到成交回報後，又再追加放空兩千股，市場表現得很完美，依照我的操作而下跌。一切都相當順利，我出門喝酒慶祝，卻很難提得起勁來。我愈想就愈可惜，應該放空更多股票的。接著我回到交易大廳，再放空兩千股。

只有持續放空熱帶貿易，才讓我感到心滿意足。我陸續放空的股票總計達一萬股。我決定回到紐約，重返崗位，釣魚擇日再續。

當我一到紐約，便立刻著手了解該公司的營運狀況與發展可能性。情報更讓我確定自己的觀察相當準確，不管是當時大盤走向或是公司營收，都證明他們拉抬股價的行動過於輕浮。

這般漲勢不合理也不符合當時狀況，卻成功引起投資者的注意與跟風，這讓嘗到甜頭的內線集團一錯再錯。我決定放空更多股票，內線人士才終於收手。我以自己的方式再三試探市場，總計共放空三萬股熱帶貿易，此時股價已跌落至一三三美元。

曾經有人向我透露，熱帶貿易公司內線集團清楚知道每一張股票在華爾街的下落，他們精確掌握空頭的交易量與身分，另外他們還握有許多足以判定戰略的商業機密。他們老練而精明。總而言之，你不會想要和他們作對。不過事實勝於雄辯，市場大盤才是最親密的戰友。

與內線集團對作

當股價從一五三美元跌到一三三美元之間時，放空的交易者自然愈來愈多，而在股價回升時，交易者仍舊青睞該支股票，這支股票在一五三美元以及更高價位時可謂當紅明星，如果它下跌二十點，自然更吸引人。同一支股票、同樣的股利、同樣的經營者與同樣的業務，還有更輕鬆的買賣嗎！

投資者們一窩蜂買進讓股票可交易量減少，內線人士一定知道很多交易者都在放空，因此判定軋空的時機來臨，他們把股價拉到一五〇美元。我相信一定有很多人回補空頭，但我無動於衷，這有什麼好緊張的呢？內線人士可能知道有一筆三萬股沒有回補，但我穩操勝算。我步伐堅定地於一五三美元時開始放空，甚至一路放空到一三三美元。內線集團或許想逼我回補，可是他們無法給我理由。基本大勢抵定後，實在無須害怕或失去耐心。投資者必須對自己與自己的判斷具備信心。已故的紐約棉花交易所主席狄克遜．華德曾在《投機藝術與生活智慧》中說道：「如何判斷投機客的膽識，就是看他有無信心按照自己的計畫進行交易。」我不害怕犯錯，因為除非賠錢，否則我絕對不會認錯。事實上我必須善用自己的經驗獲利，唯有如此我才覺得滿足。市場一時的走向不能判我生死，只有漲勢或跌勢才能判斷我的立場正確與否。知識讓我獲得成功，如果我失敗了，那必定出於誤判。

儘管該股從一三三美元反彈至一五〇美元，但是期間沒有任何警訊值得我回補。如我所期，沒過多久這支股票繼續下跌。在內線集團出手相救前跌破一四〇美元。他們買進的同時，謠言四起。我聽說這間公司賺了巨額利潤，盈收足以讓他們提高固定的股利率，此外，空頭很多，眾多的空頭們——特別是過度放空的交易者們即將遭受「百年難得一見的軋空」。在他們把股價往上拉抬十點的期間裡，我聽到了各式各樣的流言飛來竄去。

買進加上利多的市場策略對我來說毫無影響。但在股價反彈到一四九美元時，我覺得不能再讓華爾街的利多謠言稱霸天下了。當然，我知道即便我或是任何一個小交易者，都不可能安撫那些崩潰的空頭或證券公司，他們全都是輕信謠言的交易戶，唯有讓價格揭露事實真相，才是最有力的反擊之道。現在沒有任何交易者會聽信身邊人的話，就算你賭上全部身家也沒有人會動搖，誰會聽信一個放空三萬股的空頭呢？所以我採用對抗史塔頓壟斷玉米時的那套策略。當時我把燕麥脫手，讓交易者看衰玉米。我要再次利用自己的交易經驗與記憶。

聲東擊西的戰略

內線集團通過拉抬熱帶貿易公司的股價讓空頭陷入恐慌，然而我並沒有以拋售股票的方式抵制股價上漲。我已經放空了三萬股，三萬股占了該公司流通於市場的股票總數相當大的比例。我認為我把比例拿捏得恰到好處。內線集團利用第二次的反彈引誘我回補，但我可比他們聰明多了。熱帶貿易公司的股價反彈到一四九美元時，我放空約一萬股赤道商業公司（Equatorial Commercial）的股票。這間公司持有熱帶貿易公司的大量股份。

如我所料，赤道商業公司的股票不如熱帶貿易的股票那般活躍，並在我的賣壓下直直下跌，我達到目的了。那些被熱帶貿易公司多頭謠言騙得暈頭轉向的客戶們了解到，當熱帶貿易股票上漲的同時，赤道商業股票卻受到打壓，股價大跌，並因此斷定熱帶貿易股票的強勁走勢，僅只是虛張聲勢的炒勢罷了，其目的在於掩人耳目，方便熱帶貿易公司的最大股東赤道商業公司進行脫手動作。當然，此時放出的股票自然為赤道商業公司的內部持股，因為沒有任何人會在熱帶貿易公司股票大漲時，放空如此大量的股票。看清事情真相的投資者們紛紛賣出熱帶貿易公司的股票，該股漲勢稍歇。而內線集團則沒有意願回收任何搶著賣出的股票，當他們停止護盤時，熱帶貿易公司的股價開始狂跌。當交易者和大型證券公司開始拋售赤道商業股票時，我趁機回補空頭，回收了一筆利潤。我放空赤道商業並不只是因為期望獲利，我的目的在於阻止熱帶貿易的漲勢。

熱帶貿易公司的內線集團和業務員不時在華爾街散布各種利多消息，積極拉抬股價。每次當他們開始行動時，我就放空赤道商業，並趁赤道商業回檔，並拉下熱帶貿易股價的同時回補空頭，我的目的在於先發制人，壓制內線集團的氣勢。熱帶貿易的股價最終跌到一二五美元，大量股民放空，讓內線人士有辦法把價格拉高二十點或二十五點。這正是他們軋空的好時間。我當然預見會有反彈行情，但沒有回補，因為我不想失去自己的空頭部位。在兩支股票一同上漲以前，我又放空了大筆的赤道商業的股票，結果和之前如出一轍。我一舉揭穿了在熱帶貿易大漲後，流傳得驚天動地的利多消息全是謊言。

大盤變得相當疲軟。我告訴過你，因為我相信空頭市場即將來臨，才開始在釣魚營地放空熱帶貿易公司以及其他股票，但熱帶貿易仍是我的焦點。最後，大盤走勢讓內線集團崩潰，熱帶貿易股票開始暴跌，並創下多年來的記錄——一舉跌破一二〇美元、甚至跌破一一〇美元，最後跌破面值。但是我堅定地拒絕回補。直到有一天，市場超級疲軟，熱帶貿易跌破了九〇美元，我終於出手回補。原因仍舊一樣。我抓住大好機會——市場夠大、行情疲軟、賣盤遠大於買盤。我可以告訴你，雖然這樣不免像是在自吹自擂，不過，我真的在最低價回補了三萬股熱帶貿易股票，我並沒有一定嘗試要在底部回補，我只是希望能以最高獲利兌現罷了。

重要的是擺在眼前的事實

當我知道自己的判斷準確時，我不會被煽動。我並不想逆著大勢而行，事實相反，其實我一直都因應著大盤走勢而動。因此，我深信內線集團將會因為實力不足而潰敗。他們早有太多失敗的前例。即使眾人皆知的反彈即將來臨，我也毫無所動。我認為，以不變應萬變才是最好的策略，那絕對比搶先回補並在股價攀高時再次放空更要聰明。因為堅持自己的立場，我賺了一百多萬美元。這絕對與預感、盤勢解讀功力或大膽無關。我靠的絕對是對判斷力的自信，這和聰明或想像力無關。知識是我的力量，而力量讓人無懼謊言。就算他們把謊言印在報價單上，謊言終會煙消雲散。

一年後，熱帶貿易的股價再次被拉抬到一五〇美元，並連續幾週都徘徊在相同的價位。大勢往上走，多頭市場已到了漲勢末端，大盤理應回落。我測試過市場，因此深知此事。當時熱帶貿易公司的營運欠佳，即便大盤繼續上漲，我也不相信他們有能力繼續拉抬股價，何況當時大盤情況相當悲觀。於是我拋出手上持股，並打算放空一萬股。股價立刻隨著我的拋售下跌，市場背後沒有任何支撐力量。但接著，出現突如其來地大筆買進。

我發誓，我一眼就能看穿市場支撐力量出現，這絕非自誇。我突然想到，熱帶貿易的內線集團向來不視支撐股價為自身的道德責任之一，但他們現在卻在大盤下跌買進，顯然事有蹊蹺。他們不是笨蛋也不是慈善團體，更不是想拉抬股價好在櫃檯多賣些股票的承銷銀行。股價就在我和其他空頭戶的一路拋售下往上攀升。我在一五三美元時回補一萬股，並在股價漲到一五六美元時反手做多，因為那時行情顯示最小阻力的路徑轉為上漲一途。我看衰總體市場，但是該個股的走向卻令人感到詫異，儘管大局尚稱合理。後來熱帶貿易股價一路飆升突破二〇〇美元，名驚四座。媒體報導我慘遭軋空損失了八、九百萬美元。他們太看得起我了，事實上我並沒有放空，而是做多。我持股還稍嫌久了些，導致我損失了部分帳面利益，你想知道我的理由嗎？因為我堅信熱帶貿易的內線集團必然會照我預想的方式操盤，假使我是內線集團，我絕對不做二想。但是我的任務是交易，不是嗎？可不是思考他們該如何計畫操盤策略。重要的是擺在眼前的事實，而非思考其他人的工作。

第十九章

投機成功的基礎，建立在所有人都會繼續犯下過往的錯誤

研究人性絕對必要

研究人性絕對能學以致用

不知道什麼時候開始，人們開始稱呼大量拋售股票的交易過程為「炒作」（manipulation）。欺騙市場然後低價吃進是操作的一種沒錯，但和我們對「炒作」一詞的理解仍有出入。因為「市場炒作」聽起來有違法之虞，但事實上，市場操作符合法律規範。有辦法在不拉抬股價的前提下，於多頭市場買進大批個股嗎？這顯然相當棘手。有可能達成嗎？這個問題很複雜，也沒有單一的解套辦法，除非你籠統地解釋：可能要透過精巧的市場炒作。你問我可以舉例嗎？這真的要看狀況，我只能如此模糊地回答你。

我對股市的任何層面都極有興趣，我也廣泛地從自身與他人的經驗中汲取經驗。但是現在你已經很難從下午的交易所閒談中學到什麼炒股妙計了。因為現在和以往不同，從前的炒作策略、手段，似乎都已過時與無效，甚至早已超出法律所允許的範圍。證券交易所的規則日新月異，丹尼爾・德魯、雅各・利特爾（Jacob Little）或傑伊・顧爾德在一八五〇年代或一八七〇年代以前的交易故事，早已不值一提。今日的股票作手已經不必再去牢記前輩的做法與成效，就像西點軍校的學生也對古人的精湛箭術興趣缺缺，畢竟他們的挑戰是今日的彈道學啊。

但是研究人性絕對能學以致用。人類為何總愛相信自己樂於相信的事？人類為什麼允許自己，甚至是慫恿自己跟著貪欲或粗魯的念頭而行動？很多人都曾經為自己的貪婪與草率付出代價。希望與恐懼永遠如影隨行，也因此，學習投資者的心理，絕對有好處。兵器推陳出新，但戰術歷久彌新，無論是殺戮戰場還是是紐約證券交易所。我認為，湯瑪斯・伍德洛克（Thomas Woodlock）講得很好，他說：「投機成功的基礎，建立在所有人都會繼續犯下過往的錯誤。」

股市蓬勃的時候，進場交易的人數暴增，此時談論市場投機或炒作之道恐怕會引來訕笑，也相當無謂。最糟的投資者老想要不勞而獲，而繁榮的景氣，總是會刺激人們產生貪婪與一夜致富的浪漫幻想，並誘發出賭博的天性。賭博的意思，正是不勞而獲，而抱有此種想法的人注定要付出代價，這正是所謂的「天下沒有白吃的午餐」。古老的交易故事與軼聞總是讓我覺得一八六〇年代或一八七〇年代的人，比二十世紀初的人更容易受騙，但是即便現在，我們還是每天都可以從報紙上讀到最新的龐氏騙局、某證券公司破產或哪些傻瓜又丟了數百萬美元的故事。

炒作的悲劇

當我初到紐約時，所有人都在談論沖銷交易（wash sales）與對敲（matched orders），這都是證券交易所明文禁止的違法行為。三不五時，會有粗糙的沖銷交易被交易者們一眼識破。每當有人對個股進行沖銷時，交易商會毫不遲疑地戳破他：「別想沖帳」。就像我前面說的，一些空中證交易使用「趕市」（bucket-shop drives）妙計，這意味著讓個股價格快速地跌個兩、三點，再以電報機所顯示的跌勢，把許多小本做多的交易者一次洗出場。至於所謂的對敲，由於交易者實在很難協調不同的投資者同時進行炒作，因此執行對敲的可能性頗低。不過上述兩種做法都違背證券交易所的規則。數年前，一位出名的作手取消了他沖銷交易委託單中的賣單，卻忘了處理買單，結果一位經紀人在完全不知情的狀態下，在數分鐘內就將股價抬高了二十五點，可是當他的買盤一停，股價就以同樣的速度下跌。他們原本想製造該股交易活躍的假象，卻釀成悲劇。你想必了解了，即便最親近的證券商，只要他還是紐約證券交易所的會員，就不可能是你真正的朋友。假交易完全違法，而且編造假交易的稅務成本也相當驚人。

軋空也屬於人為炒作的一種，但是買家的過度競爭也可能造成軋空，舉例來說，一九

○一年五月九日北太平洋股票的軋空，就與人為炒作無關。斯圖茲汽車（Stutz）的股票貴得驚人，其經濟價值與聲望都具有優勢。不過，這完全與炒作無關。

事實上，許多大規模的股市軋空，都沒能帶給陰謀者真正的好處。范德堡（Commodore Vanderbilt）雖然從二次哈萊姆鐵路（Harlem）軋空中斬利頗豐，不過說實在的，這老傢伙身邊圍繞著無數的空頭、奸詐的國會議員與市議員，那些人騙他的錢更是驚人。另外，顧爾德也在西北鐵路軋空事件中大虧損，人稱「老白」的迪肯·懷特則在軋空拉克瓦納（Lackawanna）時獲利百萬，但是，基恩則在軋空漢尼拔與聖喬公司（Hannibal & St. Joe）時虧損百萬元。當然，軋空成功與否在於市場累積的股票市價已大幅超越面值，而短期獲利自然顯得相當容易。

他們為的可不是錢

我常常想，為什麼半個世紀以前的大作手們那麼熱衷於軋空？他們都經驗老道而且手腕高超，警覺心強，不會像同儕交易者一樣，呆呆地以為股市一家親。但是這些老手還是不時地栽跟斗。有個相當有智慧的老交易者告訴我，所有一八六〇、七〇年代的大作手都妄想著要炒作一次大軋空。大多數人不過是圖個虛榮，許多人則是為了復仇。總而言之，當同行交易者指指點點說某人成功地炒作某支股票時，那等同於眾人對他的智慧、膽識與財富的認同，這讓他們成為令人豔羨的焦點，他可以盡情享受同行的讚美。虛榮心促使作手們炒作股市，有時候他們精心策畫騙局，為的可不是錢！

在那個年代，股票大戶們愉悅地來往廝殺。我或許說過，讓我多次逃離軋空的並不是華爾街第六感，而是經驗。我總是能在瞬間感覺到買家的殺氣，才能成功避險。我用的是最簡單的測試法，我相信這在古老的股票年代時，也必然適用。德魯以前常軋空後輩操盤手，並讓他們付出慘痛的代價，然而他自己也遭范德堡軋空伊利股票。當德魯請求范德堡手下留情時，他反而冷酷地引用大空頭德魯自己說過的名言：

> 賣出你所無的東西，你不是求食惡果，就是想吃牢飯。

能被兩代華爾街作手記住的人並不多，而德魯可說是一代宗師。他之所以聲名不衰，正是因為他創造了「摻水股票」（watering stock）這個名詞。

愛迪生・傑洛姆（Addison G. Jerome）被公認是一八六三年的交易所之王。傳言他所提供的小道消息已經比銀行的現鈔還值錢。總之他是頂尖的交易商，賺了數百萬美元。傑洛姆揮金如土，華爾街上隨處可見他的粉絲，直到有「沉默的威廉」之稱的亨利・吉普（Henry Keep）軋空老南方鐵路（Old Southern），並將傑洛姆打敗為止。順道提一下，吉普正是紐約州長以及股票大戶羅斯威爾・費勞爾（Roswell P. Flower）的妹夫。

最常見的軋空手法，就是不讓準備放空的人知道你正企圖軋空股票，由於一般交易者很少放空，因此市場中被軋空的主要對象幾乎是專業的作手。數個世紀以來，讓頂尖作手上鉤的原因仍舊不變。雖然范德堡身邊險詐的政治名人們幫忙製造了哈萊姆鐵路的軋空時機，不過我聽說許多人是因為看到異常高價浮現而選擇賣出。畢竟該股從未攀升到如此高的價格，因此不少人相當錯愕，當然如此高價讓買家退步，假使沒人買得起，那不如賣出！這聽起來顯然很合理，不是嗎？他們想的是價格，而范德堡在乎的是價值！因此，數年以後，那些經歷過那個年代的人跟我說：「從前人們用『放空哈萊姆鐵路』來形容輸個精光。」

冷酷的市場炒手

數年後，我偶然遇到顧爾德的老交易商。他很殷切地向我保證，顧爾德絕對是不世出的奇才，並讓德魯大嘆：「他比死神還可怕！」不過顧爾德確實是史上最傑出的作手。毫無疑問，他確實是個金融天才，才能取得如此成績。儘管年代遙遠，我仍舊可以清晰看出他如何調整自己順應時勢，這絕對是交易者重要的天賦之一。他總是能冷靜地修正攻防戰術，因為他在意的並非股票投機，而是買賣實務。他在意的是長期投資，而不是與股價鬥智，並讓股價飆高飆低。他早就看出，真正能賺大錢的是擁有鐵路的鐵路大亨，而不是交易廳裡買賣鐵路股票的玩家。

當然，顧爾德也懂得利用股市。但是我認為那只是因為股市對他而言，是最快且最簡單的獲利方式，他必須填滿數百萬美元的資金缺口。就像老柯林斯・漢廷頓（Collis P. Huntington）老是缺錢一樣，銀行願意貸款給他的錢總是比他真正需要的總額少個兩、三千萬。有視野但資金不足，意味著失敗；有視野又有足夠資金，代表著成功。成功帶來力量與財富，而財富才意味著真正的成功。如此生生不息，永無止盡。

當然，炒作市場絕非只是叱吒風雲的大人物的專利，股市裡也有許多小作手。我記得一位老證券商和我說過一個一八六〇年代的故事，他說：

「我最早的華爾街記憶來自金融區。我父親要去那裡處理事務，不知為何，那天正巧讓我同行。我們沿著寬街走，轉入華爾街，再沿著華爾街走，就在我們走到納索街

（Nassau Street），也就是美古孚銀行（Bankers' Trust Company）大樓街角的時候，我看到一群人跟在兩名男子的身後走。第一個男子往東走去，裝作心不在焉的樣子，後面則跟著一個氣得臉紅耳赤的男人，他一隻手高舉帽子狂揮，另一隻拳頭在空中揮舞，一邊大聲吼道：『你這個吸血鬼！吸血鬼！借點錢有那麼難嗎？吸血鬼！』我看到所有人都從窗戶探頭張望，那時候還沒有摩天大樓，因此我知道二、三樓的人都在偷窺。父親問怎麼一回事，有人回答，但我聽不見，我只是緊緊抓著父親的手，免得人群把我們衝散。街上的閒雜人等愈來愈多，讓我有點驚慌。不少人從納索街、寬街與華爾街跑來。我們終於擺脫了人群。父親告訴我喊著吸血鬼的人是誰。但我記不得他的名字，我只知道他是紐約市最重要的交易商，父親說他恐怕是除了雅各．利特爾以外，在華爾街輸得最淒慘的人了。我記得利特爾的名字，畢竟他名字的諧音實在有點逗趣。那個被叫吸血鬼的人則是因為時常鎖住資金，因而惡名在外。我也忘了他的名字，只知道他又高又瘦，臉色蒼白。那時，內線集團時常透過借貸，也就是減少證券交易所可外借資金的總額，鎖住資金。他們去借錢，能夠得到保付支票（certified check），然而他們不會真的提款花用。他們的目的當然是操縱市場，我認為這也是炒作市場的某種手段。」

我同意老先生的話。今天我們已經不能再運用相同的炒作手段了。

第二十章

炒股的藝術

能賺能守，才是高手

一代作手——基恩

我沒辦法和所有華爾街的傳奇人物談話。我說的絕非金融領袖，而是那些偉大的作手們。他們幾乎都是上個時代的人，雖然當我第一次抵達紐約時，最偉大的作手詹姆斯・基恩正值其黃金年代。當時基恩正忙著操作美國鋼鐵的股票，那可是他的成名之作，而我只不過是個小鬼，沒有操股的經驗與知識，也根本不懂得股票炒作的意義，一心只妄想在著名的交易所，複製自己在空中交易所的成功。事實上，那時我根本不知道自己缺乏股票炒作的知識呢，假使我曾經聽聞相關的概念，恐怕還會以為那就是高級的騙術。當時我所能聽到關於股票炒作的言論都是猜測與妄語，而非有智慧的分析。

很多熟識基恩的人都說，他是史上最有膽識與最聰明的華爾街交易員。能得到這種評價相當不簡單，畢竟華爾街處處是人才，即便我們現在或許早已忘了那些人的名字，但是他們絕對都曾如日中天，至少當過一天的王者！股價電報機讓他們一戰成名，但是電報機畢竟力量有限，無法讓他們成為永恆的歷史人物。總之，基恩仍舊是他所處時代中最優秀的作手，而且，當時確實是繁華而又生氣勃勃的時代。

基恩運用自己的股票知識、操盤經驗以及傑出的能力為哈維梅爾兄弟工作，兩兄弟期望基恩能為他們創造出糖業股票的市場。當時基恩身無分文，否則他一定不願意為別人操盤。但是他確實是頂級的投機者！他成功地把美國糖業炒作起來，把它變成搶手的明星股，如此一來，拋售該股完全不成問題。美國糖業股票大起後，許多內線集團競相邀請基恩前往操盤，據說，他從不收取對方的僱傭費用，只願意像其他內線集團成員一樣獲得股利。基恩完全掌握股票市場，儘管他與內線集團時常爆發衝突，好比他與惠特尼（William Collins Whitney）、萊恩（Thomas F. Ryan）那幫人就爆發出互相指責背信忘義的醜聞。我認為，操盤手往往會受到客戶誤解，畢竟客戶根本不了解市場需求。

很遺憾，基恩從來沒有把他在一九〇一年成功炒作美國鋼鐵股票的事蹟，留下任何詳實的記錄。據我所知，基恩從未與摩根先生談過此事。摩根的公司透過塔爾博特·泰勒公司（Talbot J. Taylor & Co）與他交涉，塔爾博特本人正是基恩的女婿，而基恩更將此公司視為自己的重要基地。我確定基恩不但從工作中得到豐厚報酬，更是樂在其中。那年春天，他成功地炒熱市場並賺走上百萬美元，這故事在華爾街流傳許久。基恩向我的一位朋友說，他用短短的幾個禮拜，就在公開市場上為客戶賣出超過七十五萬股的股票。請你仔細想想看，這等炒作談何容易啊！首先，這是該公司第一次發行新股，公司資本總額甚至超過當時美國的債務總額，其次，當時雷德、李茲、穆爾兄弟、飛普斯、富里克，以及其他鋼鐵巨頭也同時向大眾傾售數十萬股的股票。

當然，時勢造英雄。天時、地利、人和造就了基恩的空前成功。當時是多頭市場，空前繁榮昌盛，人們都顯得狂熱雀躍。我相信，未來人們很難再遇見此等榮景了。後來華爾街難以吸收的證券釀成信心恐慌。一九〇一年被基恩炒高到五五美元的美國鋼鐵普通股，到一九〇三年時已跌至一〇美元，一九〇四年則跌至八又八分之七美元了。

基恩沒有出版過回憶錄，也沒有留下任何個人炒作的詳細筆記，因此我們完全無法知曉他的操作軌跡。否則，能夠了解他如何炒作聯合銅礦公司（Amalgamated Copper），一定相當有意思。羅傑斯與洛克菲勒曾經嘗試在市場上脫手剩餘股份，卻慘遭失敗，最後只好央求基恩出手幫忙。基恩接下了這個任務。請記住，羅傑斯絕對是當時華爾街最有手腕的商人之一，而洛克菲勒更是標準石油集團裡最驍勇善戰的投機者。富可敵國的兩人不但擁有數年股市經驗，也擁有極高名望。儘管如此，他們仍舊推崇基恩。我只想告訴你，有些時候，唯有專業者能夠勝任此等投機工作。當時聯合銅礦這支股票由美國最大的資本家主導，只有賭上所有的名氣與財富才可能抛售得了。至少，羅傑斯與洛克菲勒夠聰明，知道要請基恩出手相救。

基恩立刻開始行動。當時為多頭市場，他用與票面價值相差不遠的價格賣出二十二萬股聯合銅礦。他拋售完內線持股後，投資者們仍舊繼續買進，價格持續往上走了十點，當時內線人士看到散戶買盤如此積極，開始覺得不該草率拋售。傳聞羅傑斯建議基恩改為做多聯合銅礦。我不相信羅傑斯打算倒貨給基恩，畢竟羅傑斯知道基恩功力深厚，絕對不會輕視他。基恩按照自己的一貫手法炒作，他在股價大幅上漲後，隨著股價回檔大量拋售。當然，他會根據自己的需要與股價的每日變化更改戰術。股票市場和戰場一樣，最好牢記戰略與戰術的差異。

基恩的好友是個舌燦蓮花的傢伙。他不久前和我說，在炒作聯合銅礦時，基恩有一天發現自己手上根本沒有持股，原本預先買進以拉高股價的股票早已被他全數拋售；第二天，他立刻買回幾千股。一天後，他又全部賣出。接著他退居幕後，觀望市場反應，也讓市場恢復生氣。到了他要賣出持股時，他的做法如我所述，就是跟著一路下跌的股價拋售。散戶總是期待股價反彈，當然，也總有人想要回補空頭。

有個當時和基恩聯繫相當密切的人告訴我，基恩替羅傑斯與洛克菲勒賣出所持股份，套現約兩千萬至兩千五百萬美元後，羅傑斯給了他一張二十萬美元的支票。這是不是讓你想到有個在大都會歌劇院掉了百萬珠寶項鍊的富太太，犒賞掃地婦五十美分的故事。基恩把支票退了回去，還附上一張溫良恭儉的紙條告訴對方，很高興能幫助他們得勝，但他可不是廉價的操盤手。羅傑斯和洛克菲勒收下支票，寫信告訴基恩，表示很期待能與他再次合作。不久之後，羅傑斯告訴基恩，願意讓他以一三〇美元的價位買進聯合銅礦。

基恩真的是強者！他的私人祕書向我透露，當市場如基恩的預期時，他會變得相當急躁，認識他的人說，當他急躁不堪時，就會開始以言語發洩自己的情緒，讓人印象深刻。可是他虧錢的時候反倒笑得開懷，他變得有禮、談笑風生還很溫文儒雅。

他擁有成功投機者所應有的處事態度。他不和大盤作對。他有勇有謀，而且一旦發現自己失誤了，也絕不戀棧。

從基恩的年代到現在，證券交易所的規則重寫了好幾回。現在的規則比舊有規則嚴苛許多，並對各種買賣與利潤增課賦稅，股票市場早已物換星移。基恩之道也不再適用。而且可以肯定的是，華爾街比以前更具專業道德了。不過，股市王者這頂桂冠對基恩來說，仍舊名實相符。因為他相當懂得股票交易，並且了解投機遊戲的潛規則。此外，當時的環境條件也對他相當有利。一八七六年，基恩剛從加州搬來紐約，並在兩年內賺進九百萬美元，此外，他也在一九〇一年與一九二二年的操作中大獲全勝。不管環境如何改變，有些人始終會在人群中散發出異樣光采。

其實，股市的變化不如想像中劇烈。利潤確實變得單薄，畢竟股市已經不是一門新學問，因此報酬也相對減低。在某些方面看來，投機似乎比過去容易，但在其他方面，又比基恩的年代還要困難許多。

股票炒作的技術

宣傳絕對是一門藝術，而投機正是用股價電報機進行宣傳的藝術。電報機是股票作手的傳聲器，將其意念轉達給大眾。愈真實的故事愈動人，當故事足以動人，那宣傳目的就達成了。舉例來說，今日的股票作手不但得讓股市看起來走勢強勁，還得從裡到外真的強勁才行。股票炒作必須符合明定的交易規則。這正是基恩為何如此令人佩服的原因，他真的是一個面面俱到的股票作手。

股票炒作好像已經變成令人嫌惡的字眼。我們是不是該換個說法？如果炒作的目的只是為了出清大量持股，而炒作中也沒有惡意誤導的成分，那麼股票炒作不是合情合法嗎？顯然，股票炒作者必須從交易者中尋找可能的買家，而最好下手的對象當然是希望大發橫財的投機者，這些人最不怕涉足商業風險。如果這些貪小便宜的投機者深知風險確實存在，卻又責怪股票炒作者，這不是自打嘴巴嗎？當投機者獲利時，他們就誇獎炒作者機智，而當出現虧損時，他們又認定炒作者在詐賭，他們口沫橫飛，但實情絕非如此。

通常股票炒作包含著提升市場的活絡程度，以便使用特定價格拋售大量股票。當然，很多時候在市場的限制下，炒作者僅能以虧本的方式拋售股票。通常在這種狀況下，他們會雇用經驗豐富、技巧純熟的專家，以降低脫手的成本，完美離場。

你應該有注意到，我所認定的股票炒作和以低價方式取得大量股票無關，舉例來說，我所謂的炒作不包含以購股進行市場控制的行為，畢竟那早已不符合今日的市場型態。

顧爾德曾經利用購股的方式箝制西聯電報的股票，雖然他本人沒有出現，不過卻派出已銷聲匿跡許久的華盛頓．康納爾（Washington E. Connor）到西聯電報的交易處購買大批股票。他開始為西聯電報出價，交易員們不斷地訕笑他，以為他的演技拙劣，並且立刻將股票轉讓給他。他們認為他是應顧爾德之命，前來炒高西聯電報的人氣。你說這算炒作嗎？我只能說：「不完全是！」

我說過，所謂的炒作應該是設法以最優價格賣股給一般股民。這不但涉及賣股行為，還與分配有關。讓一個人擁有上千股，遠不及讓數千人擁有相同公司的股票來得安全。因此，炒作的重點不只是取得最佳價格，股票炒作者還得注意如何將股票分散開來。

如果你把價格哄抬過高，導致股民不想購入該股，那絕對會是一場災難。每當菜鳥作手試圖在頭部出貨，卻一敗塗地時，老手們會嘲笑地告訴他：你可以把一匹馬牽到水邊，卻不能強迫牠喝水。這些老手令人佩服！事實上，基恩與所有老手們深知的投機法則，就是把股價炒高，然後在它下跌時順勢賣出！

讓我從頭解釋給你聽吧！假設現在有一內線集團、承銷商或個人，期望以最有利的價格脫手大宗股票，而該股為紐約證券交易所的上市股票。那麼最好的出售地點就是公開市場，最好的買家絕對是普通股民。交易事宜由一個人來負責，此人——可能是公司現任或過去的合夥人，他設法售出該股不得，那麼他應當仍具備應有的股市常識，並知道無法以一己之力完成傾銷。接著，他或許會從朋友口中聽聞某人嫻熟於此類交易，並將任務交付給對方。這道理就像病急投醫或找建築師蓋房一樣。

假設他聽說我是股票炒作大師，我相信他一定會人前人後打聽關於我的一切。接著他會安排會面商謀此事。

當然，我應當清楚該股的情況，畢竟這正是股票作手的專業所在。

這就是股票作手的工作。我的客戶會說出他們的期望，並希望我擔負傾銷股票的工作。

接著，換我上場了。我會仔細詢問對方關於該股的一切資訊，畢竟那是我必須經手的物件。接著琢磨該股的價值與股市潛力，並判斷市況是否合宜炒作此股。

如果我認為炒作此股大有可為，那麼我就會接下委託，並告訴客戶期望的報酬。如果對方認為我的開價合理，我就會立刻上工。

通常我會要求大量股票的累進式認購權，因為這對雙方都有好處。通常認購價格會低於現行市價，再逐步提高。比如說，現時股價為四〇美元，我得到十萬股的認購權，接著我會以三五美元的股價購買數千股，再以三七美元購買一筆股票，接著再以四〇、五〇美元，一路攀升到七五美元或八〇美元。

如果透過我專業的炒作使價格上漲，那麼當價格攀升到最高點時，市場的需求應當無比強勁，此時我自然可以拋售大筆股票。我會認購該批股票，畢竟這讓我和客戶都賺大錢。這個道理很清楚，客戶購買的是我的股票炒作技術，他們也應當得到回饋。當然，客戶不可能永不賠錢，但我通常只會在確信客戶有利可圖時，才會承接案件。今年，我就有一、兩次虧損的經驗。當然，虧損的理由百百種，容我後續說明。

如何創造股票的多頭走勢？

想要創造股票多頭走勢的第一步，就是告訴大家股票現在正處於多頭走勢。這聽起來像是廢話嗎？但仔細想想確實有番道理。你得通過宣傳手段實現此一目的，並擴大漲幅，而最好的銷售方式就是讓手中這支股票變得活躍而且強勁。當萬事俱足後，股價電報機就是全世界最好的廣告。我不必幫客戶印刷任何宣傳資料，也不用和報社閒聊該股價值，也不必提醒金融觀察家留意該公司的繁華前景，更不用在華爾街製造跟隨者。我只要炒熱氣氛，就可以達到所欲求的結果。當個股活躍時，所有人會設法尋找到解釋，這意味著它會成為媒體寵兒。我只要袖手旁觀，合理的解釋將會自動出現在報端。

場內交易員最在意的就是股市活躍與否。只要市場活絡，他們就願意以任何價格買賣任何股票，一出手就是上千股，他們的交易量沒有上限。通常交易員都會成為股票作手的第一批買家。當價格上揚時，他們會緊跟其後，這絕對幫了股票作手一個大忙。我知道基恩總是雇用那些業務量龐大的交易員，不但因為他們可以掩人耳目，還因為活躍的交易員總是能促進商業活絡，也能有意無意地散播小道消息。基恩總是私下承諾給交易員高於市價的認購權，好讓他們在兌現前助他一臂之力，當然，他會讓交易員得到他們的分紅。要讓場上專業好手跟進的最好方式，就是讓個股活絡，交易者不會要求太多。當然，你必須謹記在心，所有交易好手買股的真正目的就是為了獲利。他們不在乎利潤是否驚人，但他們喜歡鈔票不斷地湧入。

我總是把個股炒得相當火熱，以吸引投機者的注意，原因我不必多說了。我買股、然後賣出，而其他交易者則跟在我身後團團轉。若有人有認購權，那就代表他可以持股並分散賣壓，這跟我的情況一樣，我也擁有認購權，可以持續持股。買盤總能大過賣盤，散戶通常會跟隨著交易員起舞，而非操盤者。他們會進場成為買方，而我則能遊刃有餘地賣掉股票。通常，市場所能吸入的股票量，甚至會超過我在炒作初期被迫買進的股票量，因此，我能技術性地放空這支個股，這意味著我能夠賣出比我實際持有數量還多的股票。此時，我根據自己的認購權賣出股票，對我而言，操盤至此萬無一失。當散戶對該股需求降低時，股價自然停滯不動，那麼我就會選擇繼續等待。

能賺能守，才是高手

好吧，假使股價膠著，大盤疲軟，或許市場開始出現回檔，也或許有超級精明的交易商反其道而行，開始賣出我期望大家買進的個股，而散戶竟然也有樣學樣地開始賣股，總之，我的股價開始下跌了。此時，我就得自行買進。假使客戶還想傾銷這支股票的話，我就必須自己撐起該股的市場。真正厲害的是，我能在不吃進股票的前提下給股價支撐力，畢竟我若現在吃進股票，日後都還是得脫手，而且我並不希望負擔額外的費用。事實上，我只是在回補之前交易商和散戶狂熱買進時所累積的空頭。我想交易商和散戶應該都很清楚，畢竟一定會有人在股價下跌時買進。股票缺乏支撐力時就會日趨疲軟，持股者則會紛紛脫手。而我的炒作可以阻止專業交易商隨意放空，也可以避免恐慌的散戶匆忙出清。回補動作正是我穩定工序中的重要環節。

當初市場擴大規模時，我自然隨著股價的攀升一路賣出股票，但不至於阻礙漲勢，以維持其穩定性。我必須堅守穩定路線。顯然我若提早以合理價格拋售，就愈能吸引保守的散戶，此外我也愈能保護個股度過股市疲乏的難關。若我持續賣出，就有足夠能力支持個股，卻又不會造成虧損。我個人謹守的原則之一，就是以不虧損的售價賣股，但有時當我賣出時，卻無法獲得利潤，目的其實是要創造或增加自己無風險的購買力。我的目的不僅是拉抬股價或為客戶拋售大批股票，我還得為自己賺錢，所以我從不要求客戶給予我傭費用，唯有獲利後我才會收取酬勞。

當然，我絕對不會死守任何一項法則。我不會死守任何一套舊系統或方法，而是因應時局創造新的條件與對價關係。

當客戶要求我拋售股票時，我理應在最高價格點售出股票。我之所以再三地強調，是因為股民老是認為，既然還沒有達到最高價就應該繼續買進。有時候當個股被摻水，就會停止上漲，此時應該賣出。賣壓會導致股價下跌，而跌幅往往會超過想像，通常我總可以把股價拉上來。只要我炒作的股票，隨著我的買進而上漲，我就高枕無憂，必要時我會用自己的錢買進該股，只為了強調自己信心滿滿，就像買進其他股票一樣，因為我確定這是最小阻力的路徑。你還記得我的最小阻力路徑法則吧？當我確定最小阻力的路徑後，我就會順著此方向炒作。這並不是因為我正在炒作該股，而是因為我是個天生的作手。

當我的買盤無法使股價上漲時，我就會收手，然後隨著股價下跌開始拋售，即便我沒有炒作該股，我也會如此判斷。炒作的最高原則就是隨著價格下跌拋售。任何人都能在下跌時拋出數量驚人的股票。

當我炒作個股時，我從來不會忘記自己也是股票交易者。所有操盤手會面臨的問題，股票交易者都無能倖免。當炒作者無法讓股票依自己的意願發展時，炒作就結束了。當你炒作的股票表現有別於你的炒作推進方向時，你應該立刻放棄操盤，不要試著與大盤爭論，不要指望你能救回利潤，你最好在損失還小時及早收山。

第二十一章

股市中絕對沒有萬能者

大戶抵不過大勢

炒作帝國鋼鐵

我知道，這些結論很容易聽聽就忘。通常過於籠統的說法，總是難以讓人心服口服。因此，我要給你一些更明確的實例。我曾經買進七千股並讓該股行情升高三十點，為這支股票開創了廣大的市場。

這支股票就是由名人發行上市的帝國鋼鐵（Imperial Steel），他們對外宣傳此股穩賺不賠。他們把約三〇％的股本透過華爾街幾家證券公司，販售給交易者。然而股票上市後，交易卻不活躍。

當散戶詢問起這支股票時，承銷商都會誇獎該公司的營運表現遠超過預期，前景可期。他們的說法都對，只是沒有吸引人的焦點，也缺乏投資誘因。對投資者而言，他們恐怕看不到價格的穩定性，也等不到長期分紅的承諾。該股的表現太過平淡，即便內部人士提出該股非常詳實的報告，股價仍舊不漲也不跌。

帝國鋼鐵就一直乾坐冷板凳，因為根本沒有人會拋售，所以股價也不會動搖。沒有交易者願意放空這種股權過於集中的股票，因為擔心會受內線集團箝制。同樣地，帝國鋼鐵也沒有任何誘因驅使人買進。對投資者來說，帝國鋼鐵仍舊是一門投機股。但是對投機者來說，帝國鋼鐵又是一支死氣沉沉的滯銷股，一旦你做多這種股票，只會把自己搞垮。當你買進滯銷股以後，就只能天天對著報價黑板發呆，讓它拖著你一、兩年，而同時你只能眼睜睜地看著無數大好機會從眼前溜走。

有一天，帝國鋼鐵財團的大老們來找我。他們希望我能為該股創造市場，畢竟他們手上還有七〇％的持股。他們希望我能以優於公開市場的價格為他們出貨，並問我是否願意接下這份工作。我和對方表示幾天後會給他答覆，並聘請專家著手研究該公司的生產、業務與財務部門。專家們給了我相當詳實的報告。我對這間公司的優劣毫無興趣，只是想了解實際情況。

報告顯示帝國鋼鐵企業表現極佳。如果投資者表現地沉穩一點，應該可以快速銷股。以市況與公司表現作為評估準則的話，帝國鋼鐵股票絕對會上漲。因此，我二話不說馬上接下多頭炒作帝國鋼鐵股票的任務。

我通知對方我的決定，他們登門詳談細節。我告訴他們承接條件：不要佣金，僅要十萬股帝國鋼鐵股票的認購權，認購價則為七〇到一〇〇美元不等。雖然這或許是一筆極大的開銷，不過如果市場缺乏買盤，那麼即便有再好的公司營收與前景，都無法吸引大量買家。內線集團清楚知道，單憑他們自己根本賣不出五萬股，遑論十萬股，就算以七〇美元的低價位賣出恐怕都難如登天吧。況且，唯有當我的客戶獲利上百萬美元時，我才得以獲得回報。我沒有豐厚的佣金作為後盾，但我認為這反而是相對公平的收費標準。

該股相當有潛力，而當時的多頭市場也有助於讓好股票登場。一切條件都對我有利。客戶對我的報告相當滿意，也立刻答應我十萬股的報酬，這筆交易就在彼此的信任下愉快展開。

我希望盡可能地保護自己。財團仍舊擁有並控制約七〇%的流通股。我讓他們簽署了一份信託協議，把七〇%的流通股交由我支配。我可不想成為大股東的倒貨對象。當我緊緊握有那七〇%的股份時，我開始思考該如何對付三〇%的散戶，這絕對不是可以輕鬆應付的情況。

事實上，專業的投機者絕對不追求安穩的交易，要讓所有股票一次入場的機率幾乎和所有壽險投保人同時遽亡一樣的低。保險業者總會準備好詳載人口死亡率的保險統計表，我們也有股市風險統計表。當我排除可避免的風險以後，立刻投入股票炒作。唯一能讓我的認購權水漲船高的方法就是拉高股價，並創造新市場，如此一來我就能將十萬股的股票瞬間出清。

漲勢總會同時吸引買單和賣單

第一件事是必須先確定，當股價上漲後，會有多少股票湧進市場。我的證券商一定擁有清楚的數據，他們早已知道在目前比市價略高的價位上，有多少持股正準備出清。我不清楚專家是否有清楚記錄我方客戶的賣盤，不過以目前七〇美元的市價看來，我連一千股都無法脫手。目前市場缺乏買家，即便將價位拉低，也沒有任何買氣。我必須根據證券商提供的資料行動，但是資料僅讓我知道有大量待售的股票，然而需求量仍在虛無縹緲處。

當我清楚掌握消息後，就立刻以七〇美元以及更高的價位，悄悄吃進了所有市面上待售的股票。當然，我的行動都是為我的客戶而做的。我的賣家都是規模較小的散戶，畢竟我的客戶在鎖好自己的籌碼之前，自然已經取消任何他們所發出的賣單。

我不需要買進大量的股票。此外，我知道漲勢來臨時總會同時吸引買單與賣單。

我並沒有放出帝國鋼鐵股票的利多消息，因為那個沒有必要，並非利多無須宣傳，而是最好的方法莫過於找出影響股民的觀點。這和推銷羊毛衣、鞋子或轎車的意義一樣，我當然需要讓所有人知道帝國鋼鐵的價值，宣傳合情合理並且有其必要，大眾必須知道詳實而精確的資訊，但是最好的方法是讓散戶提供的價格說明一切。我之前說過，知名大報總是會刊登市場走向的分析報導，而報紙讀者則期望知道市場走向背後的緣由。基本上，炒作者根本無須費力，金融記者就會刊登出所有相關訊息與小道消息，並分析公司的收入報告、業務狀況與發展前景。總而言之，他們一定會刊登出關於漲勢的任何線索。一旦有記者或熟人問起我對某支股票的看法，我會毫不猶豫地侃侃而談。我不會主動提供別人小道消息，但過度神祕對我沒有好處。而且我們都知道，電報機才是最聰明的情報員，以及最有實力的業務員。

當我以七〇美元與更高價位吃進所有待售股票時，立刻削減了市場的賣壓，帝國鋼鐵股票的最小阻力方向已然揭曉，那就是上漲路徑。交易大廳的交易員發現漲勢以後，會立刻判斷該股即將上漲，儘管漲幅尚不明確，但是足以誘使他們下單買進。市場漲勢創造了人們對帝國鋼鐵股票的需求，這就是以行情透露最有用的利多消息！我立刻脫手手中股票以滿足市場需求。我把一開始從那些意興闌珊的賣家手上取得的股票轉賣給市場買家。當然，這完全符合我的需求。我不希望太過躁進，也不希望股價一次衝得太快。在第一階段就賣光五萬股不見得是好事，我的任務在於創造出能夠完整拋售十萬股的市場。

不過，雖然我很快地滿足了那些熱切買家的需求，但是市場無法再吞進我的股票，接著我按部就班地進行計畫。當交易者停止買入時，價格就停滯不前，並讓多頭市場交易者感到一陣失望，買家看不到購買誘因，並開始賣出。當上漲終止時，買氣立刻消散無蹤。但是，我仍舊準備好執行我的炒股計畫，我順著跌勢一路買進原本讓買家以較高價位買走的股票。當我買進這些我早知道會再次買進的股票時，跌勢會戛然而止，當價格停止下跌時，賣家就會停止賣出。

漲勢是最好的代言人

我故伎重施，一路吃進所有待售股票，股票數量並不多，而股價也開始回升，股價從略高於七〇美元的地方開始上揚。別忘了，當股價下跌時，所有的持股者都恨不得讓手上的持股人間蒸發，但是他們仍舊希望以僅僅低於頭部三、四點的價位賣出。這些持股者八成暗自思忖：只要股價反彈，他們就要頭也不回頭地拋售手中持股。但是當股價風向轉變，他們又改變心意。當然，有些善於炒作的交易商能很快地判斷局勢從中賺錢，對他們而言，小錢也是錢。

我需要做的就是重複相同動作，買進再賣出，但是我必須讓價格愈來愈高。

有時當我吃進所有待售股票時，股價會大幅提升，並造成該股不小的買氣，這就是最好的宣傳，並會成為股民間的話題，進而吸引專業交易商和喜歡頻繁出入場的投機散戶。我認為這些人占了股市相當大的比例。我順著此模式炒作帝國鋼鐵股票。不管這種短期大幅暴增的需求量能維持多久，我都會賣出股票以滿足市場需求。我的拋售將股價漲幅控制在一定的範圍和速度內。我隨著股價的下跌一路買進，再隨著股價的上漲一路賣出，我不但把價格成功地拉高了，還為帝國鋼鐵創造了活絡的市場。

當我開始炒作這支股票時，股民就可以隨心所欲地買進賣出了，我的意思是，只要交易方式合理並且不會激起股價的過度波動即可。股民不必擔心買進後會被套牢，或賣出時會被軋空。帝國鋼鐵股票的表現帶給市場信心，愈來愈多的專家與股民開始認定該股相當有市場。活絡的個股市場成功地消弭了眾人對這支股票的不信任。結果，在我買賣數千股後，我成功地把股價拉抬到票面價值：所有人都很慶幸能以每股一〇〇美元的價格買進帝國鋼鐵股票。所有人都知道這是支明星股，而且漲勢就是最好的代言人，既然一路走來該股都很賣座，那有什麼理由遲疑呢？很多人認為：一支股票能從七〇美元漲到一〇〇美元，就能從票面價值的一〇〇美元繼續漲到一三〇美元。

單單吃進七千股，我就把行情拉高了三十點，這批股票的每股均價為八五美元，並帶給我每股十五美元的利潤，不過，我持股的利潤遠大於此，畢竟這還僅僅是帳面利潤。這筆收益絕對安全，因為市場已經完熟，可以隨時賣出持股。經過我小心謹慎的炒作後，股價仍有成長空間，我已經把手上的十萬股認購價從七〇美元炒作到一〇〇美元。

沉住氣，股市難免不如預期

帝國鋼鐵的走勢相當明朗，後來，我沒有按計畫將帳面利潤轉換為現金。我不得不說，這次炒作真的很漂亮，不但完全合法，而且獲得壓倒性的成功。該公司的資產相當值錢，即使股價如此之高，也不能算貴。原來的承銷商，一家財力雄厚的知名銀行表示，希望能掌握帝國鋼鐵的控制權。當然對於控制帝國鋼鐵這種具有繁榮前景與成長潛力的公司，銀行所受到的吸引力遠遠大過於散戶與個別投資者。總而言之，該銀行期望買下我所持有的認購權，這代表大筆利潤進帳，我一口答應。只要利潤可期，我對賣出毫不猶豫。我對這次的交易相當滿意。

在我讓出那十萬股股票的認購權之前，我知道該銀行雇用了大批專家研究帝國鋼鐵企業，並且進行評估，評估結果讓他們決定買下我的認購權。於是，我保留了幾千股作為個人投資，我對此炒作深具信心。

我對帝國鋼鐵的炒作完全合法並且穩健。每當我出手買進並看到價格上揚時，我就知道可以放心了。相較於其他被炒作的股票，該股從未被摻水。當你發現買進一支股票，價格卻沒有適當反應時，你就應該趕快賣出。如果你有一支潛力頗佳的股票而大盤看好，你就能確定自己總是能在股價下跌之後把它拉上來，即便下跌二十點也無須恐慌。但對於帝國鋼鐵這支股票，我甚至不用這麼做。

我從未在股票炒作中忘記最基本的交易原則。也許你很懷疑，為什麼我一直強調此點？並反覆說自己不會因為股市不如預期而焦躁，還一再提醒千萬別與大盤理論。很多帳戶裡有數百萬美元的富豪或華爾街好手都知道要在股市中保持冷靜。沒錯，但是有太多交易大戶表現地像個瘋子一樣，只要股市不如他們預期，就暴跳如雷。他們認為股市在向他們挑釁，只要一開始輸錢，他們就沉不住氣。

拔刀相助

有很多人謠傳我和約翰．普萊提斯（John Prentiss）不合。一旦我或他出現數百萬的虧損，人們就誤以為我們之間有誇張的交易過失或欺詐行為。不過，這並非實情。普萊提斯和我一直相處融洽，他時常給我有用的訊息，我也不吝提供炒作建議。當然，他並沒有對我言聽計從，不然他不會輸得那麼慘。普萊提斯是石油產品公司（Petroleum Products Company）上市的主要推手。股票華麗初登場以後，情況急轉直下，買況遠遠不如普萊提斯與石油產品公司的預期。當基本情勢好轉時，普萊提斯組了一個內部集團，商討該如何炒作該股。

我對普萊提斯的炒作手法不太了解。他沒有告訴我真正的炒作策略，我也沒多問。但情況很明顯，儘管他足智多謀、經驗老道，可他此次炒作卻都徒勞無功。用不了多久，內部集團就知道自己根本無法脫手任何股票。我相信普萊提斯已經山窮水盡，畢竟內部集團的領導者很少會對外求援，除非他們知道自己已經無法勝任此職，否則沒有人會願意承認失敗吧。不管怎麼樣，普萊提斯來到我的面前，經過一番寒暄後，他寄望我為石油產品公司開拓股票市場，賣出十萬股持股。當時該股價格約在一〇二至一〇三美元之間。

我對炒作該股沒有勝算，只好謝絕邀約。可是他堅持非我不可。他拉下臉來，以人情施壓，我只好點頭同意幫他一回。我通常很討厭做自己不擅長的事，但當朋友有難，我實在不得不幫。我承諾會盡力而為，但也坦承自己的擔憂，還列舉出我認為目前存在的不利因素，意思是我實在不能保證情況會好轉。普萊提斯只說他不求我賺進上百萬的利潤，但是他相信只要我出手，一定能讓內部集團滿意。

我不可以是唯一的買家

就這樣，我登場了，儘管我根本認為前途堪慮。我的猜測果然正確，那就是普萊提斯炒作該股時犯下了許多錯誤，但是我最害怕的仍是時間因素。我相信多頭市場已經到達尾聲，並且即將反轉，我覺得普萊提斯過度樂觀。我擔心在我開始炒作石油產品公司並取得成績前，市場會由多頭轉為空頭。但我只能硬著頭皮，拔刀上陣。

我開始拉抬股價，市場似乎小有回應，當我把股價拉到一〇七美元時，心情實在頗為愉悅，我甚至還賣了一些股票回本。雖然賣出的量相當少，但是至少代表持股量沒有繼續往上積累。內部集團之外的散戶開始觀望，並期待該股股價上揚，以拋售手中持股，而我自然就是他們的救星。如果大盤狀況更好，我想我可以表現地更出色。普萊提斯應該提早來邀我操盤，當你錯過好時機時，就等於輸了一半。目前，我只求平局退場。

我和普萊提斯相約碰面，並報告我的看法，他開始反對。接著，我向他解釋我的立場。我說：「普萊提斯，我對大盤走勢瞭若指掌。你的股票已經來日無多了。股民根本只是隨著我的炒作起舞而已。聽著，我已經竭盡所能炒作石油產品公司，讓它的賣相好看，也給他市場支撐力，但股民還是無動於衷，因此這不是股票的問題，而是市場的問題。強渡關山是行不通的，只會讓你賠錢。如果股民跟進，內部集團應該趕快買進自家的股票；但是如果沒有股民跟進，內部集團還買進，那絕對是錯誤之舉。我每買進五千股，股民應該跟著買進五千股。我不可以是唯一的買家。如果我這麼做，只會積累一堆乏善可陳的多頭股票。現在能做的就是賣出！即刻賣出！」

「你的意思是拋售，能賣多少就賣多少？」普萊提斯問我。

「對！」我看得出他有所不滿，我緊接著說：「如果我把你們內部集團持股全部賣出，你要有心理準備，股價會跌破面值，而且……」

我話還沒出口，他就打斷我：「不行！噢！那絕對不可以！」他聽起來好像我是邀請他參加自殺俱樂部一樣。

「普萊提斯，」我對他說：「股票炒作的第一法則就是拉抬股票以便賣出。但是你不能在上漲時大手筆地賣出。你只能在股價下跌時，大量拋售。我很想幫你把股價拉到一二五美元或一三〇美元，但我實在辦不到。所以你只能接受現在的價位並且賣出。依我的觀察，所有的股票都即將下跌，石油產品公司絕不會是例外。如果現在你們集團出手導引股價下跌，總比下個月因為其他散戶賣壓導致大幅下跌要好。總之，它一定要跌的。」

我說錯什麼了嗎？普萊提斯大聲哀嚎，他完全無法接受我的提案。他哭喊：「這絕對不行！這會讓石油產品股票留下不良交易記錄，還會帶給銀行困擾，這股票已經抵押給銀行了⋯⋯」他話說個不停。

我重複說明自己的看法，石油產品股票將下跌十五點至二十點，大盤走勢疲軟，你無法自外於大盤，我再次強調，不要期待石油產品股票會倖免於難。但是，我像是在對牛彈琴。他堅持我繼續炒作。

普萊提斯是最精明的商人，也是華爾街赫赫有名的作手，他曾經入帳過上百萬美元，並且對投機遊戲瞭若指掌。不過，現在卻堅持要我在空頭市場強撐一支股票！當然，因為這是他公司的股票，這完全是個愚蠢的炒作，完全違背交易原則。於是我又和他吵起來，但是我們仍然無法得到共識，他堅持要我買進，繼續炒作。

拉抬容易，出貨難

不久後，市場陷入真正的疲軟，跌勢悄然展開，石油產品公司的股票與眾家股票一起下跌。按照普萊提斯的指示，我不但不得賣出，反而得為內部集團買進。

或許，普萊提斯不相信空頭市場已經來臨。我百分之百確定多頭市場已經結束，我用好幾支股票測試過我的看法，包括石油產品公司的股票。我怎麼能等到空頭市場開始才放空？雖然我放空了其他股票，但是我當然沒有賣出石油產品公司的股票。

不出所料，石油產品公司內部集團的持股全數被套牢了，連為支撐股價的後期買進股票也被套牢。最後他們只能兌現，然而價格遠低於當初按我的計畫操盤所可以得到的價格。但是，普萊提斯還是堅持自己是對的，或至少他嘴巴上是這麼說的。他甚至以為我建議他賣出的原因是因為我放空了股市，而當時大盤明明還在上漲。他似乎暗示若當時拋售石油產品公司的股票，就會造成價格暴跌，這會帶給我其他空頭股票許多好處。

這根本是瘋言瘋語。我可不是因為放空其他股票才看淡後市。我是因為看淡後市才放空的。我只有在看跌時才會放空。股市最忌諱炒作方向錯誤。我建議拋出石油產品公司的股票，是出於自己二十年的專業經驗，這是唯一可以解套的聰明做法。我不相信身為一個股市老手，普萊提斯會看不出來，當時任何的炒作都已經為時已晚了。

或許，普萊提斯把股票作手看成是神了，這真是相當不專業的態度。股市中絕對沒有萬能者。基恩最偉大的股市炒作記錄，就是一九〇一年春天的美國鋼鐵普通股和特別股事件。他之所以成功，不是因為個人的智慧或手上握有的資源，也不是因為有全美國最強硬的後盾在支援他。他成功的部分原因是因為當時大局看好，而股民的心理也對他有利。

行事若違背了經驗與常識，就會帶來慘痛代價。但是在華爾街，不是只有外行人才會摔跤。我剛剛已說過普萊提斯對我的不滿，我沒辦法按照自己的評估行事，而是得聽從他的指令，他對結果忿忿不平，卻認為我該為此負責。

只要作手不惡意誤導股市，那麼為大量拋售股票而炒作個股算不上是黑箱作業，也絕無違法或丟臉之慮。健全的炒作必須以標準的交易原則做基礎。許多人老愛談論沖銷交易等舊式炒作手段，但我向你保證，非法的股票炒作絕對不會帶來好處。股票炒作與臨櫃買賣股票的差別，在於所屬客戶的差異，其交易方式反倒沒有巨大的殊異處。摩根信託銀行發行公共債卷時，尋找的對象是投資者；股票炒作者想要拋售大筆股票時，尋找的對象是投機者。投資者想要的是穩定收入，並希望所投入的投資成本可以得到利潤。投機者則想要快速致富。

炒作者通常會和那些敢冒商業風險的投機者一拍即合，當投機者認定投入成本有可能得到巨大回收時，他們就會進場。我個人從不相信盲賭，我有可能大筆買入或只買一百股，但不管怎麼做都一定有理由。

大眾總喜歡一夕致富的故事

我很清楚記得自己何時開始投入炒作遊戲——也就是接受委託傾銷股票。讓我印象如此深刻的原因，是因為那證明了華爾街對專業股票操作的態度，令人佩服。這件事是我東山再起之後開始的，也就是一九一五年，我利用伯利恆鋼鐵股票捲土重來，開始恢復財務狀況之後發生的。

當時我的交易相當穩健，手氣也不錯。我從來不是沽名釣譽的人，但我也非神祕主義者。同時，你也知道華爾街老愛渲染成功作手或破產者的故事，每當報業注意到任何活躍的作手時，就會開始刊載關於他們的小道消息或謠言。根據華爾街傳聞的說法，我破產好多次，也賺過上百萬美元，我真的不知道是誰在放話，而且謠言還愈滾愈大！很多交易者好友都跟我講過關於「李文斯頓」的業界傳聞，幾乎每個版本都不一樣，故事不但愈變愈精采，而且還非常有邏輯。

我如此長篇大論，只是要告訴你，我如何開始接受委託炒作股票。而讓我接到訂單的原因，正是因為報紙報導我如何在虧損上百萬後捲土重來。華爾街報紙把我的破產與奮鬥故事戲劇化。你知道，現在華爾街早就不是讓隨便賣個百萬張股票的交易者所能擺布的年代了。但是一般大眾還是很喜歡聽老派成功者的故事。基恩就是典型的股市強手，可以單憑己力賺到上百萬美元，也因此投資者與銀行都寄望基恩能為他們炒作股票。簡而言之，能讓基恩接收到眾多委託的原因，正是因為那些扣人心弦的華爾街故事。

但是，基恩早就蒙主恩寵了，雖然他曾經說天堂不會是他的歸屬，除非那裡有賽馬。曾經也有兩、三位作手稱霸華爾街股市數個月，但又消失得無影無蹤，或是金盆洗手。我說的是一九〇一年遷往華爾街的幾個美國西部佬，他們出手闊綽，並以美國鋼鐵股票賺了幾百萬，之後仍舊居住在華爾街附近。但是他們和基恩不同，他們不是股票作手，而是超級推銷員。此外，他們非常聰穎、富有，並且能夠成功地確保公司的經濟安全。他們不能和超級作手如基恩或費勞爾相比。不過，華爾街仍然喜歡談論這些西部佬，並讓許多專業人士與大型證券公司都成為他們的信徒。然而，在他們銷聲匿跡後，華爾街就找不到真正的作手了，至少你再也不能從報紙上讀到關於超級作手的故事。

勢不可用盡——落袋為安

你記得一九一五年，證券交易所恢復交易後所呈現的超級多頭市場吧？協約國向美國購買數十億的物資，市場蓬勃開展，美國就此進入經濟繁榮期。許多因戰爭而活絡的股票無須任何作手，就擁有無窮市場。許多人因為手上一紙合約或僅僅承諾可以取得合約，就賺進上百萬元。很多人成為成功的推銷員，對象則是銀行家或是場外市場的散戶。當時的大眾心態對所有推銷商品都來者不拒。

當繁榮時期結束後，一些承銷商發現他們急需真正具股市操作專業的作手幫忙傾銷股票。雖然買進時的價格殊異，但幾乎所有交易者都被套牢了。此時想脫手新股真的非常困難。繁榮期結束後，股民們明白沒有任何一支股票還會看漲。這並不代表股民更具備分辨力，而是代表盲目買進的時期已經結束，人們的預期心理已然改變。儘管價格尚未下跌，僅僅稍顯疲乏而已，股民的情緒已經變得低迷不振。

任何繁榮時代裡都有許多新公司紛紛成立，反正當時大眾秉持所有的股票都是好股票的心態。繁榮時期也不乏老是慢半拍的股票發行者，人性使他們犯下這種錯誤，畢竟沒有人願意相信繁榮期也會走到盡頭。而且，潛在獲利的提高自然代表金流源源不絕。當股民們滿懷希望時，他們永遠都不會盼到股價最高點。好比某支股價在一二至一四美元時完全無人聞問的股票，突然飆到三〇美元，這是最高價了吧？可是它又立刻漲到五〇美元，所有人都不相信它還會再漲，但是股價又走到了六〇美元、七〇美元、七五美元。此時，所有人判定這支數週前僅不到一五美元的股票不可能再有上漲空間了，但是它繼續漲到八〇美元、八五美元。許多人總是不考慮股票的真正價值，卻只看到表面的價格，他們的行為由恐懼主導而非市場環境，並因此忘記上漲終有限度。這就是為什麼外行人知道不應該在最高價買進，但卻仍在最高價時買進，因而傾家蕩產的原因。繁榮時期，所有的股民都能獲得龐大的帳面利潤，然而，當利潤只能停留在薄紙上時，亦無所用。

第二十二章

華爾街的爾虞我詐

養、套、殺三部曲

聯合爐具登場

有一天，我的主要經紀商也是多年好友吉姆・巴恩斯（Jim Barnes）打電話給我，希望我能幫他一個忙。他的語氣很不尋常，所以我立刻問他需要什麼協助，他是我的大恩人，所以能幫得上忙，我鐵定義不容辭。他告訴我，他的公司對某支股票很有興趣，事實上，他們一直是這間公司的主要股東，擁有該公司多數持股。目前情況有變，他們急需大量拋售該股。巴恩斯希望我能為他們炒作，這支股票正是聯合爐具（Consolidated Stove）。

我實在很不想和這檔賣賣扯上關係，原因有很多——但是巴恩斯絕對是我的至交，既然他以我們的交情作為請託，我實在很難拒絕。他人很好、又是我的朋友，而且我估計他的公司八成遇到了大麻煩，因此我決定看看自己能為他做些什麼。

我一直覺得，戰時繁榮期和其他繁榮期的差異就是，前者讓許多投機小子一夕之間成了銀行家，少年銀行家們向來是股市裡相當傑出的角色。

戰爭時期帶來繁華的經濟榮景，箇中緣由與脈絡想必眾人皆知。不過幾乎所有美國知名的銀行與重要企業都竭盡所能地幫助軍火商與承銷商發達致富。任何人只要說自己有個協約國軍方的朋友，就能貸款，用以履行根本不存在的合約。我常聽到一些詭異的故事，像是某個小營業員從友好的信託公司貸款，通過轉手無數次的合約成交了幾百萬的生意，並因此成為銀行總裁。當時，黃金潮湧入美國，鈔票多到令人難以置信的地步。

或許老銀行家們會認為戰爭財不可取，但是此時華爾街恐怕也沒什麼老前輩了。和平時期或許很適合由頭髮白花花的老前輩擔任銀行總裁，但是在戰爭時期，年輕人無疑取得了最好的位置。許多銀行都藉機賺取不少利潤。

巴恩斯和他的生意夥伴，與馬歇爾國民銀行（Marshall National Bank）的年輕總裁保持友誼關係，他們決定將三間著名的爐具公司合併，發行新股票。數個月來，股民都在不斷地買進賣出各式股票。

不過問題來了，當時三間爐具公司前景看好，甚至開始發放第一次的普通股股息，公司的大股東們都不願意釋出控制權。他們的股票在場外交易相當搶手，所有他們願意出讓的股份，都早已出清。情況真的很好。不過，這三間公司的資本額都太小，不足以在公開市場上市一展身手，這也是巴恩斯的公司介入的原因。若三間公司合併，擴大規模，就能在證券交易所掛牌上市，新股的價值將遠勝於舊股。華爾街老愛把舊股變新股，提升股票價值，這已經是常見的老把戲了。譬如，有時某支股票很難以面值脫手，那麼不妨把一股一二〇美元或一四〇美元的舊股，切割成四股各三〇美元或三五美元的新股，如此多半能刺激銷量。

巴恩斯與其商業夥伴似乎成功地說服了一些握有格雷爐具（Gray Stove）股票的朋友，接受合併的提案，條件是以格雷爐具一股換取合併後的聯合爐具四股。格雷爐具正是三間爐具公司中的龍頭企業。不久後，米德蘭爐具（Midland Stove）與威斯登爐具（Western Stove）立刻加入了老大哥的行列，接受以換股的條件進行合併。兩間公司的場外價格約為二五至三〇美元，而最知名的格雷爐具因有分紅的關係，股價在一二五美元左右。

發行新股的錯誤

由於股東們堅持以現金交易，而且新公司亦需要額外營運資金以改善業務並推廣股票，巴恩斯一夥人必須填滿數百萬美元的缺口。巴恩斯央請馬歇爾國民銀行總裁，提供三百五十萬美元的貸款，並以新公司的十萬股份作為抵押。據我所知，巴恩斯向馬歇爾國民銀行總裁保證，新股價格不會低於五〇美元，也因此銀行將能蒙受厚利，這絕對是千載難逢的好交易。

然而，新股籌備集團所犯下的第一個錯誤，就是時間點不對。市場已不能再承受任何新股，這點應該不難看出。儘管如此，只要他們不像其他繁榮時期頂點的其他新公司一樣，過於莽撞躁進，巴恩斯等人應該仍舊有利可圖。

請不要以為巴恩斯與其合夥人是頭腦不清楚的小鬼。他們都是業界老手，熟稔華爾街法則，其中還有不少人是華爾街成功的交易者。總之，讓他們耗盡資本的主因並不是錯估股民的購買實力，畢竟購買實力必須經過實戰才能驗證，讓他們得不償失的是：他們認為多頭市場會持續下去。我想，或許他們年少得志，太早取得經濟成功，以至於過分樂觀地錯認多頭市場的持續時間。他們全都是檯面上的知名人物，許多專業交易者或證券商都是他們的粉絲。

新股的推銷成功順利。報紙提供大篇幅版面。某報導認為原先的三家美國公司早已成為美國爐具產品的海外代言人，此合併行動無疑富有愛國主義精神，並將成功地取得海外市場。不管是亞洲、非洲或南美洲的市場，都為之臣服。

三間公司的總裁都是家喻戶曉的財經人物，幾乎所有金融報紙讀者都熟知他們的大名。宣傳策畫非常成功，而檯面下的內線集團更承諾股價會有極佳表現，一切令人滿意，市場上立刻湧現對新股的大量需求。結果顯示，這支以每股五〇美元的價格公開發行的股票，被超額申購達二五%。

請你設想看看，新股票內線集團最期望看到的是什麼樣的狀況？應該是在股票上市幾週內就把股價拉抬到七五美元以上，使平均價格超過五〇美元，但若在申購階段就以五〇美元出售，這等於在正式掛牌上路以前，各公司舊股的價格就已經提高了一倍，這絕對危險，他們早該避免危險發生。所有商業活動都有其特殊需求。而識途老馬總是勝過人云亦云。承銷商看到超額申購而喜出望外，認定股民將會願意以任何價位買進大筆股份。接著，他們卻蠢到沒有足額配售。假使內線集團無法掩飾自己的貪婪，那麼至少吃相要顯得優雅才行。

當然，他們絕對應該足額配售，雖然他們會有二五%的不足之數，但是當市場需要的時候，這種不足能夠支撐股價，讓內線集團處於戰略優勢地位，還不會額外增添成本，這絕對是我自己炒作股票時的大原則之一。他們原本大有能力防止股價下跌，讓市場相信新股能保持持久的漲勢，並相信新併公司的能力。他們理應記得自己的任務不僅僅是販賣股票給交易者，買賣股票後，真正的責任才開始。

原本他們相當自滿，但沒多久後，他們所犯下的兩大致命錯誤立刻造成傷害。股民看到大盤疲軟，根本不願意再買進任何新股。連內線集團都開始對新股感到興趣缺缺，並選擇不再支持聯合爐具，如果這是內線集團的反應，誰又還願意在股價下跌時買進你的股票呢？當個股缺乏支撐力時，等同是震耳欲聾的利空消息。

我實在不必再討論數字細節了。聯合爐具股票和整個市場一起擺盪，而且其價格從未超過最初上市的五〇美元。巴恩斯最後只能自行進場充作買家，即便如此也只能把股價維持在四〇美元以上。如果能在股票上市時就給予支撐力，一定會好更多。不過，沒有足額配售更是糟糕透頂。

總之，新股如期登場，並於紐約證券交易所上市，股價也如我所期一路跌到三七美元，而新股停止下跌的原因，純粹是因為巴恩斯等人以十萬股為抵押，並從銀行貸款得到的那三百五十萬美元，他們必須維持好這個底線。假使銀行要求償清貸款，那股價真的不知會跌落到何種程度。原本在股價五〇美元時，該股相當搶手，現在卻跌到三七美元，乏人問津，如果跌到二七美元的話，恐怕會引起大拋售。

隨著時間的推移，銀行的過度放貸引起人們的議論。少年銀行家的時代已經過去了。銀行勢必退回到保守的管理風格。銀行總裁從摯友變成了債主，那些高爾夫球時光與友情早已消散而去。

此時，不管是讓貸方去施壓，或是讓借貸方請求延長償付期限，都很尷尬。雙方都不好受。舉例來說，借貸給巴恩斯的銀行仍有善意想要解決此問題，不過態度已經轉變為「拜託趕快還錢，不然我們也會遭殃！」

由於事情鬧得太大，再加上情況有可能如滾雪球般愈滾愈失控，因此巴恩斯跑來找我，希望我能幫忙賣掉一萬股，用以償還銀行的三百五十萬貸款。巴恩斯已經對新股完全放棄，不再期望能夠回收利潤。現在只求賠得愈少愈好。

各懷鬼胎的三位大股東

事實看起來完全無望。大盤疲軟無力，即便有幾度小反彈，也會引起過度討論，人們依舊浪漫地相信多頭市場會再次光榮復返。

我只能告訴巴恩斯，自己會對新股進行一番研究，再告訴他若我願意接案的條件。我真的做了一番研究。我並沒有詳讀聯合爐具的最後年終報告。我關心的是股市目前所面臨的問題，以及所處階段。當然，我無意宣傳公司的收入或推銷其遠景以拉抬股價，我唯一能做的是盡量在公開市場上將這些股票脫手。我考慮的是有什麼因素有可能或絕對會影響我的操作。

我發現，有大筆新股被操縱在極少數人的手裡，這點相當危險，也令人擔憂。克里夫頓．肯恩公司（Clifton P. Kane & Co.）以及旗下的紐約證券交易所會員銀行與交易所握有約七萬股股份。這些人全都是巴恩斯的好友，也是三公司合併的背後推手，多年以來，他們以爐具生意作為主要經營重心。他們也把聯合爐具的生意推銷給自己的客戶，前參議員山謬爾．戈登（Samuel Gordon）也買了七萬股，戈登兄弟的公司就是他的姪子創辦的，他一直是公司的特別股東。著名的約書亞．沃爾夫（Joshua Wolff）則買了六萬股。換句話說，約有二十萬股的聯合爐具股票掌握在華爾街行家的手裡。我想，他們不需要人指導，也會自己判斷何時該賣出股票。舉例來說，如果我是炒作者，當我想辦法引起股民注意，並創造市場時，一旦市場開始壯大，那些大戶如肯恩、戈登與沃爾夫八成會立刻開始倒貨，這完全不會是我希望的狀態，我可不希望那二十萬股會像潮水般湧進市場。別忘了，多頭市場已逼近尾聲，不管我炒作得再好，也不可能創造出龐大的市場需求。儘管巴恩斯退到一角任我操作，但他應該也不抱有太大的希望。他希望我在慷慨一息的多頭市場賣出被狠狠灌水的股票。即便報紙沒有報導，但是眾人皆知多頭市場已經進入尾聲，我打賭，銀行早就注意到了。

但是，我已經答應幫忙，因此我派人通知肯恩、戈登和沃爾夫。他們手中的二十萬股絕對是達摩克利斯懸劍[1]，會干擾到我對市場的操作。我必須先和他們打通關係，以求順利穩當。我認為，最簡單的方法就是制定某種互惠協議。只要他們在我賣出銀行握有的十萬股時，克制自己不要出貨，我就全力為他們的股票開拓出能夠順利出貨的好市場。就當時情況看來，即便他們出清十分之一的股票，聯合爐具的股價也會急促下跌。他們深知影響重大，因此也從未嘗試賣出。我只想拜託他們注意出售股票的時間，目前的狀況絕對是害人也不會利己的，這可是華爾街與全世界通用的準則啊。畢竟時間已經很緊迫了，我很希望能使他們相信，若倉促出貨會阻礙全盤出貨的可能。

我很希望自己的提議能得到他們的認同，畢竟他們全是華爾街老手，應該不可能還在幻想聯合爐具的美好未來。肯恩曾經是大型證券公司的總裁，並於十一個城市設立分店，擁有上萬名客戶。他的公司還負責管理數個來自不同內部集團的案件。

擁有七萬股的股東戈登議員財力雄厚。任何紐約市的報刊讀者應該都聽過他的大名，因為他對一名十六歲的美甲師始亂終棄，當時成為呈堂證供的，除了價值五千美元的貂皮大衣還有一百三十二封情書。戈登協助侄子們創辦證券公司，並成為特別股東。他曾參與幾十個不同的內線集團的操作，並從米德蘭爐具那裡獲得十萬股聯合爐具公司的股票。由於他持股太多，因此完全不在意巴恩斯瘋狂放送的利多消息，並趕在市場大勢衰弱前就已賣出三萬股兌現了。他後來告訴朋友，是因為其他同為大股東的好友們拜託他不要再賣了，他才出於私人情誼停手，不然他還打算繼續賣。不過，也別忘了我之前說的，那時也沒有買家願意買進了。

最後則是沃爾夫，他是最著名的股票作手之一。二十年來，所有人公認他為交易大廳裡的大賭客，他善於哄抬與打壓價格，沒什麼人能與之匹敵，對他來說，操作兩、三萬股與別人操作兩、三百股一樣簡單。早在落腳紐約之前，我就知道他出手闊綽。他當時和一群好賭成性的人一起到處揮霍，不管是在股市還是賽馬場都揮金如土。

或許人人都聽說他是賭徒，但是他的確有真才實學，並對投機遊戲相當敏銳。同時，大家都知道他對藝術文化領域完全沒有興趣，因此鬧出不少著名的笑話。其中一則是這樣的，某日沃爾夫參與上流社會的晚宴，就在女主人疏於照料的時候，一群女士因為除了沃爾夫咀嚼的聲響外沒聽見他發言過，因此轉頭想知道這位財經專家對文學的看法，一位女孩對他說：「噢，沃爾夫先生，你喜歡巴爾札克嗎？」

1 達摩克利斯懸劍（The Sword of Damocles），源自希臘傳說，比喻安逸祥和背後所存在的殺機和危險。

沃爾夫很客氣地停止咀嚼嘴中食物，把它嚥下，然後答道：「我從來不做沒有名氣的股票！」

總之，這就是聯合爐具最大的三位股東。我把他們請來，詢問他們是否可能出讓手中股票的認股權，我將以高於市價的價格買回，意思是我將運用他們所提供的資源，盡力創造市場。他們立刻問我價碼為何？

華爾街向來就是人吃人的地方

我答道：「你們都買進那麼久了，這些股票根本沒什麼好處。你們手中一共有二十萬股，而且大家都知道，除非股票有了新市場，不然幾乎不可能賣掉。如果要創造市場來吸入你們脫手的股票，就必須有現金先買進一定數量的股票。若遇到資金短缺的突發狀況，炒作很可能前功盡棄。因此我建議你們組成一個資金集團，籌募六百萬美元。然後再將手中的二十萬股票認購權以四〇美元的價格出讓給這個集團，並交由第三方保管。如果操作順利，你們不但能順利脫手，這個資金集團還能賺取一點利益。」

我之前說過，市場上老愛流傳我在股市斬獲無數的八卦，我想這些八卦真的對我有些幫助，因為一旦有了名氣，事事都會比較順利。總之，我不費吹灰之力，就讓他們了解，死守股票不會有好下場。他們相當滿意我的提議，臨走前他們說會立刻籌組集團。

他們很快找了些朋友一同參與，我想他們一定以保證獲利作為號召口號。他們深信我的炒作會成功，所以等於是和朋友分享這個利多吧。不到幾天，資金集團就已經正式成立。肯恩、戈登與沃爾夫以四〇美元的價格出讓了二十萬股的認購權，我負責把這些股票交給第三方保管。如此一來當我抬高價格時，這二十萬股票絕對不會流回市場。我必須採取自保的立場。很多時候，完美的計畫只因團隊間的猜忌而摧毀。畢竟，華爾街向來擺明了就是人吃人的地方。當初，美國鋼鐵與線纜公司（American Steel and Wire Company）甫一成立時，也爆發內部成員互咬的傳聞。就像約翰．蓋茲與塞利格曼（Seligmans）以及合作銀行間也簽訂了內部協議。總之，我曾經聽過一個交易商因為類似事情提起約翰．蓋茲自己寫的四行小詩：

狼蛛跳上了蜈蚣的背上，
嘻嘻笑地說：
我要毒死這卑劣的壞蛋，

要是我不這麼做，他會毒死我。

別誤會，我並不是想說所有華爾街的人都想謀財害命，成天想騙我的錢。但是最好保持警覺，這絕對是股市常識之一。

當肯恩、戈登與沃爾夫告知我資金集團已經成立，並在籌措六百萬美元資金時，我唯一能做的就是等那六百萬美元到位。雖然我早就再三強調資金迅速到位的重要性，但是款項還是相當緩慢才進帳，我記得約莫四、五次入帳才全數到位。我不知道錢來得那麼慢的真正原因，我只記得當時曾經向他們發出緊急求救信號。

有一天下午，我收到一張款項很大的支票，當時我手上已經可以掌握四百萬美元，集團向我保證，在接下來的一、兩天內，我會收到剩餘的兩百萬資金。以當時的情況看起來，在多頭市場完全結束前，集團還有可能下場一搏。不管怎樣，這場炒作有其難度，我只希望能盡快開始操作。股民們向來不會關注冷門股的波動，但是現在我手上有四百萬，我絕對有辦法吸引交易者的目光。這些錢足以吸入所有的賣盤。如我所說，時間分秒流逝，我實在不能再等待那遲遲未見蹤影的兩百萬。只要股價升到五〇美元，那就對集團絕對有利。這點再明顯不過。

股價先走，消息後出

隔天早上一開盤，令人訝異的是，聯合爐具竟然出現了異常大筆的成交量。我說過，這支股票幾個月來一直步履維艱，股價僵在三七美元。巴恩斯以每股三五美元作抵押向銀行貸款，所以他費盡心力不想讓股價跌落。但是他知道就算天下紅雨，也不可能讓聯合爐具股票上漲。

但是當天早上，聯合爐具出現大量買盤，價格漲到三九美元。開盤後的一個小時內，該股的成交量就超過了過去半年的總成交量。這立刻成為當天最受注目的新聞，並讓市場呈現多頭的狀態。我後來聽說，當天交易所大廳的所有投資者都在談論聯合爐具。

我雖然不知箇中緣由，但是當然樂見聯合爐具大漲。通常，我很少到處打探任何股市風波的小道消息，畢竟場內交易員以及其他友人都會不時提供我相關情報。基本上，他們認為只要有任何新聞或耳語，都應該要讓我知道。然而當天我所聽到的所有消息，都是關於聯合爐具的內部集團買進，而且全非沖銷交易。買方吃進了從三七美元到三九美元間的全數賣盤，而當有人企圖打探內幕時，沒有人知道任何消息。這絕對不尋常，任何有經驗的交易商都能嗅出這波浮動後必有內幕，而且規模不可小覷。當股價因為內線人士的買進而上漲，而又沒有公布任何利多消息鼓勵散戶跟進時，那些熟知行情的人就會開始積極地四處打探消息，並等待該股發布官方消息。

我什麼都沒做。我內心相當狐疑，並密切關注事情發展，追蹤交易情況。但是第二天，買盤規模不僅更大，而且氣勢驚人。那些卡在三七美元無人聞問數個月的股票，現在一下就被買光，而且新賣單很快地又被市場吸入。股價一路飆高，衝破四〇美元，很快就漲到了四二美元。

當股價衝到四二美元時，我覺得應該是時候出手賣掉為銀行做抵押的那批股票了。當然，我知道我一出手價格很可能就會下跌，但是反正我手上的持股均價為三七美元，所以實在沒有賠的問題。我了解該股確實有潛力，而且畢竟它已經沉寂數個月了，總之我小心翼翼地脫手三萬股，然而漲勢仍舊氣勢如虹！

利用耳語，各方拉抬

當天下午，我才知道背後內幕。原來場內交易員在當天收盤前與隔天開盤前，都不斷向外放出消息，說李文斯頓相當看好聯合爐具，並且準備把股價抬高十五點至二十點。對於稍嫌外行的人來說，這就是他們以為的李文斯頓操作法。而此小道消息的散布者其實就是沃爾夫。正是他率領的內部買盤引起這兩天的漲勢。幾乎所有他的場內交易員朋友都相信他的消息，畢竟他握有太多內幕，不太可能陷害自己的追隨者。

其實，湧入市場的股票沒有我所擔憂的那麼多。畢竟，我已經掌握其中的三十萬股，這麼做果然不是沒有道理。現在我可以很輕鬆地就拉抬股價。畢竟，羅斯威爾・費勞爾說得對，當他被指控炒作芝加哥天然氣（Chicago Gas）、聯邦鋼鐵（Federal Steel）或BRT股票時，他總是說：「我拉抬股價的唯一方式，就是買進。」這顯然也是場內交易員們所用的伎倆，而股價亦應聲上漲。

隔天早餐前，我讀早報時發現一則消息：「李文斯頓即將強勢進場，推動聯合爐具上漲。」應該有上萬人讀到這則消息吧，另外更有電報傳送到數百家證券公司的分公司和城外辦事處。至於細節，各大報紙的報導各有千秋。有個版本說李文斯頓密謀了一個內部集團，準備給過度放空的空頭一點顏色瞧瞧。另一個版本暗示聯合爐具即將發放紅利。還有一個版本則向全世界強調，以前所有我看好的股票是如何大漲的。另一則報導則批評聯合爐具隱藏資產以便讓內線集團買進股票。所有報導都暗指真正的漲勢還沒開始。

當天早上開盤前，我在辦公室處理信件，利多消息分秒轟炸整個華爾街，所有人都急著買進聯合爐具。我的電話沒一刻停過，接線生聽到許多人以各式各樣的方式詢問相同的問題：聯合爐具真的會漲嗎？我真該感謝肯恩、戈登、沃爾夫，或許還有巴恩斯，他們放的消息實在太巧妙了。

我還不知道自己被那麼多人崇拜著呢。那天早上，全國股民發出訂單渴求能買到數個月前根本已氣若遊絲的股票。請不要忘記，事實上，所有的報社都認為我是超強的賭徒，這麼看來，我還得感謝記者為我積累的名氣吧。

就在漲勢洶洶的情況下，我於股價上漲的第三、第四、第五天分批賣出聯合爐具，很快我就把巴恩斯質押給馬歇爾國民銀行的十萬股脫手。假使我們將成功的炒作定義為以最少成本取得最多利潤的話，那麼聯合爐具肯定是我股市生涯中最光輝的一役，不是嗎？我連一股也沒有吃進就達陣。我完全沒有以買進為手段炒高價格就順利賣出，甚至在股價還沒到最高點時，我就開始全面拋售。我甚至還不是在股價下跌時拋售的，而是隨其上漲路徑一路拋售。我輕輕鬆鬆坐享其他人為我創造的超級市場，這就是所謂的天堂，坐享其成，而且時間迅速流逝。我曾經聽費勞爾的友人提起，某次費勞爾成功幫某公司的內部集團賣出五萬股並因此獲利，但是該交易超過了二十五萬股，而作手的佣金其實是按照交易量比例抽成的。漢米爾頓（W. P. Hamilton）曾經說過：基恩在炒作聯合銅礦時，至少交易了七十萬股才終於賣掉二十二萬股，這筆佣金鐵定相當驚人！想想基恩，再想想我為巴恩斯賣出十萬股的佣金，那可真節省了一大筆費用。

既然我已經賣出向巴恩斯承諾的那筆股票，而資金集團資金又還沒完全到位，因此我不急於買回任何股票，當時的我一心想去度個假。我不太記得所有狀況。但我唯一記得的就是，當我袖手旁觀時，那支股票開始下跌了。有一天，大盤疲軟，有個心浮氣躁的多頭想要快速脫手手上的聯合爐具，在他的強勁賣壓下，價格跌破四〇美元，也就是我的認購價格。沒人想買。我之前告訴過你，這不是我尋常的操作方式，也因此我太感謝之前出現的奇蹟，讓我不費吹灰之力順利脫手十萬股，我根本無須動手拉抬股價，儘管有些愛幻想的傢伙竟然說我一週內猛力買進，為的是將行情拉高個二十點或三十點。

由於缺乏市場支撐力，聯合爐具開始順勢下滑，甚至跌破三二美元，你應該記得當初巴恩斯為避免馬歇爾國民銀行在市場上拋售他們的十萬股股票，一直將股價勉力維持在三七美元。

有一天，我自己靜靜地在辦公室研究行情，沃爾夫在門外等我，我請他進來，他立刻衝到我的面前。他身材五短，怒氣滿面。

他衝到我的電報機旁，大聲嚷嚷：「噢，這到底怎麼搞的？」

「請坐，沃爾夫先生。」我人一邊坐下，一邊客氣地回應，希望平撫他的情緒。
「我沒有要坐！我想知道你在玩什麼把戲！」他誇張嚷嚷。
「玩什麼？」
「你究竟做了什麼？」
「我對誰做了什麼？」
「那支股票啊！」
「什麼股票？」我反問。
這時他大發雷霆吼道：「聯合爐具！你到底做了什麼？」
「我什麼也沒做啊！絕對什麼都沒有，怎麼了？」我問道。
他直盯著我，然後大吼：「你看看行情！看啊！」
看到他如此蠻橫不講理，我站起來看了看行情說：「現在價格三一又四分之一美元。」
「三一又四分之一美元！我手上還有一堆持股！」
「我知道你持有那六萬股很久了，因為你當初買進格雷爐具時……」我話沒說完就被硬生生打斷。
「我還買進了一些，有些是在四〇美元的高價位買進的，現在還在我手上！」他充滿怒意地看著我。

我回道：「我沒要你買進。」

「你沒什麼？」

「我沒要你吃進啊。」

「我沒說你叫我買進，但你本來就應該拉抬……」

「我為什麼要這麼樣做？」我打斷他的話尾。

他看著我的臉，氣到語不成句，好不容易說出口：「你應該要拉抬股價，你手裡有資金啊。」

「對，但我一股也沒買啊。」我告訴他說。

他已經快要爆炸了，「你手裡有四百多萬美元可以買進，可是你一股也沒買？」

「一股都沒有。」我重申。

聽到這裡，他氣得無言以對，最後終於嗆出一句：「你到底在玩什麼把戲？」

我從他的眼神裡猜測出，他一定正在內心猛烈譴責我的各種罪行，我只好問他：「沃爾夫，你想問我的是，為什麼我沒有用五〇美元元以上的價格買那些你用低於四〇美元買進的股票對吧？」

「不，不是這樣！你以四〇美元買進股票認購權，又有四百萬現金可以拉抬價格。」

「對！但我沒動那筆錢，而且我沒讓資金集團虧到半毛錢！」

「聽著，李文斯頓……」他說。

但我沒讓他說下去：「你聽我說，沃爾夫！你和戈登與肯恩的二十萬股早就臭掉了，如果我想為聯合爐具創造市場，並從四〇美元的認購權賺回利潤的話，我就會拉抬股價並且確保市場不會湧入大量股票。但你個人雖然以每股四〇美元的價格賣出那閒置的六萬股卻還不滿足，也不滿意資金集團分配給你的利潤，於是決定以低於四〇美元的價格吃進大量股票。若我用集團籌來的資金拉抬股價時，你肯定會倒貨給我，思忖我一定會拉抬股價。我要是動作比你慢，可能就變成吃貨的倒楣鬼了。我猜你覺得我會把價格拉到六〇美元吧。顯然你為了倒貨，買進約一萬股。而且為了預防萬一，你完全不考慮我的難處，還透露消息給全美國、墨西哥和加拿大的每一個人，讓全世界都知道我的操盤計畫。當我和他們一起買進時，你就可以全身而退。你把消息告訴幾個朋友，然後他們買進後，就會再告訴其他朋友，這些人又會告訴其他第四批、第五批，甚至第六批準備吃貨的笨蛋。所以，當我準備賣出股票時，眼前應該有幾千個狡猾的投機者等著看我的行動。沃爾夫，你這種想法倒是幫了我大忙。在我開始買進前就看到聯合爐具大漲，我非常訝異；當我替集團以四〇美元左右的價格把十萬股賣給股民時，我滿懷感激。這些股民本來可能會用五〇美元或六〇美元的價格倒貨給我。我還真笨，沒用集團募集的四百萬美元幫那些投機者賺錢，是吧？那些錢本來就是用來買進的，但我只會在必要時買進，當時，根本不需要買進。」

沃爾夫確實是華爾街老手，不會讓怒氣影響生意。他冷靜聽完我的解釋後，用非常友善的口氣回應：「那麼，李文斯頓，我們該怎麼做？」

「想幹嘛就幹嘛呀。」

「哎，有點風度嘛，如果是你，會怎麼處理？」

「你想知道，」我嚴肅地回覆，「如果我是你，會怎麼做嗎？」

「怎麼做？」

「我會全部賣光！」我回他。

他盯著我看了好久，不發一語，轉身離開辦公室，再也沒出現過。

不久後，戈登議員也出現了。他同樣滿臉惱色，責怪我帶給集團麻煩。後來肯恩也來抱怨。他們完全不記得，他們在籌組集團時，那支股票根本命在旦夕，他們卻只在乎我手裡握著集團籌募的四百萬美元，卻沒有在股價漲到四四美元時，趁股市活絡，替他們賣出持股。

大戶也要順勢而為

當然不久後他們就恢復冷靜。集團毫無虧損，主要問題在於如何賣出手上持股。一、兩天後，他們又回來找我幫忙。戈登特別堅持要我繼續操作，最後，我要求他們讓我以每股二五又二分之一美元的價格將共同持股出售。如果賣出價格高於二五又二分之一美元，那我將得到高出部分的一半利潤。當時最新報價為三〇美元。

就這樣，我為他們出清持股。根據當時的大盤行情與聯合爐具的表現，要出清這些股票只有一途，就是不拉抬股價，反而隨著跌勢一路拋售。如果拉抬股價，我就得吃進，但如果隨著股價下跌售出，就能把股票賣給以為貪到便宜的買家。這些人總以為當股票比最高檔低個十五點或二十點時，就是撿到便宜。他們認為最高股價剛剛過去，而未來一定會出現反彈。聯合爐具的股價曾漲到四四美元，目前不到三〇美元，他們一定會覺得是時候買進。

果然，我的計謀奏效，撿便宜的投機者大量買進，我一口氣出清了集團的持股。可是戈登、沃爾夫與肯恩對我一點感激之情也沒有。他們還在賭氣，至少那是他們的朋友說的。他們常常對外放話說我耍了他們，他們對於我沒有依計畫拉抬股價耿耿於懷。

其實，如果不是沃爾夫一群人到處散布利多消息，我根本無法脫手抵押給馬歇爾國民銀行的那十萬股。以普遍情況來講，我一定以最順手自然的方式，將股票以任何可能的價位賣出。當時已經進入空頭市場，但你無法顧慮價格，除了賣出別無他法。但是他們仍舊顢頇，毫不理會我的做法，繼續惱怒。不過我無動於衷，生氣於事無補。多次經驗讓我了解，當投機者發怒時，戲就唱完了。這次他們發完脾氣以後，再也沒有找我麻煩。不過我可以說說另一件奇妙的事。有一天，我的妻子到裁縫店，對方熱情招呼她。裁縫店師傅不但個性好、技術高超又懂得配合客戶意見。當妻子第三次光顧後，她和我妻子較為熟稔，就對她說：「我希望李文斯頓先生能快點拉抬聯合爐具的價格。我之前聽說他要拉抬這支股票，而且他的交易一直都很成功，所以我們就買進了一些聯合爐具。」

想到很多無辜的人因為聽信了「李文斯頓」的內線消息而虧錢，這讓我很難過。或許你能理解我為什麼從來不散播小道消息了。那位無辜的裁縫師賠了錢，這讓我覺得，我比沃爾夫他們更有抱怨的權利。

第二十三章

股價創造消息，消息帶動人氣

股市是人性的試煉場

股票沒有投機性就不好玩了

股票投機永遠不會消失。如果股票沒有投機性，那就不好玩了。無論再怎麼樣警告交易者「投機有其風險」都沒有用，再聰明的老千也不可能百賭百中。謹慎精密的盤算也總是會因為未來因素而被全盤打亂，不管是天災人禍、自身的貪念或其他交易者的虛張聲勢、緊張或過度樂觀，都可能會造成股市崩盤。但是除了大自然等不可違抗的因素以外，投機者最先需要遵守的正是股市的道德與商業常規。

若回首漫漫長路，我不得不承認，二十五年來華爾街的交易法則已經大幅改進。老派的空中交易所早已人去樓空，雖然還是有很多中間商或掮客，仍在為想要一夕致富的客戶操盤，忙得不亦樂乎。紐約證券交易所除了嚴密取締金融騙徒外，也一直嚴格要求其會員交易所遵守應有的規範。以目前狀況看來，交易法則與限制較以往更為嚴苛，儘管仍有相當大的進步空間，某些陋習的存在，多半是因為華爾街的保守主義作祟，反而與道德瑕疵無關。

股市的投機遊戲向來不簡單，如今要獲利更是困難重重。不久以前，許多老手都還能對所有上市股票瞭若指掌。一九〇一年，摩根成立美國鋼鐵，它是由幾個較小集團合併而成的，這些小集團的成立時間都不超過兩年。那時候，紐約證券交易所擁有兩百七十五支上市股票，以及一百支未上市場外交易的股票。由於許多股票的發行量過小，多半為次要股或保息股，因此鮮見交易活動，也無利可圖，多數的交易者根本不會花心思注意這類股票。事實上，當時有許多股票常年無人交易。但是今日，我們擁有約九百支上市股票，近期的活躍股就超過六百支。過去由於上市股票所需資本額不高，因此交易者不需要廣泛蒐集龐大的相關資訊。但是，今天投機遊戲早已滲透到各個領域，幾乎全球所有產業都擁有上市股票。交易者必須有充足時間與精力，才能跟得上資訊的腳步，也因此，要神準地操作股票投機交易，實在太過困難。

今日仍有上百萬個交易者透過股票投機賺取利潤，不過他們能獲得的收益實在太少。市場向來不乏交易者，而在股市虧錢的更是大有人在。股票投機者的大敵即是：無知、貪婪、恐懼與希望。我想，全世界的交易所都無法避免投機者因人性的盲點而鑄下大錯。謹慎的金融計畫可能因意外而慘遭出局，即便最冷血的經濟學家，或是謹守道德的慈善家也無法防範。此外，對股民而言，那些刻意誤導風向的消息也很容易讓人失足。通常誤導風向的消息與普通的內幕消息不同，因為它們往往以包裝過後的方式傳遞，也因此防不勝防，極具危險性。

當然，對非專業交易者而言，任何報刊報導、耳語，乃至以直接或間接方式出現的資訊，都有其參考性，你根本無從防範一般的股市內部消息，比方說，某個好友跟你說他因為買賣某支股票而賺上一筆，假使他的訊息使你賠錢，你又能怎麼辦？同樣地，股民也無法防範專業或不肖的情報提供者，畢竟在股市栽跟斗的機率和買到假黃金或假酒的機率不相上下。

對於典型的「華爾街消息」，一般投機者根本招架無力，也無自保可能。而報紙與行情，更是散播利多訊息的禍首。不管是大型證券交易商、炒作者、企業內線集團或任何人都可以運用各種方式，尋求脫手多餘股票的最佳方法。

只要翻翻所謂的金融報章雜誌就會發現，每天都有無數半官方聲明與消息在流通。所謂「權威內線人士」或「知名的大股東」或「高層人士」都是發放煙霧消息的主要角色，因為他們是最具權威性的發言方。舉例來說，今天我手上拿到的金融報導如此表示：「銀行業大老認為，目前還不能斷定市場是否將步入蕭條期」。

銀行業大老真有其人嗎？如果他真的如此表示，他的目的為何？為什麼他要匿名發布消息，是因為他的名聲實不具公共權威性嗎？

消息不能盡信

再舉一個例子，本週某間公司股票的交易量相當樂觀，而某位「大股東」也透過媒體放話；如果大股東真有其人，那麼究竟是哪位公司董事在發表言論呢？既然，金融消息以匿名方式處理，那麼即便其真偽可慮，也無人需要擔負實際責任。

除了要研究過往交易的歷史記錄以外，投機者還必須謹慎分辨華爾街訊息的真偽。他不只要積極爭取利潤，還必須慎防虧損。投機者必須知道該採取何等行動，也必須知道該規避何種風險。我們必須記得，許多內線人士透過各式消息推動股價，而其目的不過是為傾銷自己手中的股票，並獲得最佳利潤。然而，幾乎所有的證券交易所客戶都不認為自己那麼容易受騙，因為他認為自己握有股票上漲的真正原因，並以此得意。而炒作者更迎合對方心態，「分析」股價上漲的背後因素，以利自身出貨。我認為，所有金融媒體都不應刊登匿名的利多消息，若杜絕所有鼓勵持股或買進的匿名消息，那麼股民將可享有較為安全的投資環境。

所謂的大股東或銀行家們，不斷透過金融媒體發放錯誤與不實的利多消息。幾乎每年都有無數股民，因聽信匿名大股東與金融專家的話，造成上百萬美元的損失。

假設某公司剛經歷過長時間的蕭條期，股票交易慘淡，此時該股股價多半如實反應大眾對該公司的評斷。如果股價低於實質價值，也就是股票顯得便宜，那麼就會有買家買進，股價會相應上漲；若股價高於實質價值，也就是股票顯得昂貴，同樣會引起持有者注意並相應賣出，造成股價下跌。若此時股價顯得不高不低，那麼應當不會引起任何注意，以至交易停擺。

當這間公司的業務有了轉機，誰會是優先的知情者呢？內線人士或是廣大股民？我想答案不可能會是股民。若公司情況逐漸由劣轉盛，公司營收增加，企業當會恢復股票分紅，若分紅持續沒有中斷過，股利率自然會提高，股價必會水漲船高。

假使營運狀況持續好轉，管理高層會把好消息公諸於世嗎？集團總裁會告訴股東們這大好消息嗎？或者，是否會有好心的大股東為顧及熟讀金融版報紙與相關業務消息的讀者權益，將此事開誠布公？會不會有哪位低調的內線人士以匿名方式向廣大股民表示前景大好？答案當然是否定的。他們會設法掩埋訊息，而報紙與行情也不會透露任何蛛絲馬跡。

內線人士會謹慎地封鎖確實無誤的利多消息，以防走漏風聲。這時，「主要內線集團」會集體保持沉默，並低調買進大量低價股票。當內線集團大規模買進股票時，股價就會上漲。財經記者知道唯有內線集團了解股價變動的真相，因此前往了解，此時，知情的匿名者們會如何反應？他們會佯稱完全不知情，並認為上漲毫無理由，甚至急於撇清，表明自己從不關心股市變化與投機者風向。

股價繼續攀高，當所有可能知情者們買進所有可持有的股票後，華爾街馬上會充斥各式各樣的利多傳言。「握有重要消息的內部人士」表示，公司營運好轉，該股前景看好，儘管該匿名仁兄曾聲明自己對上漲毫不知情。

當利多消息充斥所有版面時，大眾不疑有他，立刻紛紛搶進股票，刺激股價一路上漲。此時，匿名股東的預言成為現實，根據公司現況，股票開始恢復分紅甚或提高股息。華爾街將湧入更龐雜的利多消息，並且極富煽動性。若有人訪問公司「大股東」營運的真實狀況時，他會振奮地宣告，公司營運將一路成長。或許會有新聞報紙央求「權威內線人士」透露線索，而對方則會坦誠公司收入大幅增長。而與該企業有商業往來的「知名銀行家」也指出，該公司銷售量出現空前佳績，即便沒有新訂單，公司仍需日夜趕工已滿足市場上現有的訂單。「財務委員會成員」則在報端意有所指地表示，很驚訝大眾對股價上漲如此吃驚，畢竟，之後的漲勢應當更是來勢洶洶。任何人只消看一眼即將發布的公司年報，就會知道該股淨值仍遠遠高於市價。但這些消息永遠都不會提到那些匿名者的真實身分。

「隱惡揚善」也是市場習性

只要公司收入持續成長，而且內線人士並不認為前景會有崩毀的可能時，持股者會一直保有低價買進的大量股票。只要股票價值持續攀高，那就沒有理由賣出，而股價也不可能下跌。然而，當公司營運失利，情況會如何演變呢？內部人士難道會出面警告或暗示大眾嗎？當然不會。如同他們一聲不吭地大筆買進，如今則悄悄地賣出，造成股價緩緩崩落。當內線施加賣壓時，股價自然會下跌，接著，人們會聽到十分耳熟的「分析」，權威內線集團人士表示「公司一切正常，股價下跌的原因是因為空頭們正在拋售，企圖打壓該股走勢」。當股價持續下跌好一陣子後，崩跌發生了，人們又會焦慮地想要「理由」或「解釋」。這時若沒有任何人願意出來發表意見，股民信心將徹底崩壞。因此，相關媒體發布消息：「我們向大股東詢問該股疲軟不振的原因，對方表示該股的表現因受到空頭摜壓而大不如前。大股東表示，公司基本情勢仍舊穩定，並將在下次的董事會議討論是否提高股息。至於強勢壓境的空頭們，無非是想利用疲軟的假象吸引盲目的股民拋售手中持股。」媒體為加強可信度，甚至還會再三強調：「據可靠來源表示，股價下跌當天所拋售的股票早已被內線吃進，因此強力拋售的空頭們將付出慘痛的代價。未來情況勢必好轉。」

當初因為聽信利多消息而買進並造成虧損的股民們，現在因為過遲賣出，將承受第二次的嚴重虧損。「大股東」不但放消息讓股民買股，現在又繼續放煙霧彈延遲股民賣出內線集團已放棄持股的股票。你認為，一般股民會如何解讀「大股東」的訊息？不知內情的大眾究竟會如何作想？當然是相信該股不會下跌，只是因為短暫的空頭賣壓才顯得疲軟，只要空頭停止放空，內線集團就會反攻，引起另一波漲勢，逼迫空頭高價回補。股民完全被吃得死死的，他們相信既然跌勢是因為空頭賣壓引起的，未來勢必如此發展。

儘管內線集團不斷放話，會將空頭集團軋得死去活來，但是這支股票的跌勢如潮，根本難以抵擋，畢竟，內線集團倒貨太多，市場根本無能消化。

這些從「大股東」或「重要內線人士」手上所傾銷而出的股票，成為所有證券交易商的燙手山芋，沒有任何人願意購買。股價以沒有底線的方式一路直墜，內線人士深知該公司的業務狀況會讓公司收入繼續下跌，因此在業務轉好以前，也不會出手搶救該股。只有當該公司業務再次好轉時，內線人士才會再度低調買進。

身為經驗老道又確實掌握內線消息的股票作手，我可以說自己從未在股票市場內遭遇過任何因空頭摜壓，並造成股價大跌的事例。所有的空頭賣壓，實際上都是真正了解實情的內線操作而來，當他們拋售又不願對外承認自己的拋售正是造成股價下跌的原因時，就有空頭摜壓的謠言出現，用以避免大眾跟隨拋售，進而釀成更巨大的賣壓。當所有人都賣出卻不買進時，情勢絕對會失控。

投資者應該謹記：股票長期下跌的原因絕對與空頭摜壓無關。當某支股票持續下跌時，一定會有確切原因，不是市場就是公司本身有問題。如果該股下跌沒有任何原因，很快地跌到實際價值以下，那麼就會吸引股民買進，股價也會隨著眾人的買進而停止下跌。事實上，空頭只有在股價過高的時候出手才能賺大錢。我們唯一可以肯定的是，內線集團從來不會吐真話。

股價漲於題材，跌於事實

紐賀文鐵路（New Haven）股票就是最經典的例子，幾乎每個人都知道事情始末了吧。一九〇二年，紐賀文股價曾高達二五五美元，是新英格蘭區域最大的鐵路公司。當時在新英格蘭區域，幾乎所有備受尊敬的當地名人與要角都持有該股。如果誰打趣說紐賀文瀕臨倒閉，他雖不至於被關進監獄，但八成會被丟入瘋人院。但是當摩根先生任命的新總裁，展現其頑固堅硬的管理手段時，悲劇就此揭開序幕。一開始，大家還不知道新官上任的總裁會率領紐賀文步上何種終局，但當紐賀文以不合理的高價收購聯合鐵路的資產時，許多眼光精準的投資者開始懷疑新總裁的政策。紐賀文鐵路公司以一千萬美元的價格，從聯合鐵路買進了一套價值僅兩百萬元的有軌電車系統。對於此政策，董事會的一、兩位成員口無遮攔地批評公司管理階層思慮欠周，暗指紐賀文公司根本禁不起此等揮霍。

最先查覺情況有異的自然是內部集團成員。他們開始懷疑公司的營運狀況，並且拋出持股。當他們棄守並且減少持股時，新英格蘭的優質鐵路股票立刻開始下跌。股民開始騷動並且希望能了解幕後原因，慣用的公關伎倆立刻浮上檯面：「權威人士」宣稱，公司營運穩定無虞，但空頭們草率地拋售，因而造成跌價；此話一出，所有持股者立刻認為他們手中的紐約、紐賀文、哈特福德（New York, New Haven & Hartford）鐵路股票穩賺不賠。難道不是嗎？內線人士都說了，一切安好，唯空頭作亂惹事。董事會肯定會持續發放股利的。

但是，人們始終沒等到公司所承諾的軋空行動，股價一再創下新低，也因此內線集團人士開始毫不遮掩地急切拋售股票。然而，如此拋售自然帶給新英格蘭區域所有尋求穩定投資環境與長期分紅的股民嚴重損失，許多憤怒的波士頓股民開始強硬要求相關人士為股價暴跌提出解釋，然而，紐賀文公司反指股民們為投機的騙徒與煽動者。

我很肯定，全世界沒有哪個空頭有能耐讓紐賀文鐵路股票從二五五美元跌到一二美元。從頭到尾，都沒有任何空頭介入此事件。當內線集團忙著高價賣出時，總同時鼓勵股民繼續買進，因為當真相公諸於世後，就沒有任何高價拋售的機會了。內線集團知道，不管股價是二五〇美元、二〇〇美元、一五〇美元、一〇〇美元、五〇美元或二五美元，都遠超過這支股票的實際價值，可是廣大股民們被矇在鼓裡。股民試圖買賣這支股票賺取利潤，並認為股價的短暫劣勢甚至有利於他們吸貨，然而紐賀文公司的真實狀況只有內部集團清楚。

過去二十年來所有嚴重的股價崩跌都不是因為空頭的摜壓，但是股民們依舊任憑妖言惑眾，導致上百萬的損失。這種說法讓原本觀察到該股表現準備賣出甚至出清全部持股的股民，期待一線生機，幻想當空頭停止摜壓後，股價就能回升。以前我總聽到股民指責基恩，在基恩之前他們指責查理·伍利雪佛（Charley Woerishoffer）或柯馬克，最後，連我都成了眾矢之的。

這讓我回想到英特維爾石油（Intervale Oil）事件。當時內線集團正拉抬該股價格，股民看到股價上漲就開始買進。當炒作者把股價炒到五〇美元後隨即賣出，並造成暴跌。接著，歷史重演，股民開始詢問為何股價如此疲軟？大多數人都抱持著同樣疑惑，也因此，各大報紙以頭條方式宣告周知。一間財經通訊社召集部分證券商，後者完全掌握股價受控的內情，當然他們也知道股價下跌的原因，證券商正是內部集團的成員之一。當通訊社問他們股價暴跌的原因時，為了找到一個合理的官方說法，他們竟然說是李文斯頓在摜壓股市！不僅如此，他們還說要給李文斯頓一點顏色瞧瞧。但此時內線集團仍舊不斷賣出，股價已跌到一二美元，他們甚至還繼續壓低至一〇美元。即便如此，一〇美元仍然肯定高於他們當初的買進平均價格。

對內線人士來說，隨著股價一路拋售絕對合情合理，可對那些以三五美元至四〇美元買進的外圍人士來說，情況完全不同。被矇在鼓裡的股民們看到新聞報導後，依然死守著股票，並等著看內線集團教訓李文斯頓！

當市場處於繁榮的多頭時期時，幾乎所有股民都能分一杯羹。但是最終都因在多頭市場流連太久而導致虧損。他們就是堅信「空頭摜壓」的說法，才會持股過久。因此，絕對要小心匿名內線人士的謊言。

第二十四章
投機遊戲的本質
投機賽局沒有零風險

市場的小道消息

股民們老是愛觀望風聲。小道消息散布者和股民根本就是一個願打一個願挨。當然，證券交易商確實應該以口頭方式或以公司內部通訊刊物給予客戶交易建議，不過他們應避免過於強調現狀，畢竟市場走勢總是領先實際狀況六至九個月。即便今日某股獲利，交易商也不應莽撞慫恿交易者買進，除非他預期六至九個月後仍將維持相同比率的利潤。若把投資眼光放長遠，你就會看到大局的發展正逐步扭轉當前正在交戰的力量，也就不會認為當前股價很便宜了。投機者的眼光切記要放遠，證券商通常只關心眼前佣金，因此證券商內部出版的資訊刊物都不免刊載錯誤的分析。證券商主要是依股民所支付的佣金謀生，但他們也同樣會利用資訊刊物或言語，引誘散戶購買內線集團或炒作者拋售的股票。

通常情況如下，內線集團找上證券交易商老闆，並說：「我希望你能為我創造足以拋售五萬股的市場。」

證券商需要更進一步的細節。假設該股報價五〇美元。內線集團人士會說：「我讓你以四五美元的價格認購五千股，行情每提高一點，就多給你五千股認購權，一共給你五萬股，此外，我還會給你以實價賣出這五萬股的賣出選擇權。」

這對證券交易商來說根本是飛來橫財，特別是那種交易會員數量龐大的證券交易所，可想而知，內線集團接洽的必定是此類型的交易所。通常只要該證券交易所設有各城市分點以及電報系統，都能夠順利處理內線集團的大規模拋售。請記得，不管情勢如何，證券公司握有賣出選擇權，因此，他們可說是穩賺不賠。假使證券交易所能成功誘使股民買下拋售的股票，他們不但能賺取高額利潤，還能獲得佣金。

我深深記得一位「內線人士」的手段。

他聯絡拜訪大型證券公司的客戶經理。有時他甚至會去見公司的小股東。他會說類似以下的話：

「喂，老兄，謝謝你幫我那麼多次忙，我幫你準備了一筆好生意。我們現在正成立新公司，用以吸收關係企業的資產，股價馬上就會上漲。我打算用六五美元的價格給你五百股班塔姆連鎖店（Bantam Shops）的股票，該股目前報價為七二美元。」

這位一心想報恩的內線集團老兄八成聯絡了數個大型證券交易所的頭頭，而接受此優渥任務的華爾街證券交易所會怎麼處裡手上這筆利潤多多的股票呢？當然，他們會立刻鼓吹旗下善男信女盡快買進該股，而這正是內線集團所盤算的美好結局。證券交易商為好心的內線人士創造了廣大的市場，讓他把手中持股高價轉移給可悲可泣的廣大散戶。

應該明文禁止特定股票承銷手段。證券交易所不應允許以部分付款的方式於場外買賣上市股票。當某股上市並擁有報價時，這意味著某種形式的保證；此外公開報價亦為自由市場的實質證明，而當價格上下浮動時，自然會誘使股民進行交易。

另外一種造成廣大股民虧損上千萬美元卻完全合法的股票推銷手段，就是以市場需求為藉口增加股本，這根本是換湯不換藥的老招數；為了讓股票更搶手，炒作者可能會用新股的兩股、四股甚至十股代替舊股的一股。這就像為了提高銷路，把定價為一磅一美元的商品改為〇．二五磅二十五美分，甚至三十美分。股民們從來不會去思考股價突然變得便宜的原因，其實是因為背後的炒作者在操作。精明的交易者才有能力提防「特洛伊木馬」之計，儘管警告言猶在耳，股民們還是每年虧損數百萬元在類似的圈套之上。

股票漲跌不必過多探究原因

散布謠言並攻擊特定領域、個人或企業者，本應受到法律制裁，因其企圖促使股民賣出低價股票。本來，法律的用意是為了懲處在經濟蕭條時期公開質疑銀行償付能力的個人，以避免發生經濟恐慌。當然此法也能保護股民，防止他們以低於實值價格的價位拋售股票。換句話說，散布利空消息確實觸犯了美國的法律。

但是，法律能保護大眾避免購買超出實際價格的股票嗎？誰負責懲處散播毫無根據利多消息的好事者？對此，法律恐怕無能為力。股民聽信匿名內線人士的消息買進高價股票而虧損，或聽信空頭摜壓之類的說詞，以低於股票實際價值的價格拋售，前者往往還會帶給投資者更大的經濟損失。如果法律能懲戒散布多頭謊言者，如同懲戒散布空頭謊言者一般，那麼廣大股民或可減少上百萬的損失。

匿名消息的受益者如內線人士與交易所，自然會認為股民自作自受，聽信毫無根據的謠言進行買賣。若是如此，是否也能主張那些笨得吸毒成癮的人，就沒資受到任何保護？

證券交易所實應介入，保護大眾免於訛詐。任何內線集團人士在發布訊息時，應當公開真實身分。當然，簽名不能保證利多消息是真的，但至少可以迫使內線集團與大股東在放話時更為謹慎。

大眾應更理解股票交易的基本原則。當股票上漲時，我們無須詢問上漲原因，只要持續買進，就能保持漲勢不退。若漲勢穩定成長，並僅出現合理的小幅回落，那麼持續買進絕對是安全的操作。但若股票歷經穩定成長後突然回檔，開始下跌，並僅出現幾次的小幅反彈，那麼，最小阻力的方向明顯已從上漲轉為下跌了。情況簡單到無須解釋吧？當然，一定有少數幾個人握有股價下跌的真正原因，不過他們要不就是準備隱匿實情，要不就是會向股民宣稱股價確實很便宜。股民應當了解投機遊戲的本質，內線人士絕對不會將事實公諸於世。

許多以「內線人士」或「大股東」所發出的匿名消息根本是謊言。有時候，報刊根本沒有採訪任何內線人士，要求對方發表任何形式的聲明。而所謂的匿名消息根本來自存心操作股市的幕後黑手。在股票上漲的某個階段中，大量持股的內線人士當然樂見專業的交易商進入賽局，並從旁給予協助。然而，內線集團或許願意告訴投機客正確的買進時間，卻不見得願意告訴對方何時賣出。因此，專業人士其實和大眾一樣無助，只不過，他們會創造出足以出貨的廣大市場，此時，正是「錯誤資訊」傾巢而出的時刻。通常，企業管理高層會以手中握有的商業機密作為市場判斷依準，他們無法公開扯謊，不過，他們只需保持沉默就夠了，畢竟他們深知沉默是金的道理。

我已經老調重彈無數次，但作為資深股票作手，我還是樂於說上一百遍、一千遍，那就是任何人或許可以靠著單支股票或特定狀況獲利，但是絕不可能打敗股市。勝利絕對是一時的。即便最有經驗的老手也難防虧損，畢竟投機賽局裡沒有零風險這回事。華爾街專家向來知道，使用匿名消息炒作股票絕對會比旱災、瘟疫、作物歉收、政治動盪或其他自然因素來得有效。不管是在華爾街或是世界上的任何地方，都沒有指標來引導你走向成功，既然如此，我們為何不好好提防內線消息之惡呢？

附錄

交易智慧的永恆寶石

傑西・李佛摩交易語錄

關於市場

我最早的觀察就是——華爾街沒有新鮮事。

很多人說，凡事都有正反兩面。但是股市只有一面，那一面並非多頭或空頭的那面，而是正確的那一面。

全世界最強勁而真實的朋友，就是基本盤勢。

價格和任何事物都一樣，會沿著阻力最小的路徑移動。價格會走最簡單的路，假使上漲的阻力比下跌的阻力小，價格就會上漲，反之亦然。

在多頭市場中，利空消息總是會被忽略，利多的消息則是會被誇大，反之亦然。

不管手上只有一毛錢還是上百萬美元，你都只可能打敗單一個股或類股，但絕不要妄想打敗整個市場！

——世界上大概沒有一個地方像華爾街一樣，允許歷史如此放肆、這麼頻繁或這麼一致地重複發生。當你研讀當代景氣循環和恐慌事件時，你會震驚不管今日或過往的股票投機客，都沒有太大差別。股票遊戲從未改變，人性也是。

——在華爾街，歷史總是不斷重演。今天發生的事，昨天發生過，明天還有可能再次發生。

——市場大盤才是最親密的戰友。

——漲勢來臨時總會同時吸引買單與賣單。

關於自我

股票作手必須對抗許多敵人，包括他自己。

— 許多著名的交易者都是因為自己擁有該股才看好股市。我不容許自己的持股或偏見取代嚴密思考。我的意思是，我不與大盤爭辯，千萬不要因為市場突然對你有敵意，就厭惡市場，你不會因為得了肺病就怒責肺葉吧？

— 鈔票會自行創造需求，甚至會鼓勵擁有者盡情消費。通常，只要一個人在股市賺到大筆鈔票，他很快就會忘記節儉這種美德。

— 當身邊的所有人都開始做一件事時，大眾很容易受到感染並開始跟風，這就是群眾心理（herd instinct）。

— 投機客最致命的敵人其實正是自己，我一直謹記自己曾犯下的錯誤，然而，儘管一個人可能擁有最獨特的內心世界，並且畢生保持獨立思考的習慣，卻極可能在一瞬間受到極具說服力的慫恿。

我認為，以不變應萬變才是最好的策略，那絕對比搶先回補並在股價攀高時再次放空更要聰明。因為堅持自己的立場，我賺了一百多萬美元。這絕對與預感、盤勢解讀功力或大膽無關。我靠的絕對是對判斷力的自信，這和聰明或想像力無關。知識是我的力量，而力量讓人無懼謊言。就算他們把謊言印在報價單上，謊言終會煙消雲散。

——

當我炒作個股時，我從來不會忘記自己也是股票交易者。所有操盤手會面臨的問題，股票交易者都無能倖免。當炒作者無法讓股票依自己的意願發展時，炒作就結束了。當你炒作的股票表現有別於你的炒作推進方向時，你應該立刻放棄操盤，不要試著與大盤爭論，不要指望你能救回利潤，你最好在損失還小時及早收山。

——

關於交易

股市如同一連串的戰鬥，大盤就是你的望遠鏡。

——

你和盤勢的關係是當下的關係，而非未來進行式。你可以等待原因，但是行動必須當機立斷，否則就會被狠狠拋下，歷史會不斷重演。

——我自己也不知道為什麼我花了那麼多年的時光，才搞懂不該賭小小的起伏波動，而是專注在預測大型波動上。

——真正賺大錢靠的不是個別股價的起伏，而是靠主要波動，我們不該只是解盤，而應該評估整個市場和市場趨勢。

——任何人應該都要謹記，千萬別試著要抓住最後一檔或第一檔。這兩檔股票是全世界最昂貴的東西。

——我不再拿看盤技巧或第六感來瞎碰運氣，事件背後的邏輯才是能贏錢的籌碼。

——看盤其實沒有表面上顯示得那麼複雜，當然經驗是很重要的，不過最重要的還是將基本原則謹記在心。看盤和看水晶球不一樣，盤勢不會告訴你下週四下午一點三十五分時你會賺進多少現金。看盤的主要目的在於確認如何交易？何時交易？以及應該買或賣？不管是股票、棉花、小麥、玉米或燕麥，這道理百分之百正確。

——

永遠都沒有價格太高而不該買的股票，也沒有價格太低不該賣的股票。價格本身與判斷阻力最小的路徑之間根本毫無關聯。

——

我總是高價買股做多，並低價賣股做空，不然就乾脆不放空，這手法讓許多老手感到詫異。任何交易者只要堅持投機原則——等待阻力最小的路徑自行確立，並等到大盤表示上漲時才開始買進，或是等到大盤要下跌時才開始放空，並一路加碼，那麼賺錢是輕而易舉之事。

——

投資客想的和你不一樣。他們滿腦子都是數字，像是塞滿了各式各樣的帳目與利潤報表；數據對他們而言無疑是定心丸。他們極度排斥個人情緒對操作的牽動。

——

成功的交易者必須仰賴自身的觀察、經驗、記憶力與數學能力。他必須觀察得相當精準，還得永遠記得自己的觀察結果。不管交易者多麼享受天馬行空的推理，或是深信命運之神難以違抗，他也不能將賭注押在純然的意外之上，只有預測可能性會為他帶來收益，而非意外。多年的炒股實戰、持續鑽研盤勢與強盛的記憶力，讓股票作手能對市場及時反應，無論他有沒有預測到股市的波動都無妨。

——我想強調的是，研究類股走勢的重要性，以及許多技術與經驗不純熟的交易者為何屢遭失敗。個股走勢不但會發出警訊，在期貨市場上也同樣受用。

——宣傳絕對是一門藝術，而投機正是用報價機進行宣傳的藝術。報價機是股票作手的傳聲器，將其意念轉達給大眾。愈真實的故事愈動人，當故事足以動人，那宣傳目的就達成了。

——經驗告訴我，絕對要相信自己能找到絕佳的出場時機，而時機通常會在大漲之後浮現。這與第六感或解盤功力無關。

關於錯誤

世界上最好的老師就是虧損，虧損讓你知道如何趨吉避凶。你得先學會如何避免輸錢，才可能懂得如何贏錢。

—

虧錢還不是最讓我痛心的事。只要我認賠，虧損向來不是大事。相反地，不承認錯誤才是最傷荷包與破壞邏輯的事。

—

我經常賠錢，所以賠錢不是我最在乎的。重點是賠錢的過程和背後原因。我也很希望能釐清自己的思考慣性與局限所在。總之，我不想犯第二次錯誤。唯有從錯誤中學習，避免重蹈覆轍，那麼錯誤本身才能反轉為成功的資產。

—

最可怕的投機錯誤莫過於迫切地想扳回一城。

—

當我不顧虧損繼續交易時，往往有更龐大的虧損正在等我上門。當我擁有股市一定會為我買單的執念時，唯一等著我的就是破產一途。

——研究人性絕對能學以致用。人類為何總愛相信自己樂於相信的事？人類為什麼允許自己，甚至是慫恿自己跟著貪欲或粗魯的念頭而行動？很多人都曾經為自己的貪婪與草率付出代價。希望與恐懼永遠如影隨行，也因此，學習投資者的心理，絕對有好處。兵器推陳出新，但戰術歷久彌新，無論是殺戮戰場還是是紐約證券交易所。我認為，湯瑪斯．伍德洛克（Thomas Woodlock）講得很好，他說：「投機成功的基礎，建立在所有人都會繼續犯下過往的錯誤。」

關於人性

投機客的敵人正是心魔。人性總是摻雜了恐懼與希望。如果市場走向離你遠去，你自然會希望今天就是最後一天，而讓你損失慘重的濃烈希望感，正是開國功臣和開疆闢土的勇士所具備的心理狀態。當市場順從你的意思時，你會害怕明天就會失去所有利潤。因此你選擇退場，你退得太快了！恐懼讓你失去原本應該屬於你的財富。

成功的交易者必須違逆恐懼和希望兩種本能。他必須逆反所謂的衝動本能。當他懷抱希望時，應該感到懼怕，在他感到害怕時，實應感到希望無窮。他必須害怕自己的虧損會愈滾愈大，並希望利潤會立刻膨脹增值。遵照天性在股市裡打滾，實在是最要不得的事。

—

華爾街正是靠著交易者的期望而存活的，幾乎所有交易所裡的每一個顧客都期待股市會替他們養家糊口。然而只要抱持著如此決心，很快你就會輸個精光。

有數不清的人在華爾街進進出出，為的是讓股市替他的跑車、快艇、名畫或華貴手鐲買單，結果卻搞到自己賠錢。投資者妄想要股市為他買禮物，但股市拒付的錢多到足夠讓我建造一間大型醫院。事實上，在所有的華爾街倒楣鬼當中，期望得到股市施捨的人，是數量最多且最執迷不悔的。

—

我學到很多關於投機市場的知識，但是讓我失足的卻是人性的軟弱。

—

當我真正深入問題時，我發現重點不在鑽研大盤，而是研讀自己的內心狀態。

—

作為一個交易者，除了要研讀基本盤勢、了解市場固有趨勢、考慮一般大眾心理，以及經紀商的操作限制以外，還必須深知自己的弱點並且防患於未然。你無須為自己的人性感到憤怒，我慢慢了解，知悉自己的內心狀況和讀懂大盤一樣重要。思考並了解自己面對活絡市場的衝動與受到的誘惑程度，就等同於了解收成狀況與分析盈餘報告。

—

我想，眾人之所以如此輕易地將價格暴跌歸咎於作手炒作，是因為某些耳根子超軟、無法獨立思考的盲賭投機客，就是需要簡單易懂的大好理由。

—

明牌！每個人都想要明牌！大家不但想得到明牌，也很愛濫報明牌，這都是源自貪婪人性與虛榮心。有時候看到很有智慧的人也爭相追求明牌，不免感到可笑。報明牌的人幾乎不講求真實，而聽明牌的人也不在乎真假，他們只懂跟著最新的明牌跑。如果明牌奏效，那再好不過！如果明牌造成損失，便希望下個明牌會更好。

—

我認為，你只要看盤、確立停損點，接著就依照你所認為的阻力最小路徑前進即可。

聽起來似乎很簡單。但是在實際狀況中，你必須小心防備許多可能性，最重要的是——小心人性。

股票作手回憶錄

Reminiscences of a Stock Operator

作　　者　埃德溫・勒菲弗
譯　　者　李奧森
主　　編　郭峰吾

總 編 輯　陳旭華（ymal@ms14.hinet.net）
副總編輯　李映慧

社　　長　郭重興
發行人兼出版總監　曾大福
出　　版　大牌出版／遠足文化事業股份有限公司
發　　行　遠足文化事業股份有限公司
地　　址　23141 新北市新店區民權路 108-2 號 9 樓
電　　話　+886- 2- 2218 1417
傳　　真　+886- 2- 8667 1851

印務經理　黃禮賢
封面設計　萬勝安
排　　版　藍天圖物宣字社
印　　製　成陽印刷股份有限公司
法律顧問　華洋法律事務所 蘇文生律師

定　　價　520 元
初　　版　2016 年 1 月
二　　版　2020 年 1 月

國家圖書館出版品預行編目（CIP）資料

股票作手回憶錄 / 埃德溫 ‧勒菲弗 著 ; 李奧森 譯. -- 二版. -- 新北市 : 大牌出版, 遠足文化發行 , 2020.01　面 ; 公分

譯自：Reminiscences of a Stock Operator

ISBN 978-986-96447-3-0（平裝）

1. 股票投資　2. 投資分析

563.53　　108021940